本书为2014年司法部国家法治与法学理论研究重点项目成果

重大法学文库

司法部部级科研项目 MPRMJ

生态文明视阈下的环保监管模式创新研究

Research on Innovation of Environmental Supervision Mode under the Perspective of Ecological Civilization

黄锡生 著

中国社会科学出版社

图书在版编目(CIP)数据

生态文明视阈下的环保监管模式创新研究 / 黄锡生著. —北京：中国社会科学出版社，2019.6

(重大法学文库)

ISBN 978-7-5203-4687-0

Ⅰ. ①生… Ⅱ. ①黄… Ⅲ. ①环境保护法-司法制度-研究-中国 Ⅳ. ①D922.680.4

中国版本图书馆CIP数据核字(2019)第136323号

出 版 人　赵剑英
责任编辑　梁剑琴
责任校对　郝阳洋
责任印制　郝美娜

出　　版　中国社会科学出版社
社　　址　北京鼓楼西大街甲158号
邮　　编　100720
网　　址　http://www.csspw.cn
发 行 部　010-84083685
门 市 部　010-84029450
经　　销　新华书店及其他书店

印刷装订　环球东方（北京）印务有限公司
版　　次　2019年6月第1版
印　　次　2019年6月第1次印刷

开　　本　710×1000　1/16
印　　张　15.5
插　　页　2
字　　数　260千字
定　　价　88.00元

《重大法学文库》编委会

出版寄语

《重大法学文库》是在重庆大学法学院恢复成立十周年之际隆重面世的，首批于2012年6月推出了10部著作，约请重庆大学出版社编辑发行。2015年6月在追思纪念重庆大学法学院创建七十年时推出了第二批12部著作，约请法律出版社编辑发行。本次为第三批，推出了20本著作，约请中国社会科学出版社编辑发行。作为改革开放以来重庆大学法学教学及学科建设的亲历者，我应邀结合本丛书一、二批的作序感言，在此寄语表达对第三批丛书出版的祝贺和期许之意。

随着本套丛书的逐本翻开，蕴于文字中的法学研究思想花蕾徐徐展现在我们面前。它是近年来重庆大学法学学者治学的心血与奉献的累累成果之一。或许学界的评价会智者见智，但对我们而言，仍是辛勤劳作、潜心探求的学术结晶，依然值得珍视。

掩卷回眸，再次审视重大法学学科发展与水平提升的历程，油然而生的依然是“映日荷花别样红”的浓浓感怀。

1945年抗日战争刚胜利之际，当时的国立重庆大学即成立了法学院。新中国成立之后的1952年院系调整期间，重庆大学法学院教师服从调配，成为创建西南政法学院的骨干师资力量。其后的40余年时间内，重庆大学法学专业和师资几乎为空白。

在1976年结束“文化大革命”并经过拨乱反正，国家进入了以经济建设为中心的改革开放新时期，我校于1983年在经济管理学科中首先开设了“经济法”课程，这成为我校法学学科的新发端。

1995年，经学校筹备申请并获得教育部批准，重庆大学正式开设了经济法学本科专业并开始招生；1998年教育部新颁布的专业目录将多个部门法学专业统一为“法学”本科专业名称至今。

1999年我校即申报“环境与资源保护法学”硕士点，并于2001年获准设立并招生；这是我校历史上第一个可以培养硕士的法学学科。

值得特别强调的是，在校领导班子正确决策和法学界同仁大力支持下，经过校内法学专业教师们近3年的筹备，重庆大学于2002年6月16日恢复成立了法学院，并提出了立足校情求实开拓的近中期办院目标和发展规划。这为重庆大学法学学科奠定了坚实根基和发展土壤，具有我校法学学科建设的里程碑意义。

2005年，我校适应国家经济社会发展与生态文明建设的需求，积极申报“环境与资源保护法学”博士学位授权点，成功获得国务院学位委员会批准。为此成就了如下第一：西部十二个省区市中当批次唯一申报成功的法学博士点；西部十二个省区市中第一个环境资源法博士学科；重庆大学博士学科中首次有了法学门类。

正是有以上的学术积淀和基础，随着重庆大学“985工程”建设的推进，2010年我校获准设立法学一级学科博士点，除已设立的环境与资源保护法学二级学科外，随即逐步开始在法学理论、宪法与行政法学、刑法学、民商法学、经济法学、国际法学、刑事诉讼法学、知识产权法学、法律史学等二级学科领域持续培养博士研究生。

抚今追昔，近20年来，重庆大学法学学者心无旁骛地潜心教书育人，脚踏实地地钻研探索、团结互助、艰辛创业的桩桩场景和教学科研的累累硕果，仍然历历在目。它正孕育形成重大法学人的治学精神与求学风气，鼓舞和感召着一代又一代莘莘学子坚定地向前跋涉，去创造更多的闪光业绩。

眺望未来，重庆大学法学学者正在中国全面推进依法治国的时代使命召唤下，投身其中，锐意改革，持续创新，用智慧和汗水谱写努力创建一流法学学科、一流法学院的辉煌乐章，为培养高素质法律法学人才，建设社会主义法治国家继续踏实奋斗和奉献。

随着岁月流逝，本套丛书的幽幽书香会逐渐淡去，但是它承载的重庆大学法学学者的思想结晶会持续发光、完善和拓展开去，化作中国法学前进路上又一轮坚固的铺路石。

陈德敏

2017年4月

目　录

第二篇 我国环保监管模式的现状考察与创新进路

第三篇 我国环保监管的制度构建与模式创新

导　言

由于环境问题具有强烈的公共属性和风险特性，20 世纪 70 年代，政府主导的环境行政管制取代了以“私人执法”为核心的侵权法机制，成为环境治理的主导范式。政府通过制定普适性的环境规划、命令或标准强迫全社会加以遵守，并对违反者施以处罚，从而在最大范围内规避可能发生的环境损害，而由私主体发动的侵权法机制则渐次退守为“查漏补缺”的角色，中国也不例外。1972 年，中国政府派员参加了在瑞典斯德哥尔摩召开的人类环境会议，受大会的启发开始考虑中国的环境问题。1973 年，国务院召开了新中国第一次环境保护会议，会议通过了《关于保护和改善环境的若干规定》，还成立了国务院环境保护领导小组办公室。此次会议标志着环境治理正式成为我国政府的重要议题，也预示着由政府主导的环保监管模式在我国的正式确立。遗憾的是，环保监管模式的同步确立并未消解我国正在面临并越发严重的生态危机。2016 年，环保部在《全国生态保护“十三五”规划》中对已步入“不惑之年”的中国环保监管成效的总结是：“生态环境是全面建成小康社会的突出短板，生态环境保护仍面临巨大压力。”

对于我国生态危机产生与持续的根源，不同领域的学者从不同的视角提出了各自的解释。其中较具影响力的有发展阶段论、自然禀赋论、增长模式论和监管体制论。毋庸置疑，这些观点都在一定程度上揭示了我国环境问题产生并加剧的根源，但是无谓地争论孰优孰劣对现实无益。相反，各领域的学者倘若都能从自身擅长的领域着手，共同构建逻辑自洽、体系周延的环境问题因应之策将产生更大的社会效用。就环境法学者而言，考虑到生态环境的公共物品属性，从行政公权的角度分析我国环保监管体制存在的问题并提出对策，无疑是选对了解决问题的方向。

通过检视我国当前的环保监管模式，本书重点关注了我国长期存在的几个显而易见却发人深省的悖论。悖论一：环境行政权需要扩张的小气候与整体行政权力收缩的大背景形成悖逆。能够推动社会转型、增加公众福祉的环境改革往往构成对当前利益格局的巨大挑战，这就导致环境行政权力的配置因利益衡平和政策折中而成效不彰。悖论二：以行政区划为边界的监管体制与环境污染的流动性之间存有矛盾，这既是实践中环保监管收效不著的重要原因，又是各地频繁上演“以邻为壑”闹剧的制度根源。悖论三：从行政权力的横向配置来看，政府的分行业、分部门、分灾种的分散型治理机制与生态环境的系统性之间存在矛盾，这就导致环保监管职能被数个部门细碎分割，环保部门有统一监管之责却无统一监管职权，而相关部门则有权无责，怠于履职。悖论四：从行政权力的纵向配置来看，地方政府同时肩负着发展经济和保护环境的双重职能，其下属的环保部门在执法时不仅要同污染者谈判，同时还要尽力争取地方政府的支持。在地方政府对既是污染源又是税源的企业提供不同程度的庇护时，环保部门的执法力度和成效都会相应地受到影响。悖论五：民众一方面认为个人的环保意识以及守法精神对环境保护至关重要，另一方面又指望政府和企业担负起治理环境的主要责任，这就加深了环境保护集体行动的困境。

看似杂乱的上述悖论其实蕴藏着一定的逻辑链条。悖论一指向的是环境行政权力与其他行政权力之间的冲突问题，在此基础之上，悖论二则关注环境行政权力在不同行政区域之间的竞争问题，悖论三和悖论四则深化至同一行政区域内部，探讨政府职能部门横向和纵向之间的沟通协调问题，最后，悖论五则关注政府主导型环保监管模式中政府、企业以及个人的职能分工和协作问题。可以看出，上述悖论系统地展现出我国环保监管模式中存在的主要矛盾，而消解或缓和上述矛盾便成为破解当前环保监管困局的关键。针对悖论一，我国已通过升格环境保护主管部门层级，明确环境监察部门的执法地位，新增“约谈制”“自由罚”“区域限批”等制度来强化环保监管行政权力。针对悖论二，我国正在开展的区域大气污染联防联控、流域综合治理可视为遵循自然规律的行动策略。针对悖论三，一方面中央和地方普遍通过协调会议和机构调整的形式来解决部门间的职能重叠和冲突，例如贵州成立了“生态文明委员会”、重庆成立了“环境保护委员会”；另一方面国家积极推动政府机构改革整合分散的环保职能，2018 年在原环保部和国土资源部的基础上集中了其他部门的环保相关职能分别成立了生态环境部和自然资源部，统一行使环保监管职权。针对悖论四，国家通过进一步完善原环保部直属的环保督察制度，开展省以下环保部门垂直领导工作，来突破地方保护主义的藩篱。针对悖论五，为了弥补环境行政手段的不足，我国正在探索通过“私人执法”“市场机制”等方式引导环境管制或环境规制向环境多元共治的转型。

上述环保监管制度有的已经建立，正向完善阶段过渡；有的则处于制度初创期，亟须学界提供更多的理论支撑与规范指导。这些制度连同旧有的“三同时”、环境影响评价、环境规划、环境标准等制度共同构成了我国环保监管制度的核心。宏观的监管模式转型建基于这些微观的监管制度创新，本书无意对已趋于成熟的旧有制度进行重复论述，笔者拟在生态文明建设的统筹下，结合新一轮机构改革，就当前社会急需的、尚处草创阶段的环保监管制度和模式进行理论探索，这也是本书命名为《生态文明视阈下的环保监管模式创新研究》的初衷。

第一篇

生态文明建设与环保监管模式概述

本篇第一章通过检视我国生态环境的现状引出对生态文明建设的大讨论，再以学界对生态文明性质的不同理解得出本书所指的生态文明的规范内涵。第二章则从环保监管模式的语义学分析入手，对环保监管模式的基本概念、客观依据、基本原则、价值取向等内容作简要梳理。第三章对前两章进行有机统和，指出生态文明建设给环保监管模式带来的机遇和挑战，为下文提出应对之策作铺垫。

第一章

生态文明的理论辨析

第一节　生态危机显现与环境意识觉醒

2014年修订的《环境保护法》第12条规定："每年6月5日为环境日。"之所以加入这一条款是因为立法者认为，"环境日的确立反映了世界各国人民对环境问题的认识和态度，表达了人类对美好环境的向往和追求"①。可以预见，环境日的确立对于提高全社会的环保意识，增强公民对环境保护的社会责任感，促进我国环境保护事业发展，推动生态文明建设具有重要意义。这一节日源自1972年6月5日在瑞典首都斯德哥尔摩召开的联合国第一次人类环境会议。此后，联合国系统和各国政府都会在每年这个时候举办声势浩大的环境保护主题活动，我国也不例外。值得一提的是，我国除了举办环境保护活动之外，还形成了另一个不成文的传统，即在每年6月5日前后由环境保护主管部门发布上一年度的《中国环境状况公报》②。2018年6月6日，生态环境部公布了《2017年中国生态环境状况公报》，对我国当前的大气、淡水、海洋、土地、自然生态与农村等要素的环境状况进行了纵向与横向对比。本书无意对公报的具体数据进行重复列举，毕竟"数据是灰色的，而现实之树常青"。回顾2017年，华北的雾霾没有减弱的迹象，东部地区的水质危机日益严峻，东南地区的

① 信春鹰主编：《中华人民共和国环境保护法释义》，法律出版社2014年版，第41页。

② 我国自1989年开始发布《中国环境状况公报》，其发布时间并不固定，但均在每年的五月底或者六月初，参见 http：//www. mee. gov. cn/hjzl/zghjzkgb/lnzghjzkgb/index. shtml。

土壤污染问题逐渐凸显，我们面临的污染物种类之多，关系之复杂，均为以往发达国家少见，治理的艰巨程度也不言而喻。如果要用一句话概括我国当前的环境状况，本书认为，生态建设、环境保护与循环经济科技问题研究专题组于2004年给出的结论——我国生态与环境已进入大范围生态退化和复合性环境污染的阶段——仍然适用。

近年来，以反对PX项目（即对二甲苯化工项目）建设为代表的环境群体性事件标志着我国公民环境意识的觉醒，公民自发开展的邻避运动被学者称为“目前中国唯一成气候的社会运动”①。20世纪70年代之前，人们普遍将环境污染视为社会发展不可规避的附带品，其救济则多通过私法手段解决，即赋予公民人身权和财产权，当行为人的污染行为影响公民上述权利时，法院做出保护受害人的赔偿判决。这一方式具有明显的弊端：首先，环境问题具有强烈的公共属性，仅靠侵权法机制并不能对社会公共利益进行最大限度的保护；其次，环境污染的侵权责任具有损害填补的性质，是一种典型的事后救济，而环境问题具有“产生容易治理难”的特征，私法中的赔偿对于个人和社会而言都属于不足额赔偿；最后，传统民法确立的所有权绝对、契约自由、自己责任等观念，对于具有高科技性、潜伏性、广泛性和不平等性的环境侵权而言，具有明显的理念和制度设计冲突。随着环境抗争的增多与公民环境意识的觉醒，由政府主导的环保监管逐渐取代侵权机制成为环境治理的核心，环境保护也成为执政党统治正当性的重要一环。

然而，基于规制俘获、行政资源匮乏等因素，政府主导的环境治理并未遏制当前的环境污染和生态恶化。为了纠正先前环境保护领域存在的“小修小补”“头痛医头脚痛医脚”式的“末端治理”，学术界和实务界提出通过更深层次的发展道路转型来带动社会整体的解构和重塑。中国人口众多而人均资源匮乏，加之经济结构的不合理，决定了我国既不可能沿袭工业文明主导的“先发展后治理”的老路，也不可能靠污染转嫁的方式求得自身的发展。这就迫使我们走出一条人类和环境协调发展的新路，此即党和政府所欲打造的生态文明建设之路。生态文明建设，其实质便是学习和模仿生态系统的规律，建设一种自身和外部环境

① Yang G.B.，“Environmental NGOs and Institutional Dynamics inChina”，*The China Quarterly*，Vol.181，No.3，2005.

相互协调、和谐共处、资源利用率高、污染物排放量少的生态系统、消费系统和分解再循环系统。[①] 因此，第一章将以生态危机的显现和生态意识的觉醒为出发点，论证环境保护问题和生态文明理念产生的根源；再从线性生态文明观与系统生态文明观的分野出发，逐步论述生态文明的历史演进与规范内涵。

第二节　线性生态文明与系统生态文明

2014 年修订的《环境保护法》第 1 条开宗明义地指出："为保护和改善环境……推进生态文明建设……制定本法。"探究生态文明之内涵是构建理想环保监管模式之基础和前提。关于生态文明的理论研究，通过中国知网检索，国内以"生态文明"为题的最早的学术论文是由李绍东先生于 1990 年发表的。古语有云：仓廪实而知礼节，衣食足而知荣辱。随着中国的经济腾飞，公民的环境保护意识和需求亦日渐增强，学界关于生态文明的讨论也逐渐增多。尤其是党的十七大要求"建设生态文明，使生态文明观念在全社会牢固树立"，这一倡议使研究"生态文明"的论文呈井喷式增长。党的十八大要求"全面落实经济建设、政治建设、文化建设、社会建设、生态文明建设五位一体总体布局"，表明生态文明建设成为我国的重要政治议题，学界关于生态文明的研究热情也再次高涨。党的十九大进一步要求"加快生态文明体制改革，建设美丽中国"，将生态文明建设视为中华民族永续发展的千年大计，为下一阶段的学术研究提供了更明确的指引。

不可否认，生态文明的研究是一个宏大的命题。尽管各学科对生态文明的阐述视角各异，但大致可以将生态文明的性质归为两类：一类谓之"线性生态文明观"，即生态文明是继渔猎文明、农业文明、工业文明后的下一种人类文明形态；[②] 另一类谓之"系统生态文明观"，即生态文明并不是工业文明之后的第四种文明形态，而是一种与物质文明、精神文

① 齐晔：《中国环保监管体制研究》，上海三联出版社 2008 年版，第 27 页。

② 吕忠梅：《中国生态法治建设的路线图》，《中国社会科学》2013 年第 5 期。

明、制度文明等并列的一种社会文明组成部分。[①] 下文将以线性生态文明观与系统生态文明观的现有研究入手，明晰本书所指的生态文明的真正意涵。

明确提出线性生态文明观的是申曙光教授。1994 年，申曙光教授在《学术月刊》发表《生态文明：现代社会发展的新文明》，认为任何文明都只是一种历史现象和过程，终将消亡并被新的文明所取代。工业文明以“人是社会的主人”为哲学依据，其造成资源日益衰竭、污染日益恶化、人口爆炸、城市膨胀。从整体上看，这一文明形态已完成它的历史使命，并从兴盛走向衰亡。[②] 与此相反，生态文明信奉“人是自然的一员”的哲学观念，要求人类活动服从“人—自然”系统的整体利益。由于工业文明强调人的物欲即物质需求，压抑了人的生态需求，使人性和社会都呈现出某种病态，而生态文明强调满足人的生态需求，提高人的整体生活素质，可以纠正这种病态。[③] 因此，生态文明这一新的文明形态将逐步取代工业文明，成为人类下一阶段的主导文明。[④] 线性生态文明观即使在今天也有极强的解释力，申曙光教授富有远见的观点一定程度上引发了学界关于生态文明的理论争鸣。

首次明确反对线性生态文明观、倡导系统生态文明观的是邱耕田教授。他为了反驳申曙光等人关于线性生态文明的论述，于 1997 年撰写《对生态文明的再认识——兼与申曙光等人商榷》一文，提出了引领后来系统生态文明观的“大文明”观念。邱教授认为，文明的一般定义是，人类改造世界所获得的物质成果与精神成果的总和。人类经历的渔猎、农业和工业文明，概括而言，都属于人类创造的物质文明。然而，未来社会并不会是一种单一导向的文明形态，而应当是一种“大文明”，即生态文明连同物质文明、精神文明等组成共同反映未来社会的多向度文明形态。邱耕田教授还指出，物质文明与精神文明是一种实体性的文明形态，而生

---

① 刘思华：《对建设社会主义生态文明论的若干回忆——兼述我的“马克思主义生态文明观”》，《中国地质大学学报》（社会科学版）2008 年第 4 期。

② 申曙光：《生态文明构想》，《求索》1994 年第 2 期。

③ 申曙光：《生态文明及其理论与现实基础》，《北京大学学报》（哲学社会科学版）1994 年第 3 期。

④ 申曙光：《生态文明：现代社会发展的新文明》，《学术月刊》1994 年第 4 期。

态文明无法纳入其中，因为生态文明是一种依附性的文明形态。[①]

在两位学术先驱发表了线性生态文明观与系统生态文明观之后，对其的改造或反驳也接踵而至。对线性生态文明观的反驳最为有力的是张云飞教授。张教授认为，生态文明不是取代工业文明的具体形态，理由有三：其一，生态问题并非特殊的社会问题，它贯穿于人类文明始终，生态文明是一项永恒的事业，而非后工业文明的独立文明形态。其二，生态文明缺乏标志性的技术基础，而科技进步理应成为文明形态更替的基础和标志。例如，渔猎文明开始的标志是弓箭，农业文明开始的标志是铁犁，而工业文明开始的标志则是蒸汽机，循此逻辑，以信息技术为标志的信息文明理应成为下一种文明形态，而非生态文明。其三，生态文明缺乏独立的物质变换层次。文明形态总是交替演进的，而生态文明却具有不可超越性。[②]因此，张云飞教授认为，随着信息化的发展，尤其是信息产业的发展，人类社会将步入信息文明。

针对张云飞教授提出的生态文明是否有自己独立的技术标志问题，任永堂教授发表了不同的看法。[③] 任教授认为，农业社会、工业社会和如今的信息社会都有着自己独立的技术标志，但是这些文明形态都带有强烈的人类中心主义特质。为了缓解人与自然的对抗，解决技术与生态的矛盾，社会技术全面生态化的"生态革命"是势在必行的。从当前的技术发展来看，生物材料技术、生物能源技术以及生物信息技术便可以视为生态文明转型的技术标志。相较而言，对于系统生态文明观的反驳则孱弱许多。文正邦教授认为，物质文明与精神文明之外的第三种文明形态，依据不同的标准可得出不一样的结果，若以社会可持续发展为标准，三大文明的结构体系应该是生态文明、物质文明和精神文明，但若以社会形态的优化和发展为标准，社会三大文明的结构体系则应当是制度文明、物质文明和精

---

① 邱耕田：《对生态文明的再认识——兼与申曙光等人商榷》，《求索》1997 年第 2 期。需要指出的是，1985 年，刘思华教授便主张："开创中国社会主义经济社会发展的新时期，也就是中国社会主义物质文明、精神文明和生态环境建设的同步协调发展的新时期"，这一主张在某种程度上可以视为比邱耕田教授更早提出系统生态文明观。参见刘思华《对建设社会主义生态文明论的若干回忆——兼述我的"马克思主义生态文明观"》，《中国地质大学学报》（社会科学版）2008 年第 4 期。

② 张云飞：《试论生态文明的历史方位》，《教学与研究》2009 年第 8 期。

③ 任永堂：《生态社会：信息社会之后的新型社会》，《科学技术与辩证法》1994 年第 12 期。

神文明。①

那么，我国官方倡导、学界热议的"生态文明"究竟属于系统生态文明观还是线性生态文明观呢？2007 年党的十七大报告提出，科学发展观的内在要求是建设生态文明，形成资源节约和环境友好的产业结构、增长方式和消费模式。这可以视为我国官方文件第一次明确提及"生态文明"这一概念。2012 年党的十八大报告首次专篇论述了生态文明建设，将生态文明建设与经济、政治、文化和社会建设并列，纳入中国特色社会主义建设"五位一体总布局"。2017 年党的十九大报告将"中华民族永续发展"与"美丽中国"列为生态文明建设的宏伟目标。至此，生态文明成为我国政府执政的核心议题。

从上述中央关于"生态文明"的报告中可以看出，中央政府并未将生态文明同渔猎文明、农业文明和工业文明作线性对比，更没有作为一种新的社会文明形态加以阐释，其实际秉承的是一种系统生态文明观。② 作者较为同意邱耕田教授提出的"大文明"观，即后工业文明并非某种单一文明主导的形态，它应当是生态文明、信息文明、制度文明、物质文明和精神文明等文明的集合体，生态文明之所以与其他文明形成并列关系而非替代关系，张云飞教授已经给出了解释。从国家层面而言，线性生态文明观也未得到肯认。因此，本书提到的生态文明是指由诸多文明共同构成的"大文明"，生态保护作为人类发展目标之一，与其他文明形态齐头并进，共同构成人类自我革新之方向。

第三节　生态文明概念界定与规范内涵

一　生态文明的概念界定

（一）生态文明词义考究

生态（Eco）一词源于古希腊 Olkos，原意是指"住所"或者"栖息

---

① 文正邦：《论人类社会三大文明——有关生态文明和制度文明的法哲学思考》，《现代法学》1999 年第 1 期。

② 陶蕾：《论生态制度文明建设的路径——以近 40 年中国环境法治发展的回顾与反思为基点》，南京大学出版社 2014 年版，第 12 页。

地”。19世纪中期，德国生物学家Haecekl提出了生态学的概念，并将其界定为研究生物与其周围环境（包括生物环境和非生物环境）相互关系的一门学科。19世纪末期，日本学者将Ecology一词译为“生态学”，并经武汉大学张挺教授译介到中国。从发生学上讲，生态学中的生态就是指生物体的生存状态，以及生物体之间和生物体与环境之间环环相扣的关系。

“文明”一词在中西方的话语体系中表达着不同的含义。汉语“文明”最早出自《易经》，曰“见龙在田，天下文明”。此时的“文明”是指某种理想的文治教化的状态，或者表示人文教化的道理和方法。英文中的文明（Civilization）一词源于拉丁文Civis，原意是指城市中的居民。也就是说，初始状态中的文明本质含义为人民生活于城市中的某种状态，将这种概念引申，便指一种先进的社会和文化发展状态，这一状态涉及多项因素，包括民族意识、科学知识、礼仪规范等。虽然中西方的“文明”含义并不等同，但两者都将文明视为一种社会的进步状态，此时的“文明”是“文化”的高阶状态，与“野蛮”相对，即所谓“文者不野，明者不昧”。一言以蔽之，文明是指人类脱离野蛮状态的所有社会行为构成的集合，这一集合包括了多种元素，例如工具、语言、宗教观念、法律、城邦和国家等。值得一提的是，无论是构成文明这一集合的多种元素，还是文明这一集合本身，均处于不断的发展变动之中，其动因及目标均以某一时期的人类具体需要而展开。因此，文明是一种人类正在处于或者希望处于的一种在理想与现实中不断切换的社会状态。

（二）生态文明概念的国外研究综述

1971年，保罗·约翰南发表《超越文明》，预见一种“后文明”将出现。1972年罗马俱乐部的研究报告《增长的极限》提出“全球均衡”的发展理念和关于“价值观的改变是人类走出目前困境的关键因素”的论述，该书虽然未对“后文明”的具体样态提出明确的阐释，但是其对工业文明发展模式的不可持续性进行的批判预示着“后文明”出现的必然。1995年，美国学者罗伊·莫里森出版《生态民主》（*Ecological Democracy*）一书，书中首次提出“生态文明”（Ecological Civilization）这一概念，同时莫里森认为“生态文明”应当是工业文明之后的下一种文明形态，而其书名中提及的“生态民主”正是“工业文明”向“生态文明”过渡的必由之路。[①] 不仅如此，2006 年莫里森又出版了一本名为《生态文明：2140》（*Eco Civilization 2140*）的专著，该书对未来生态文明的具体样态进行了勾勒。此时，生态文明不再是虚无的理论，而是成为一种能够切实体会到的文明形态。

针对生态文明的实现路径，国外学者也从不同角度进行了阐述。本·阿格尔最早提出生态马克思主义（Ecological Marxism），其认为资本主义制度下的生产和消费方式是生态危机产生并加剧的根源，唯有变革资本主义制度方能消除越发严重的全球生态危机。[②] 罗马俱乐部的唐奈德·梅多斯等人在《增长的极限》发表近 30 年后出版了《超越极限：正视全球性崩溃，展望可持续的未来》一书，提出对于环境问题、粮食问题、人口问题等共同诱发人类的生存危机，应当从系统结构乃至思维模式上寻找解决突破口。[③] 无独有偶，美国学者在《文明与生态文明》一文中也提出，传统的以技术革新解决生态危机的思路是不全面或者至少是以偏概全的，除技术革新之外最为重要的是通过改变人们看待世界的方式来触动人类最深层的敏感性。[④]

（三）生态文明概念的国内研究综述

关于生态文明的概念内涵，国内学者从不同角度给出了不尽相同的结论。据学者考证，中国关于生态文明的理论研究始于 1984 年，最早使用生态文明这一概念的是生态学家叶谦吉，他主要从生态学以及生态哲学的角度来解析生态文明。1993 年，中科院生态环境研究中心的刘宗超明确提出："人类与地球表层共存就是生态文明，威胁它生存的就是愚昧，应在最低消耗能量和物质的情况下确保地球表层的信息增殖。"[⑤] 1997 年，刘宗超出版《生态文明观与中国可持续发展走向》一书，集中阐释了生

① Roy Morrison, *Ecological Democracy*, Boston: South End Press, 1995.

② ［加］本·阿格尔：《西方马克思主义概论》，慎之等译，中国人民大学出版社 1991 年版。

③ ［美］唐奈德·H. 梅多斯等：《超越极限：正视全球性崩溃，展望可持续的未来》，赵旭等译，上海译文出版社 2001 年版。

④ ［美］小约翰·柯布、李义天：《文明与生态文明》，《马克思主义与现实》2007 年第 6 期。

⑤ 刘宗超、刘粤生：《全球生态文明观——地球表层信息增殖范型》，《自然杂志》1993 年第 Z3 期。

态文明价值观。该书认为，生态文明的价值观是一种寻求自然和人类和谐的整体价值观，人类从事的一切活动都应当符合“自然—经济—社会”这一复合系统的整体利益。换言之，生态文明下的人类活动应当既满足人的自由发展，又满足人与自然界的生态需求和协调发展，而生态需求则主要是指满足人与自然互生互利的应然状态。1999 年，刘湘溶教授出版《生态文明论》一书，提出生态文明是一种高级形态的文明，人类不仅应当追求经济、社会的进步，还应当追求生态的进步。生态文明是一种人类与自然协同进化的文明形态，也是人类摆脱当前越发严重的生态危机的总对策，是一场对现有文明开展的全面变革。除此之外，刘湘溶教授还出版了《生态伦理学》《生态意识论》《人与自然的道德话语》《生态文明——可持续发展的必由之路》等论述生态哲学的专著。

首次对生态文明建设进行马克思主义界定的是我国著名的生态经济学家刘思华教授。刘教授于 1994 年出版《当代中国的绿色道路》一书，提出生态文明建设是根据我国的社会主义条件，劳动者同生态环境进行物质交换的矛盾运动。它要求在开发利用生态环境的同时，保护自然，提高生态环境质量，使人与自然保持和谐统一的关系，从而解决社会需求与自然生态系统供给之间的矛盾。①

环境法学界也有学者不断对“生态文明”这一基本概念进行专题探讨。蔡守秋教授在其撰写的论文中将生态文明定义为：人类遵循自然生态规律和社会经济发展规律，为实现人与自然永续发展而取得的物质、精神和其他有益成果之总和。② 王灿发教授秉承了这一观点，认为：生态文明是人类在利用自然的同时，积极主动保护生态环境并优化人与自然关系所取得的物质、精神和制度成果之总和。③ 此外，王树义教授提出：生态文明是指人类在谋求自身生存和发展过程中，既不断利用自然资源和生态环境满足日益增长的物质需求，又努力采取手段避免对自然界产生额外的不利影响，从而保护生态环境所取得的各种成果之总和。④

① 刘思华：《当代中国的绿色道路》，湖北人民出版社 1994 年版，第 18 页。

② 蔡守秋：《我国环境法治建设的指导思想与生态文明观》，《宁波大学学报》（人文科学版）2009 年第 2 期。

③ 王灿发：《论生态文明建设法律保障体系的构建》，《中国法学》2014 年第 3 期。

④ 王树义：《论生态文明建设与环境司法改革》，《中国法学》2014 年第 3 期。

二　生态文明的规范意涵

毋庸置疑，生态文明建设的目的在于维护地球的生态稳定，可以说它是将生态环境质量的持续改善作为人类经济、社会和文化发展目标的文明形态。相较上文的概念界定梳理，生态文明的内涵、特征、原则以及价值取向等内容学者们亦议论纷纭，意见各异。例如，陈德敏教授认为，生态文明是以一种文明发展新阶段和高级形式而出现的，其体现的是一种经济、社会和环境等方面协调发展的全新理念，以此可以推导出生态文明具有整体性、阶段性、有机性和制约性四种特征。[①] 文正邦、曹明德教授从生态文明建设的法哲学角度出发，提出实现生态文明需借助生态法治，实现生态法治则需建立健全完整严密的生态保护规则体系，具体而言，生态文明建设的制度供给应当坚持“种际公平”“代际公平”“生态优先”和“污染者付费”四项基本原则。[②] 周珂教授提出，生态文明法治建设的核心在于贯彻落实“保护优先”原则。生态法与自然资源法是环境资源保护的一体两面，自然资源法注重自然的开发利用，而生态法则强调对生态的周全保护，通过生态保护消解资源利用的负面效应。简言之，在生态保护领域，尤其是资源开发利用领域，应当坚持落实“保护优先”这一原则。[③] 上述学者都是从政府的环境义务与民众的环境权利角度来展开论述，这样的阐释实际上忽视了广大民众解决环境问题的能力以及其不可推卸的责任。徐祥民教授以“环境义务论”为指导，提出“共享而后自有之”是应对生态危机的最佳选择，并认为其应当成为生态文明时代全社会遵循的社会法则。具体而言，该法主要包括三点核心内容，即适应自然、整体优先和义务本位。[④] 徐忠麟教授指出，生态文明法治建设的理论基点应当在立足于生态人的基础上兼顾人的复合性以及价值取向的多样性，基本范畴包括专门化的生态立法、生态权利义务法律关系、生态法律责任，以及与之相适应的立法、司法执法生态化等，其核心要义在于加强对生态

---

① 陈德敏、梁洋熙：《论生态文明视阈下中国自然资源法的完善》，《重庆大学学报》（社会科学版）2009 年第 1 期。

② 文正邦、曹明德：《生态文明建设的法哲学思考——生态法治构建刍议》，《东方法学》2013 年第 6 期。

③ 周珂：《生态文明建设与环境法制理念更新》，《环境与可持续发展》2014 年第 2 期。

④ 徐祥民、张红杰：《生态文明时代的法理》，《南京大学法律评论》2010 年第 1 期。

利益的保障和衡平。①

本书认为，生态文明应当是一种发展理念，即纠正工业文明以来重经济发展轻环境保护的弊病，努力寻求人与自然的和谐共处。为此，应当探索环境共治和环境法治，以生态文明为指导准则对当前的环境保护制度体系进行相应的改造和优化。生态文明理念是指导本书写作的核心理念，其主要目标有三：生态的有效供给、公平分享和合理补偿。有效供给是指生态供给满足当代人和后代人的基本需求；公平分享是指生态资源应当在不同区域、不同人群之间实现均衡配置；合理补偿是指生态受益人需要向生态利益的提供人进行补偿。唯有以生态文明理念为指导的环保监管模式创新，方能摆脱“增长癖”与“生态专制”的两极化倾向。

① 徐忠麟：《生态文明与法治文明的融合：前提、基础和范式》，《法学评论》2013 年第 6 期。

第二章

环保监管模式基本理论问题阐释

改革开放以来，为了因应面临的严峻环境与资源问题，中央政府提出建设“两型社会”和可持续发展战略。本书认为，生态文明建设的目的是实现经济、社会的可持续发展，而实现这一目标的工具便是发展“两型社会”，即“环境友好型”和“资源节约型”社会。但是，可持续发展与“两型社会”建设都只是治国理政方略在环境领域的高度概括，建设生态文明作为一项长期工程和系统任务，还离不开微观层面的环保监管模式的完善、创新与支撑，对这一概念的准确认知是科学构建环保监管模式的前提。

第一节 环保监管模式的概念厘定与类型分析

需要首先说明的是，“环保监管模式”并非一个法学概念，而是学界基于论述的方便而使用的学术研究用语。一般认为，环保监管模式是指为了保护和改善生活环境与生态环境，国家作为环保监管的主体所采取的一系列行之有效的监督管理环境的标准形式。① 这一概念较为清晰地表明了环保监管模式的主要构成，即国家是环保监管的绝对主导力量。然而，这一界定也体现出一定的“环保靠政府”的依赖思想。为了准确理解“环保监管模式”的规范内涵，本书拟从“环保监管”和“模式”两个词语的具体分析进行解读。

---

① 黄锡生、曹飞：《中国环保监管模式的反思与重构》，《环境保护》2009 年第 4 期。

一　环保监管的概念诠释

（一）监管

从语义学的角度来分析，监管即监督管理之意。详言之，监管是指对社会中的某种类似行为进行引导和规制，使其在预先设计好的轨道中运行，防止其因偏离预期而造成不良后果。监管（Regulation）一词最早使用于经济学领域。从历史的角度看，在自给自足的自然经济时代，由于社会主体的生产和消费都取决于家庭需求而非交换，市场的作用有限，监管也就欠缺产生的土壤。到自由资本主义时代，社会生产和消费完全取决于市场，排斥政府干预，政府的职责是充当“夜警”，市场的调节能在最大程度上保证经济的自由运行，因此这一时期仍然不存在外部监管问题。随着自由资本主义过渡到垄断资本主义，资本家获得了垄断市场的能力，他们为了攫取高额利润往往违背市场规律进行生产，导致周期性的经济危机。这一问题不仅导致极大的社会资源浪费，而且不断加剧着社会矛盾，使阶层之间的紧张和对立成为社会核心矛盾。为了平衡社会需求与社会供给之间的关系，缓和阶级矛盾，经济学家凯恩斯提出的“国家干预理论”逐渐成为对自由资本主义的修复机制，政府管制也成为调节市场经济的必要手段，这一管制过程即最初形态的“监管”。

社会的进化总是在经历一个从简单到复杂的过程。随着物质产品的越发丰富、精神需求的日益高涨，政府监管的事务日趋复杂，监管的内涵也越来越丰富，政府监管逐渐呈现出类型化的趋势。经济合作与发展组织（OECD）在《监管问题及多哈发展议程——解释文本》中，将监管定义为：政府对企业、公民及政府自身行为采取的管制措施。[①] 根据监管性质的不同，又将监管区分为经济性监管、社会性监管和行政性监管。其中，经济性监管的对象主要是企业的行为和市场的有效运行；社会性监管的对象是与经济行为相对的社会性事务；行政性监管的对象则集中于政府内部的规范运行。史晋川教授持类似的观点，认为“监管”一词可以与“管制”一词并用，进而将监管区分为经济性管制、社会性管制和反垄断管制等类型。其中，经济性管制包括市场准入限制、价格干预等事项；社会性

① OECD, *Regulatory Issues And the Doha Development Agenda: An explanatory paper*, 25 March, 2003.

管制包括环境保护、劳动保障等事项；反垄断管制则包括协议监管、滥用市场地位监管等事项。[①]

（二）环保监管

根据上文关于“监管”的论述不难看出，“环保监管”即环境保护监督管理之简称。一般认为，环保监管是指法律赋予具有监管职权的主体对社会主体潜在的或现实的环境行为进行引导或规制的行为。总体上讲，我国的环保监管经历了三个时期：第一个时期是环境行政阶段，其主体和对象相对固定，手段也相对单一，是典型的或狭义的环保监管。第二个时期是环境规制阶段，这一时期的环境行政连同诸多市场手段，共同构成因应环境问题的重要方式。第三个时期是环境治理阶段，此时的环保监管在理论、方法和手段的研究应用上都取得了较大的发展，其核心是环境问题的多元共治。由此可见，环境执法—环境规制—环境治理是环保监管逐级递进的三个层次。[②] 这一过程的初始阶段，尤其强调政府在环境管理中的主导作用；到环境规制阶段，政府治理环境问题的手段从单一的行政执法向丰富的市场手段转变；再到环境治理阶段时，环保监管尤其注重公民社会的积极参与，监管手段则从政府主导的行政管制向市场、金融、信息等手段逐渐延伸。不仅如此，环保监管的对象也在随着社会的发展不断扩充。详言之，随着人类干预自然的能力提升，人类的活动范围不断扩大，影响生态系统稳定的活动也从传统的生产、分配、交换和消费四大环节拓展到人类经济活动之外的诸多事项，例如科学研究、国防活动等。从这个意义上讲，以往对“环保监管”进行的分阶段论述存在明显的漏洞，对环保监管核心任务更为严谨的定义应当是：对可能影响生态系统稳定的主体的全部行为进行的全程监管。

结合政府监管职能的内容可以看出，环保监管当属政府的社会性监管职能。然而，环保监管与其他社会性监管事务不同，其并非形成于政府成立伊始，而是随着环境问题的恶化，基于政府的公共利益保障职能而自然衍生的，也就是说环保监管职能的出现是一种历史现象。在人类社会形成初期，人类的各种活动都围绕获取供养资源而展开，但基于自然资源的极大丰富以及人类改造自然能力的有限，人类活动对自然产生的负面影响较

① 史晋川：《法经济学》，北京大学出版社 2007 年版，第 331—334 页。

② 齐晔：《中国环保监管体制研究》，上海三联书店 2008 年版，第 46—49 页。

之于自然界的自我恢复能力而言可谓微不足道。加之当时社会发展不成熟，国家及行政观念尚未形成，对于不甚明显的环境问题也就没有产生政府进行环保监管的可能。伴随着社会生产力的发展，阶级分化与国家出现，管理公共事务的职能也随之形成。这一时期，尽管人类的活动范围以及活动强度较初始阶段有较大提升，但人类行为对环境的影响程度仍未超过自然的承受能力，尚不足以形成影响生态系统整体运行规律的作用力。即便存在对生态环境的局部影响或破坏，这些轻微的问题也难以进入拥有诸多紧迫社会矛盾需要解决的统治者的视野。换言之，这一时期虽然出现了国家及环境问题，但环保监管仍然没有纳入国家职能体系的必要。此后，随着铁制农具的适用与普及，以及奴隶制向封建制的转型，人类社会对自然的影响程度大幅加深，环境保护日趋成为紧迫的社会需求。人类自身行为与环境资源破坏性后果的因果联系催生了朴素的环境保护观念，反映到政治国家之中则是封建政府开始制定环境保护方面的法律，并设立行使环境职权的部门，如商周时期《官山海》《封山护矿法令》以及保护山川的山泽官，这些正式通过或成立的法律及管理机构被环境法学界视为政府承担环保监管职能的开端。[①] 但需强调的是，这种监管职能在当时的社会管理职能横向比较中地位非常有限，而且随着朝代的更迭显示出时有时无的不连续性特点。通过法制史的考察可以发现，这种不连续性甚至贯穿于封建社会的始终。真正现代意义上的环保监管是在商品经济发展到一定阶段之后方才产生的。此一时期，尤其是工业革命之后，人类生产力的提高甚至超过过去数千年之总和，人类对环境资源的利用和破坏能力都大幅提升，随之而来的后果就是地球的满目疮痍，以及因环境问题引发的人类自身的生存和发展问题。此时，环保监管作为一种制度性的因应之策，自然被提上了各国中央政府的议事日程。

然而，政府的环保监管职能与其担负的另一项重要职能——经济发展职能——形成了悖逆。一方面，环境问题根源于微观经济主体所从事的具有负外部性的生产行为，而环保监管不可避免地将抑制这种正常的经济行为。人类社会的生产过程对环境的影响是多方面的。其一，市场主体进行生产的前提是对自然资源进行加工和利用，而对自然资源的开采从某种意义上讲必然引发生态破坏。其二，市场主体对资源的加工生产往往因为技

① 张晋藩：《中国法制史》，群众出版社 1995 年版，第 75—76 页。

术的限制而表现出一定的不彻底性。详言之，自然资源能够被利用的部分可以被加工成产品进行销售，而囿于技术或成本因素没有被利用的自然资源便以废弃物的形式被排放到自然环境之中。其三，市场主体对资源的生产加工本身也会排出废液、废气、粉尘等影响环境质量的物质。其四，产品经过公民的消费使用，最终以垃圾或废弃物的形式进入自然环境，这也将不可避免地影响到生态环境，因为人类普遍使用的塑料等物质因不能通过自然降解或者需要花费极长的时间才能完成降解。总之，人类社会经济活动的各个环节都将产生环境问题，这就对政府履行经济职能提出了更高的要求，即要在履行经济职能的过程中对市场主体的环境行为进行引导、规范、抑制或取缔，从而实现经济职能与环保职能的均衡。另一方面，环保监管不力将反过来影响政府经济职能的实现。不可否认，环境治理是需要成本的。据世界银行测算，倘若发生环境问题的国家希望遏制环境恶化趋势，则需要投入约占 GDP 总额的1%—1.5%的环保资金方能实现该目标；倘若希望已经污染的环境得到明显改善，则需要投入 GDP 的 2%—3%才可能实现。[①] 基于市场主体的趋利性，微观经济主体往往不会自发地采取保护环境的措施，更不会将治理环境所需要的成本纳入自身的经济核算体系。相反，微观经济主体善于利用作为公众共用物的生态环境——通过将污染成本转嫁给社会——实现利润的最大化。此时便出现了一个悖论，即所有微观经济主体都在利用环境，而所有微观经济主体又都在污染环境，同时这些单个的主体还都不愿治理环境，由此环境污染和破坏问题便成为理性社会无法规避的社会难题，也就是所谓的“公地悲剧”。[②] 其产生的最大问题在于，受环境污染、生态破坏、资源枯竭影响，地区的经济潜力将越发减弱，也就是说环保问题终将有一天会演变成为经济问题，政府倘若无法有效实现其环保职能，也将无力阻挡经济职能的落空。

前文讨论了环保监管与政府经济职能的关联，实际上环保监管也并不与政府的政治职能绝缘。理论上讲，环境问题的解决属于政府社会监管职能的调控范围。然而随着环境问题日趋国际化和政治化，环保监管已经成为左右国家政治职能发挥的重要因素。其一，环保监管可能影响到社会稳定，从而引发政府政治统治正当性的问题。由于环境问题直接影响到广大

① 张建伟：《政府责任论》，中国环境科学出版社 2008 年版，第 25 页。

② Garrett Hardin, “Tragedy of the commons”, *Sciences*, Vol. 162, No. 10, 1968.

公民的健康权利和财产权利，而政府天生负有保护此种权利的义务，当环境问题富集到一定程度时，公民的诉求便会影响国家政治职能的行使。其二，环保监管会影响政党的执政方式、策略和手段。现代国家普遍通过政党管理国家，在两党或多党轮流执政的背景下，基于环境问题强烈的话题性和社会关注度，政党为了获取更多的选票大打环境牌，在宣传自己更加严厉、有效的环境治理策略的同时，批判当下环境治理的诸多问题，这在客观上将促使执政党的政治职能向更加有利于环境保护的方向调整和落实。其三，随着公民生活水平的提高以及对环境的关切程度加深，公民享有“过健康且富有生产成果的权利”（Rights to A Productive Life）[①] 成为当代社会的普遍共识，环境权也由此进入人权的范畴。保障人权是政府政治职能最为重要的组成部分，基于环保监管在落实环境权中的积极作用，环保监管也就成为政府政治职能得以实现的前提。其四，政府的政治职能除了对内的社会管理，还有对外的沟通与防御。由于环境要素具有较强的流动性，环境污染和生态破坏的国际化也就成为环境问题的应有之义。政府往往通过外交、军事等手段保护国家的生态安全，这也就拓展了环保监管的方法和手段。

（三）环保监管模式

前文论及了“环保监管”及对相关概念的理解，下文将对“模式”一词进行解析。“模式”一词往往指涉甚广，一般认为它是从不断重复出现的事物中发现和抽象出来的隐藏于事物中的规律关系，是对客观事物内外部机制的直观描述，其核心在于揭示某种事物的标准形式以使人可以模仿、重复。一言以蔽之，“模式”一词是指事物运行过程中呈现出的相对稳定的、具有规律性的运行样态。不难想象，倘若要解决某类具有共同性的问题，其最便捷的方式便是探寻其规律性、程式化和可以反复适用的稳定特征。

欲透彻理解“模式”一词的深层含义，还有必要将“模式”和与其概念相近的“体制”“机制”进行比较分析。一般认为，“体制”是体系和制度的简称，对管理主体的机构设置、权限划分以及上下级隶属关系等组织制度的概括即是“体制”。“体制”一词的核心要义是揭示组织内部的相互关系，其体现的是一种静态的关系，这一点与“机制”相反。“机

① 参见《关于环境与发展的里约热内卢宣言》原则一。

制”一词源于英语 Mechanism，其原意为“机械”，社会科学中普遍适用的“机制”一词是对事物的功能及其运行机理的总称。由此我们可以看出“体制”与“机制”的内在关系：“机制”是“体制”中的主体根据各组成部分的功能发挥作用的过程，“体制”则是“机制”运行之前提，与静态性的“体制”相比，“机制”呈现出一定的动态性。那么“模式”与“体制”和“机制”之间究竟是何关系呢？本书认为，“模式”既包括“体制”所蕴含的主体设置、权限划分和隶属关系等静态内容，也包括“机制”所蕴含的主体间相互配合、相互监督和相互制约的动态关系。也就是说，“体制”与“机制”的集合，便是“模式”。环保监管是一项系统性工程，其涉及主体众多、手段各异。良好的环保监管模式，应当既包含主体设置、权限划分和隶属关系等“体制”问题，也包含各主体间相互配合、制约、监督和影响的“机制”问题，本书所论述的“环保监管模式”正是出于这一考虑而提出。

基于环境问题的复杂性，各类主体针对不同的环境问题采取了不尽相同的环境治理举措，本书所谓“环保监管模式”即是对环境保护过程中所形成的环保监管体制以及所采取的监管手段、方法进行抽象概括而得出的具有规律性的运行程式。根据上文对环保监管模式的解析可以得出环保监管模式的大致内容：静态层面，环保监管模式包括环保监管的主体设置、职权划分以及隶属关系；动态层面，环保监管模式包括环保监管主体依照法律规定对有关环境行为进行调控的机制，以及各参与主体自身内部和主体之间相互协调配合、监督制约的机制。不难看出，环保监管模式得以成立和发挥机能有赖于三方面的要件。

第一，环保监管主体的设置。前文已述，环保监管经历了三个时期，即政府主导的环境行政时期，市场主导的环境规制时期，以及民众参与的环境治理（或曰环境共治）时期。在当下，微观经济主体作为环境问题的主要责任人，其自身也蕴含着环境治理的义务和神圣责任，因此企业等生产主体日渐被纳入监管主体的范畴。另外，基于社会契约理论，政府的权力来自全体公民的授权，当政府的环保监管职能不能满足公众的期待，那么作为委托人的公民有如下权利：其一，向政府重申授权，促使其积极、有效行使民众所赋予的职权；其二，越过政府，径直与造成环境的责任人谈判。从这一角度来讲，社会公众乃是环保监管最根本的主体。但根据当前的治理理论，社会公众并不能直接行使环保监管权力，而需代议机关或者政府通过国家强制力，表达其诉求。因此，本书主要探讨的问题是如何通过模式创新使政府的监管职能得到最大限度发挥，同时调动社会主体积极参与，实现环境问题的多元参与共治。

第二，环保监管的职权划分。环保监管的职权划分是指环保监管权力在相关监管主体中如何进行配置的问题。环保监管职权的划分需要考量多种因素，例如地区环境问题、特征、发展趋势、经济发展水平等，按照统筹兼顾、因地制宜的原则，进行科学、合理的职权划分，从而保障环保监管职权的高效运行。具体而言，“有权可用”是履行环保监管职能之前提。根据法理，行政权力属于“法无授权即禁止”的范畴，因此首先应赋予环保监管主体一定的行政职权，使其在发现环境污染和生态破坏行为时能够根据自身职权对违法行为及时纠正和制止。其次，“有权必用”是环保监管模式运行的关键。环境保护主管部门作为法律规定的环境公共利益主管部门，其职权的行使具有某种必然性，一旦出现环境污染或生态破坏行为，拥有环保监管职权的主体就应依照自身职权范围进行处理以保障公众环境利益，否则就会构成渎职并需根据规定承担行政或刑事责任。最后，“不得滥用”是环保监管模式运行的保障。这就要求立法机关在设置环保监管职权时，需要赋予合理限制并设置一定的问责程序，监管职权不宜过大或过宽，权力的行使既要遵循行政法的比例原则，以保证监管符合成本效益分析，也要遵循有权必有责的原则，防止借“环保监管”之名行侵权、滥权之实。

第三，环保监管的权力运行。在完成环保监管职权的主体设置和权限划分之后，环保监管的关键便从静态的监管设置向动态的监管运行过渡，此时我们称之为环保监管的权力运行。具体而言，环保监管权力运行是指监管主体行使监管职权的过程，包括环保监管主体与行政相对人之间的相互制约、支持和配合关系，也包括环保监管主体内部的上下级之间、不同部门之间的工作规程。环保监管主体与行政相对人之间的关系与一般的行政关系无异，环保监管运行机制的内部关系则包括环保监管机关上下级之间的领导或指导关系，以及不同行政部门之间的横向配合或协调关系。总之，环保监管权力运行的核心在于享有环保监管职权的主体以法律规定的程序实现环保监管目的的权力运行机制。

二　环保监管模式的结构分析

利益构成人们行为的内在动力，从本质属性上讲，利益是社会主体的需要在一定条件下的转化形式，表现为社会主体对客体的一种主动关系。[①] 对环保监管模式的结构分析主要是基于对监管主体的利益考量展开的。

（一）政府主导型的环保监管结构分析

20世纪70年代以来，我国建立了以政府主导为特点的环保监管模式。在这种监管模式下，政府和企业的二元对立构成环保监管模式最核心的关系。具体而言，政府基于法律法规的授权处于环保监管的绝对主导地位，一方面有权制定宏观的环保监管政策，另一方面履行环境信息收集、环境违法处理等微观事项。换言之，无论是采取环境行政手段抑或环境经济手段，政府都是环保手段的制度设计者和具体操作者。在这种环保监管模式下，政府与企业扮演着“猫和老鼠”的零和游戏，政府是权力垄断者，企业则是监管权力所规制的对象，企业仅在环保监管职权的威慑之下才会削减污染物或修复环境。不仅是企业，其他社会力量在政府主导的环保监管模式中的作用也十分有限。可以说，“政府主导型”或“政府直控型”的环保监管模式只有政府一个“当事人”，其他都只是义务人，政府与其他主体之间构成了传统的威权政治下的服从与被服从关系。[②] 此外，政府主导型环保监管模式的弊病还表现在公众参与的缺失上。政府主导型的环保监管模式往往对政府的环境行政权力进行明确授权，而对社会公众参与环保监管的机制仅作原则性规定，缺少对操作程序和权益保障的细化规定，尤其缺少公众参与环保监管的经济性激励机制。环保监管的激励机制缺失不仅影响社会公众环境保护责任意识的形成，还衍生出“环保靠政府”的依赖心理，不利于环境共治的形成。虽然我国政府正力图通过完善法律法规、改革市场规则等方式来弥补环保领域政府与市场的双重失灵，但是职能转型却步入了另一个极端，即政府环保监管的“越位”和“缺位”。具体表现为，在发挥市场主体能动性方面，政府表现出“既当运动员又当裁判员”的“越位”现象，而在农村环境治理等问题上，又出现了政府环保监管“缺位”的问题。

（二）多元主体参与的环保监管结构分析

环保监管的多元化主体共同参与一般被称为“环境多元共治”，是指

---

① 张文显：《法理学》，高等教育出版社1999年版，第215页。

② 王芳：《结构转向：环境治理中的制度困境与体制创新》，《华东理工大学学报》（社会科学版）2009年第2期。

多元化主体共同参与的环保监管模式，其实质是建立一种区别于传统政府主导型环保监管模式，推动更多的社会力量参与到环境治理过程中来的新型治理模式。理论上讲，良好的环境品质是全部社会主体的共同需求，然而实践中许多参与主体还表现出其他利益诉求，这些不尽一致的利益诉求导致了集体行动的障碍。因此，构建科学、有效的环保监管模式的重点，是在兼顾各方利益需求的前提下实现对环境的周全保护。

根据法律规定，环境保护主管部门是环境公共利益的法定守护者。环境法所保护的公共利益并非特指一个国家、一个地区的社会成员的共同利益，从全面及发展的眼光来看它涵盖的是全人类乃至今后世代人类的共同利益。经济学理论将社会产品分为公共物品与私有物品，并认为环境具有公共物品属性，这在现实中的表征是环境供给的普遍性与消费的非排他性。基于环境本身这种公共性以及不可分割的特性，任何社会成员都无法实现对环境的所有权，这也意味着通过一己之力保护环境的成效极其有限。因此，唯有借助代表环境公共利益的环境行政机关来行使本应由全体公民行使的环境权力，方能在节约社会成本的同时最大限度地维护环境公共利益。

企业是社会中最主要的污染者，它们的生产经营活动需要消耗大量的资源、能源，同时排出的废水、废气、废渣等废弃物也会对周边环境产生影响。此外，企业生产的商品或服务在使用过程中或消费之后也会形成新的污染源。环境具有公共物品属性，企业经营者趋利避害的天性使企业有动力将生产商品的治污成本外部化，迫使全社会共同承担环境治理费用。值得一提的是，计划经济时代的企业具有政企合一的特点，此时的企业基于国家意志恰能承担一定的环保职能。然而，随着政企分离的不断深入，企业的环保职能逐渐弱化，也在一定程度上引起了我国环保监管的“失控”或“真空”问题。2007 年《中国环境监察执法现状、问题与对策研究报告》指出，95. 8%的企业表示，如果环境保护能为企业带来经济利益，则其愿意遵循环境保护的相关规定。由此可见，环保监管的运行倘若能够与企业的经济利益相衔接，则企业愿意支持既能约束企业非法排污行为，又能通过利益引导机制让企业主动保护环境的监管模式。是故，将企业纳入环保监管的参与主体既符合经济学逻辑，又顺应现实所需。

社会公众也构成环保监管的重要参与主体。现代环保监管的基本价值追求是以人为本，特别是以社会公众的环境利益为本。① 一般情况下，社会公众的环境利益可以通过政府全权代表并顺畅地实现，但是在两种情况下需要公众的主动参与。其一，当环保监管者与被监管者因某种利益关联而合谋损害环境公共利益时，即经济学所论述的"规制俘获现象"，社会公众的环境利益就难以通过行政机关得以保障。在这样的"猫鼠合谋"情形下，市场与政府将同时失灵。根据社会契约理论，作为代理人的政府怠于行使职权之时，作为被代理人的社会公众便有权越过代理人径直与污染者谈判，或者对代理人重申代理权限，迫使政府规范履行代理职权。从这一角度来看，将公众监管作为环保监管者的政府便具有某种正当性。其二，由于行政机关资源匮乏，以及法律授权与现实多变性之间的内在张力，环保监管者无法对所有的污染行为进行规制，出现"有心无力"的困境。此时，社会公众作为环境利益的直接相关者，有动力对周遭的污染行为进行监督，并且较行政机关更富效率。因此，发动广大群众参与环保监管能够形成环保监管的规模效应，弥补政府主导型的环保监管模式的不足。一言以蔽之，现实所需的环保监管模式已经突破了传统的政府主导模式，发展为政府、企业和公众多方参与的环境共治模式。

概言之，倘若上述主体能够自发地参与环境治理，并且此种参与环境治理的权利能够得到相关法律法规的承认、肯定或提倡，那么：一方面，其能够调动分散的社会力量形成环境保护的自发秩序，不同社会主体通过合作参与到环境治理的过程中来，由此产生优势互补效应，形成环境治理的规模效益，弥补政府主导型环保监管模式在行政资源匮乏方面的不足；另一方面，可使企业和公众将环境保护内化为自觉行为，改变以往"环保靠政府"的心理，减少企业与公众对政府环境管理的抵触情绪。

多元化的环境治理是环保监管模式创新的新取向，它意味着环境治理模式的变通、环境治理范围的扩大，以及环境治理机制的深刻变革。与传统的政府主导型环保监管模式相比，环境治理的多元参与可以节约环境治理成本，激活环境治理效能，并且将环境道德、舆论监督等社会资本引入环境治理之中，实现硬要求和软约束的有机统合。必须强调的是，环境治理主体的多元化，并非是对政府作为环境治理主体的否定，而是对政府环

① 屈振辉、周红金：《关于中国环保监管体制改革的若干构想》，《河西学院学报》2006 年第 6 期。

保监管体制的一种全新的补充和完善。

第二节　环保监管模式建构的价值取向与基本原则

一　环保监管模式的价值取向

前文论述了环保监管模式建构所受的客观因素影响。实际上，环保监管模式的建构还受到诸多主观因素的制约，其中环保监管模式的价值取向便反映了立法者和环保监管主体的价值偏好。

（一）环保监管模式的价值概说

"价值"一词最初源于经济学中的价值理论，后被逐步拓展至社会科学领域。[①] 虽然该词使用十分频繁，但各学科、学派对它的理解却是大相径庭。其中较有代表性的观点认为，价值是客体对于主体存在的某种意义，其具体可以分为两个方面：其一，客体对于主体需要的满足；其二，主体对于客体的绝对超越指向。[②] 循此逻辑，法的价值则是"以法对于人的需要的满足为基础的""人关于法的绝对超越指向"。[③] 由于环保监管模式的建构属于制度建构的范畴，而制度建构又与法具有天然的密切联系，因此法的价值的一般理论与环保监管的价值取向具有诸多共同性。基于此，本书根据法的价值的概念以及论证方式来具体阐释环保监管的价值问题。

倘若将环保监管模式作为客体而将人作为主体，那么根据卓泽渊教授对于"价值"的理解，可以得出环保监管模式的价值的含义：环保监管模式对于人所具有的意义，以及作为主体的人关于作为客体的环保监管模式的绝对超越指向。环保监管模式与人之间存在某种互动关系，科学合理的环保监管模式能够引导、规范、抑制和限制人的环境行为，这既彰显了环保监管模式与人之间的关系，也是证明一定价值存在于环保监管模式之中的内在依据。也就是说，环保监管模式的客观属性是其价值存在的前提，倘若环保监管模式作用于社会而无法指引、规范、抑制或限制人的环

① 卓泽渊：《法的价值论》，法律出版社 1999 年版，第 1—2 页。

② 同上书，第 3 页。

③ 同上书，第 11—13 页。

境行为，它就不存在价值。但是，我们也不能说环保监管模式的客观属性存在，环保监管模式的价值就存在。只有在环保监管模式作用于具体的社会经济主体时，其价值才会转化为真正的现实价值，否则便只能构成一种潜在价值。

按照卓泽渊教授关于法的价值理论的叙述，环保监管模式的价值可以理解为作为客体的环保监管模式对于作为主体的人的需要的满足。简言之，人的需要是环保监管模式具有价值的前提。作为复杂的社会动物，人的需要是多方面、多层次的。就环境保护而言，享有健康、舒适、良好的环境品质是人关于环境的最高层次需求。而禁止乱扔瓜果皮、禁止毁坏花草等，则是人关于环境最微观、最具体的需求。这些不同层级、不同方面的需要就构成环保监管模式的价值追求，然而这些价值却不能成为环保监管模式的价值本身。因为环保监管模式自身价值应当是对人需求进行的抽象化、类型化、制度化和法律化，以避免环保监管模式落入“一事一议”的窠臼；在此基础上再根据人的需求将环保监管模式转换为现实的环保制度和法律，这才是环保监管模式对于人的需要满足的完整过程。

环保监管模式是人类主观活动的产物，人们对其寄予了厚望，然而可以明确地说，环保监管模式只能无限接近人的预期，而不可能完全实现。换言之，我们所希冀的环保监管模式的价值总是高于现实的环保监管模式所能达到的成效。因此，环保监管模式的价值就成为人们设计具体的环保监管模式构成体系的目标，环保监管模式价值本身成为一种期望、追求甚至信仰。这种期望、追求和信仰具有超前的指导意义，是环保监管模式持续完善的不竭动力。

总而言之，环保监管模式的价值体现了人的需求，而这种需求既不似“不得损害树木”“乱扔垃圾”般世俗化，亦不似“人人享有清洁而优美的自然环境”般宏观和虚无化。它是一种保护程度的抽象表达，使环保监管模式既能够在一定程度上得到满足，又能够给予其绝对超越的指向。

（二）环保监管模式的价值选择

前文已述，环保监管模式的建构归根结底属于制度建构的范畴。关于制度的价值，学界给出了诸如秩序、民主、法治、自由、效率等诸多论述。然而，环保监管模式的建构毕竟只是制度建设范畴的一个具体方面，与其他制度建设相比环保监管模式还有其特殊性与差异性。而且，在上述关于制度的价值论述中，各价值之间还存在交叉或重合。因此，在探究环保监管模式的价值时，我们不能对以往研究成果照单全收，而应当有所侧重或取舍。本书认为，环保监管模式最为核心的价值包括四个方面：环境秩序价值、环境安全价值、环境效益价值与环境公平价值。

1. 环境秩序价值

根据语义学分析，秩序是指静态存在的稳定性与动态变化的规律性。"秩序"常常与"无序"或"失序"构成对应关系，后者是指缺乏稳定性和规律性。环保监管模式所追求的秩序价值表现在两个方面：第一，从静态方面而言，环保监管模式要求设置数量适宜的环保监管主体、职权相当的环保监管职权，这是环保监管模式秩序价值的客观要求；第二，从动态方面而言，环保监管模式要求各主体之间的运行机制保持连续性、稳定性和规律性，确保环保监管模式在既定的轨道上运行，而这正是环保监管模式秩序价值的突出表现。

之所以将秩序价值作为环保监管模式的首要价值，其直接原因在于，我国的环境质量改善已经成为公民生存权保障的重要内容。由于工业革命极大地解放了生产力，人类对生态环境影响的广度和深度都得到了空前的提升。此时，人类对自然资源的开发和利用呈现出一种"无序"的状态，人与自然的关系近乎失衡或者已经失衡。恩格斯曾在著作中描绘那个时代因为染坊排放污染物而造成严重的环境问题。马克思也指出，人类对生态环境的破坏，已经影响了土地持久肥力的自然条件。① 人类无序利用自然资源、耗费环境容量的行为使人与自然的关系割裂，最终造成严重的人类生存危机。美国生物学家蕾切尔·卡逊疾呼，由于化学杀虫剂的生产和应用，很多有益的生物随着害虫一起被灭绝，连人类也不例外。② 值得一提的是，蕾切尔·卡逊不仅仅是现代环境保护运动的发起人，她还促成了美国环保署的诞生。在《寂静的春天》问世后不久，国会听证会上便讨论设立专门环保监管机构的必要性。③ 正是因为生态环境的持续恶化，以及自然资源无序开发所引发的人类心理、生理的不适应，促成了人类环境意识的觉醒，由此萌发了建立有序环境秩序的初衷。环保监管模式便是环境

① 《马克思恩格斯全集》第 23 卷，人民出版社 1965 年版，第 552 页。

② ［美］蕾切尔·卡逊：《寂静的春天》，庞洋译，台海出版社 2015 年版，第 30 页。

③ ［美］凯斯·R. 孙斯坦：《风险与理性——安全、法律及环境》，师帅译，中国政法大学出版社 2005 年版，第 14 页。

秩序建立的最重要载体，而这也是环保监管模式得以诞生的历史原因。

环保监管模式所希冀的价值根据性质的不同可以区分为两个方面：第一，生态环境自身的运行秩序。众所周知，自然界所形成的生态环境是一个相对独立且自力更生的循环系统，其中的生物圈、水圈、大气圈、岩石圈等圈层根据生态规律不断进行着物质和能量的流动或交换。正如前文对“秩序”所下的定义，这些环境圈层之间呈现的稳定性、规律性构成了环境的内在秩序。正是这些稳定的、规律性的圈层运动，构成了人类赖以存在和发展的物质前提。基于此，人类构建环保监管模式首要目的便是维护环境自身的秩序。第二，人与自然和谐的价值。有学者指出：“人类历史首先应该是一部人与自然交互作用的历史，然后才是别的什么。”① 从本质上来讲，人类作为生物圈的一类种群，并不比其他种群具有生物学上的特殊性，即使在今天人类也受制于生物圈的客观运行规律，也就是说人类的生存无时无刻不依赖于根据客观规律自发运行的生态环境。然而与其他自然主体不同的是，人类具有极强的改造自然的能力，当下人类对自然的开发和生态环境的破坏，甚至已经影响到自然界客观呈现的秩序，部分地区的人类活动也已经超出了生态环境的最大承受能力。为此，将人类的行为与生态规律相调适，使人类的行为不超出生态环境自身的承载能力，便成为人与自然和谐的核心要义。与人类所具有的反作用力相对应，人类也能够对生态环境产生积极的作用力，因此环保监管模式所寻求的价值秩序应当根据人类行为进行区分。一方面，当人类的行为符合生态运行规律时，环保监管模式应当对此种行为进行肯定或积极引导；另一方面，当人类的行为违背生态运行规律时，环保监管模式应当对此种行为进行遏制或惩处。生态环境自身的运行秩序是人与自然和谐的根本和前提，人与自然和谐则是生态环境自身秩序的实现或保障。

2. 环境安全价值

“安全”是一个仁智互见的常用词汇。一般而言，“安全”是相对于危险而言的某种状态。“安全”的使用一般都预设着某种特定的情形，它应当包含两层含义：某一事物在特定环境下处于没有危险的状态；此类事物对于他类事物而言也是没有危险的。

基于上述关于“安全”的分析，结合生态环境的特性，可以得出环

① 孙天胜、曹诗图、陈国忠：《历史地理学的学科属性辨析》，《人文地理》2001 年第 5 期。

境安全的内涵：环境安全应当是指环境处于没有危险的状态，同时环境亦不会对其他事物造成危险。事物总是处于发展和变化之中，这一规律在生态环境中表现得尤为突出。生态环境是一个自我存在、自我完善、自我发展的有机体，内部各要素、各圈层无时无刻不在进行着规律性的、持续性的物质循环、能量流动和信息交换。可以设想，倘若没有外界的干预，这种循环、流动和交换将生生不息，而且从理论上讲，这种持续会经历一个从低级到高级的演进过程。自然环境自身不受外界影响的危险，此即“环境安全”的第一层含义。但是生态环境并不可能与世隔绝，尤其是在人类产生之后，生态环境的运动便无时无刻不与人类活动发生关系。倘若自然界能够提供给人类生存、发展所必需的食物和场所，并且不会对人类的正常发展需求构成威胁，那么生态环境对于人类这一事物而言便是不存在危险的，这便是“环境安全”的第二层含义。

环保监管模式追求环境安全价值最为根本的原因在于，生态环境的日益恶化已经构成对人类生存的巨大威胁。一方面，人口数量的激增与科学技术的进步，使人类对生态环境的干预程度与日俱增，生态环境承载能力正遭受着来自人类的挑战。虽然生态环境承载能力能够消解局部性的或不那么恶劣的环境问题，但是一旦超出自然界承载能力的阈值，生态环境内部各要素、各圈层根据内在规律运行的秩序便会遭到毁灭性的破坏，环境安全也就荡然无存。另一方面，目前而言地球是唯一适合人类居住的场所，生态环境的安全稳定是人类存在和发展的前提与基础。倘若生态环境的安全出现问题，人类也将面临自身难以解决的问题。诚如恩格斯所言，“我们不要过分陶醉于我们人类对自然界的胜利。对于每一次这样的胜利，自然界都对我们进行报复”①。生态环境的安全问题反映到人类社会，就成为怎样的生态环境对于人类是安全的问题。环境安全是人类社会发展的长期追求，这也是本书在第一章反驳将生态文明视为工业文明之后的另一重文明形态的重要原因。基于此，环保监管模式要以环境安全作为其长期价值追求的目标，并通过环保监管模式的主体设置科学化、职权划分明确化、机制建立的有效性来确保这一目标价值的实现。

3. 环境效益价值

“效益”一词源于经济学，是指“资源配置达到了一种若不使任何其

---

① ［德］恩格斯：《自然辩证法》，人民出版社 1984 年版，第 305 页。

他人受损，便不能再改善的分配状态”，即是帕累托最优。[①] 具体而言，效益就是产出与投入的比率，当这一比率越高则收益越大，而比率越低则收益越小。

对环境的保护与使用也存在效益问题。环境效益是指环境保护和使用方面的产出与投入的比率。人类对自然界的利用会产生影响，即环境影响。我们将人类对环境的保护视为一种投入，对环境的改善可以视为一种产出。倘若人类活动产生环境改善的比重大于对环境的不良影响，则此类活动就具有环境效益；相反，倘若对环境的改善小于对环境的不良影响，则此类活动便不具备环境效益。在现实生活中，环境效益与经济效益相互交织，呈现出既对立又统一的关系。对立是指市场主体在追求经济效益的过程中常常忽视环境效益，导致经济收益由市场主体获得，而环境消耗的恶果却转嫁给社会，即所谓的经济活动的“负外部性”；统一是指环境的改善不仅能够满足公民的需求，而且将进一步促进地区的经济发展，从长远来看环境保护与经济发展是互利共荣的，此即环境效益与经济效益的统一关系。

本书之所以将环境效益确定为环保监管模式的价值取向，直接原因在于，当前环境效益并未纳入市场主体的价值取向之中。现实中，诸多市场主体为了追求经济效益而置环境效益于不顾，凸显了环境效益与经济效益的对立关系，弱化了环境效益与经济效益的统一关系。如果不对这种倾向加以制止，势必危及全社会的生态安全，市场主体所追求的经济效益也将在生态危机面前抵消殆尽，最终影响整个人类的生存和发展。因此，环保监管模式的构建应当使经济效益与环境效益有机统一，使经济效益与环境效益共同构成市场主体的价值取向。然而，前已述及，世界范围内都普遍存在重经济发展轻环境保护的问题，为了实现纠偏的目的，可以通过“矫枉过正”的方式，强调环保监管模式对环境效益的重视，降低对经济效益的偏爱。为此，本书将环保监管模式构建的价值取向定位为对环境效益的追求，拟通过这种“矫枉过正”的方式实现纠偏的目的。

需要说明的是，环保监管模式建构本身也在追求一种效益，即追求环保监管模式建成后模式运行中的效益。此种效益与前文所述的环保监管模式所追求的环境效益有着本质区别。环保监管本身所追求的效益是指监管

---

① 尹伯成：《西方经济学简明教程》，格致出版社 2008 年版，第 148 页。

主体职权行使的高效率或者高收益，而环保监管模式所追求的环境效益是职权行使所获致的环境成效。当然，二者也存在一定的关联关系，即环保监管模式所追求的自身运行效益是环境效益实现的前提，而环境效益的实现是环保监管模式运行效益所追求的目的。

4. 环境公平价值

何谓“公平”？“公”即公正，“平”即平等。公平就是赋予成员以平等的机会、属性和利益。公平是一个经常使用的词汇，而且在使用过程中常常与正义、平等和公正等词语混用。在诸多西方著作中，“公平”一词经常被译作包含正义、平等、公平等字眼的词汇。从法理学的角度讲，公平包括形式公平和实质公平。

在环境法学视野中，环境公平包含以下几层含义：其一，代内公平。环境公平中的代内公平是指当代人平等享有清洁的生态环境和开发利用自然资源的权利，而不论其性别、年龄、种族、国籍等差异。代内公平是较代内不公平而言的，具体来看代内不公平主要表现在两个方面：一是一国之内，往往富人聚集的区域生态环境良好，而贫困区域则是污染的填埋场或处理场，同为一国公民却享有不一样的环境，这是诸多地区抵制垃圾焚烧厂等邻避设施的重要缘由。二是国与国之间，发达国家与发展中国家往往在利用自然资源和享受生态环境方面享有不一样的权利。环境问题多来自发达国家，而发展中国家的环境治理能力又明显弱于发达国家，倘若鼓吹发达国家与发展中国家享有同样的环境权利，这实际上是形式公平的表现，违背了实质公平的要求。为此，发达国家应当承担比发展中国家更重的环境治理义务。发达国家积极向发展中国家提供环境治理资金或技术，一方面是基于生态环境的系统性而不得不采取的环境治理策略，另一方面则是因为发达国家在环境问题的产生上应当承担更多的责任。此即所谓的“共同但有区别的责任原则”，其反映的便是对实质公平的追求。其二，代际公平。代际公平不再将眼光局限于当代人，而是关注当代人与后代人之间在享有生态环境和利用自然资源方面所表现出的权利差异。基于代际公平的要求，在当代人进行资源或环境利用的过程中，应当“既满足当代人的需要，又不对后代人满足其需要的能力构成威胁”①。但代际公平是

① 世界环境与发展委员会：《我们共同的未来》，国家环保局外事办公室译，世界知识出版社 1992 年版，第 19 页。

否存在受到一些学者质疑，即由于后代人缺乏利益代理人，代际公平实际上强调的是当代人在保护环境和节约资源方面所负有的义务。其三，种际公平。较之于代内公平和代际公平，种际公平的观念受到了更大范围的质疑。种际公平是指地球生物圈中的各种物种享有同等使用生态环境或自然资源的权利，种群之间并无高低优劣之分。其想说明的是，人类在满足自身发展需求的同时，不应当过分挤占其他物种的生存空间。学者指出，种际公平实际上反映的是生态社会中的平等主义。①

之所以讨论环保监管模式建构的价值取向，除了这些价值在制度建设中的指导意义，另一个原因还在于，我国长期存在有悖于环境保护宗旨的思想和行动。例如计划经济时期所鼓吹的“人有多大胆，地有多大产”便是违背生态规律的思想理念。当下也存在诸多市场主体破坏性开采自然资源、耗损环境容量的行为。基于此，环保监管模式的建构应当以环境秩序价值、环境效益价值、环境安全价值以及环境公平价值作为价值取向，使市场主体减少或避免对生态环境造成的不利影响，使当代人之间、当代人与后代人之间、人与其他物种之间都能够获得公平的发展机会。

二 环保监管模式建构的基本原则

环保监管模式建构是一项复杂的系统工程，因立场、观点和方法的不一致可能设计出截然不同的监管模式方案。为了防止出现制度设计上的偏差，需要通过概括性的原则进行指导，以保证环保监管模式的建构能够达到预期成效。本书认为，环保监管模式创新应当遵循以下原则。

（一）系统性原则

环保监管模式的系统性原则是指在设计环保监管模式的过程中，应当对环境问题的整体性、监管主体的有序性进行统筹考虑，以使环保监管机构的设置、权限划分符合生态规律。本书导论指出了我国环保监管模式长期存在的第三个悖论：从职权的横向配置来看，政府的分行业、分部门、分灾种的分散型治理机制与环境的系统性之间存有矛盾。环保监管职能被诸多职能部门细碎分割，环保部门虽然有法定的统一监管之责，却无统摄相关部门的统一监管之权；其他职能部门虽有处理自己领域环境问题的职权，其法律责任却多由环保部门承担，导致职能部门不作为、乱作为的情

① 曹明德、张志辽：《环境与资源保护法》，中国人民大学出版社 2008 年版，第 48—49 页。

形日益增多。科学配置监管主体之间的职权是环保监管模式有效运行的前提，若职权配置不遵从系统性原则，很容易导致监管主体重复设置、无人监管，或者有权无责、怠于履职等问题。2018 年的机构改革在一定层面上解决了这个问题，减少了职权的分裂程度，但是如何具体落实生态环境部和自然资源部的分工协调合作还有待进一步细化明确。遵循系统性原则构建的环保监管模式能够有效防止监管主体之间出现相互扯皮或推诿责任的情形，它应当成为环保监管模式构建的首要原则。

具体而言，一方面，环保监管主体的数量和规模应当遵循系统性原则。各国普遍采用科层制的社会管理模式，即中央和地方的行政部门呈现出“金字塔”形的结构，数量从上往下逐渐增多，形成相互衔接、权力流动的稳定组合。为了尽可能地减少环保监管主体设置的社会成本，应当充分利用现有的管理体制，即在中央一级设立统管全国环保工作的环保监管机构，其职责在于制定宏观的环保政策或对地方的环保监管行为进行指导。地方环保监管机构的职责则在于履行环保相关法律法规，进行微观的环境执法。中央和地方的环保监管机构设置应当满足专业化、效率化等现实需求，避免“有人无事做，有事无人做”的懒政或政府缺位问题。另一方面，在划分环保监管职权时，应当遵循全面覆盖、定量配置和相互监督的系统性原则。针对当前诸多监管“盲区”，新的环保监管模式应当充分考量现实环境问题，以使环保监管职权与环境问题相契合，这便是系统性原则中的全面覆盖方针；为了防止“人浮于事”等行政痼疾在环保监管系统中出现，应当在配置环保监管职权时充分衡量地区所需的监管机构数量和规模，这便是系统性原则中的定量配置方针；为了避免环保监管模式中出现滥用职权、监管失职等现象，应当在环保监管主体的上下级之间、职能部门之间或者与立法、司法机关之间，构建相互监督、相互配合的工作机制，这便是系统性原则中的相互监督要求。

（二）效率性原则

效率是环保监管模式最为重要的价值追求之一，它是指环保监管模式的运行需要考量成本收益问题，以最小的成本获取最大的环境收益。毋庸置疑，无论采取何种环保监管模式都会产生行政成本，尤其是在我国行政成本高昂的背景下，设计一个环境效益和社会效益大于环保监管运行成本的治理模式是现实所需。

效率性原则要求环保监管模式的构建从精简和高效两个方面着手。具体而言，精简是指环保监管模式的机构设置应当力求精简，避免机构臃肿或人浮于事。此外，为了防止不同职能部门之间职责重合或冲突，还应当保证环保监管模式的机构设置合理、职权划分清晰。此处所提的机构和职责精简，并非是指机构数量越少越好，而是根据环保监管的客观需要设置机构和分配职权，防止不必要的行政开支或浪费。例如，本书导言部分提及的悖论二：以行政区划为边界的监管体制与环境污染的动态性和流动性之间存有矛盾，这既是实践中环保监管收效不著的重要原因，又是各地频繁上演“以邻为壑”话剧的制度根源。为此，跨区域的环保监管机构设置就显得尤为必要，虽然这些监管机构的设置客观上提高了环保监管成本，却也增加了更为重要的环境效益，符合精简原则的要求。在高效方面，其核心要义在于，环保监管主体各尽其能、各司其职，确保环保监管的实际效果符合人民期待和制度设计初衷。为此，其一，应当建立健全环保监管的成效考评机制，根据地区当前的环境质量状况设计合理的环保指标，从而激发环保监管主体的工作积极性与主动性；其二，健全环保监管职权行使的内外部监督机制，推进环保监管职权行使的合法化和合理化，避免滥用监管职权或玩忽职守等情况出现。环保监管职权的效益性原则集中于机构成本的最小化和外部管理效益的最大化，只有充分尊重这一要求方能保证环保监管模式以低成本、高收益的样态运行。

（三）因地制宜原则

各地的环境污染状况不一，政府治理环境的能力也有异，这就要求环保监管模式的设计需要充分考量地区环境质量状况以及经济发展水平等因素，设计的监管模式应当具有差异性，不能生搬硬套、千篇一律。违背因地制宜原则的环保监管模式会造成地区环保监管的实质“缺位”或者“越位”，导致监管职责的落空或者实施过度。为了实现环境效益和经济效益的协调，发挥环保监管在保障居民环境权中的重要作用，因地制宜地设置环保监管机构便成为必须遵循的原则，从哲学上看就是要遵循主客观相一致的哲学规律。从这一角度来讲，因地制宜原则应当是环保监管模式设置的基础和前提。

具体而言，环保监管的机构设置、职权配置与运行机制都需要根据因地制宜原则进行不同程度的调适。首先，环保监管模式的机构设置应当充分考虑特定行政区域的环境质量状况以及经济发展实际。例如，东部地区的环境污染状况较西部地区更为突出，同时东部地区的经济发展水平较西部地区则更具优势。不难想象，东部地区环境监管事务远比西部地区复杂得多，而其治理能力也因经济水平的提高而更具优势，因此东部地区环保监管机构的数量、编制、人财物配备都应当较西部地区有所倾斜。又如，考虑到长江流域、黄河流域跨行政区的流域分布特征，单靠某一地区的环保监管往往达不到流域整体改善的效果，因此国家设置长江水利委员会、黄河水利委员会等特别环保监管机构对流域进行综合治理，这也是遵循因地制宜原则的制度设计。其次，环保监管职权也要根据各地的实际状况来配置。例如在东部沿海地区，由于毗邻港口、领海和专属经济区，政府的环保监管职责不单指向港口和领海的环境，那些进入我国领海的外国船只，或者在我国领海、专属经济区从事捕鱼、采油等行为的也应当接受当地环保监管部门的监管。因此，除了在机构设置方面遵循因地制宜原则，还应当根据地区实际赋予相应的监管职权以满足港口、领海和专属经济区的特别需求。最后，环保监管机构及其职权的运行也应当根据监管对象的差异而有所不同。例如，法律规定对于边远山区的环境违法行为，环境行政人员有权使用非传统的行政处罚程序对违法行为人进行处罚，这也是践行因地制宜原则的重要体现。

（四）公众参与原则

公众参与原则的核心要义在于，环保监管模式需要搭建公众参与平台，使公众、企业或者非政府组织等主体能够参与到环保立法、环境决策或者微观的环境行政中来。环保监管实际上是政府行使公权力的具体表现，孟德斯鸠曾指出“权力容易被滥用，这是一条亘古不变的道理”[①]。“有权力的人会无休止地使用权力，直到有界限的地方为止。”[②] 不可否认，设定环保监管模式的法律是神圣的，然而执行法律的人却是极度私人化的，我们无法保证每一个执法者都会以社会利益最大化为主旨行使权力，这就从客观上要求我们建立环保监管的监督机制。同时，我们不否认公权力具有的官僚理性，但是基于立场、信息、资源和能力的差异，公权力也并不能全然代表其决策具有最优的性质。相较而言，公众在一些微观领域能够提供不一样的知识和信息，形成与政府“相互竞争的理性”，也就是说公众的参与也能够有效弥补环保行政权力的不足，从这一角度来看

---

① ［法］孟德斯鸠：《论法的精神》，申林编译，北京出版社 2007 年版，第 30 页。

② 同上书，第 67—68 页。

公众参与有其现实必要性。

在环保立法的过程中，立法机关应当在立法草案形成时通过听证、征求意见等方式实现公众参与；在环境行政的过程中，公众可以通过法律赋予的监督、举报权启动环境执法程序，或者就重大环境决策提出建议，要求环保监管机关或者企业公开相关环境信息或数据，以实现全方位的公众参与；在环境司法的过程中，社会公众有权就重大的或直接关系自身生活的环境案件进行旁听，在企业违法排污而政府怠于履职时，可以根据《环境保护法》《民事诉讼法》《行政诉讼法》等相关法律授权，提起环境民事公益诉讼或者环境行政公益诉讼。同时，公众对环境案件的审理结果享有知情权和发表异议的权利。

第三节 环保监管模式建构的客观依据与类型划分

一 环保监管模式建构的客观依据

环保监管模式是对特定时期、特定范围内的环保监管方式的抽象概括。也就是说，环保监管模式的构建取决于特定地区的主客观条件，包括但不限于国家经济体制、环保政策、污染现状等因素。

（一）国家经济体制

经济体制是指主导地区经济运行、决定资源配置的方式。在当今社会，经济体制通常区分为“计划经济体制”和“市场经济体制”。前者是指国家通过行政手段来实现资源配置的一种经济运行模式；而后者是指发挥市场的作用来实现资源配置的经济运行模式。在市场经济体制中，政府常常通过税收、财政等方式来保证市场在资源配置中的决定性作用。但无论是市场经济体制还是计划经济体制，往往都不会完全依赖一种手段实现对资源的高效配置，而通常是以一种手段为主，统筹其他手段，达成资源配置之目的。单一和绝对的经济体制存在的问题在中国传统计划经济体制与西方自由资本主义体制的比较中得以验证。于是，我国抛弃了高度集中的计划经济体制，而是以社会主义市场经济体制来改造和引导资源配置；同时，西方自由资本主义体制也借助凯恩斯的国家干预理论，实现了国家统筹下的市场经济改革。

无论是市场经济体制还是计划经济体制，环保监管模式都因严峻的环境问题而建立。但是，国家的环保监管模式却常常受到经济体制的影响或制约。健康的经济体制应当以社会资源及时、公平和高效地配置到国民经济相关领域为核心要义，基于市场主体“理性经济人”的行为逻辑，为了保证社会经济的可持续发展，环保监管体制与经济体制的互相契合、互相制约就显得尤为重要。环保监管模式会根据经济体制的优化而不断完善，环保监管的成效甚至被看作经济体制健康与否的“晴雨表”。例如，在高度集中的计划经济体制下，环保监管不仅依赖于国家专门成立的法定监管机关，占市场主导地位的国有企业也肩负着诸多环保监管职责，此时的环保监管便具有浓厚的行政色彩。与此相反，在完全的市场经济体制下，刚性监管职能弱化，柔性和意定监管成为环保监管的主要手段。此外，两种截然不同的经济体制还会使环保监管的运行程式和效果大相径庭。例如，在计划经济体制下，国家对关系国计民生的基础性行业进行严苛的监督管理，那些具有战略意义的资源、能源行业往往因为国家的关注而呈现出企业环保责任行政化的特点；而在市场经济体制下，政府通过设置法律责任促使企业遵守相关规定，其本身则充当守夜人的角色，当市场主体不依照法律所允许的规则行事时政府才会动用其权力。我国所确立的社会主义市场经济体制扭转了先前的高度集中的计划经济体制，这有别于自由放任的西方市场经济，与之相匹配的环保监管模式应当是：一方面，对于市场能够通过自发调节完成环境治理的领域，政府应当充分尊重市场在资源配置中的决定性作用，从而避免“越俎代庖”产生的监管过度问题；另一方面，为了遏制市场主体趋利行为导致的超过环境自净能力的负外部性，政府应当对企业行为进行适度的引导和规制。

（二）国家环保政策

国家环保政策与国家环保法律之间并不是泾渭分明的。环保政策倘若施行良好，可能通过立法机关的确认成为环保法律。同时，环保政策虽然在刚性上有别于环保法律，但是基于其时效性，环保政策对内部行政机关与外部相对人往往具有更强的适用性。概括而言，国家环保政策是由行政机关根据本国的污染状况，统筹考虑民生、经济等因素制定出的具有稳定性、全局性和连续性的环境治理策略。需要说明的是，此处的“全局性”并不一定指代国家，也可能以省级、市级或县级为单位，也就是说环保政策多是根据特定区域（一般是行政区域）的环境质量状况和经济发展水平而制定。此外，此处的“连续性”也有别于法律的“安定性”，因为不排除在环保形势总体改变的情况下做出政策调整和转向的可能，而且这种连续性往往表现出从宽松到严格的过渡，而非相反。

1983 年召开的第二次全国环境保护会议宣布“环境保护是我国的一项基本国策”，2014 年《环境保护法》将这一内容写入法条之中，该法第 4 条规定“保护环境是国家的基本国策”。那么，国家环保政策与环保监管模式存在何种关系呢？一般认为，环保监管模式是落实国家环保政策的具体方式，而国家环保政策则为环保监管模式的确立和完善提供方向。基于中央政府对环境保护的日益重视，以及环保政策的逐步强化，我国环保监管机构呈现出从中央到地方的派生路径。进入 21 世纪以后，随着中央对粗放型经济发展方式的反思，国家先后提出“打造两型社会”“树立科学发展观”“建设生态文明，打造美丽中国”等宏观的环保政策，以期实现经济发展和环境保护的统筹兼顾，落实环境友好、资源节约的战略规划。我国的环保监管模式也根据环保政策的变化进行了相应调整，最为典型的调整有两个。一个是 2008 年国家环保总局如期升格为部，成为国务院的部级组成部门。这不仅极大地增强了环保监管部门在制定国家环保政策、参与国家重大战略决策方面的谈判能力，也彰显了国家对环境保护工作的高度重视，使我国环保监管迎来崭新的局面。另一个是 2018 年在原环保部的基础上组建了生态环境部，吸纳了之前分散在国土部、水利部、国家发改委、农业部等部门中的环保职能，真正实现了地上地下、岸上水里、陆地海洋、城市农村等环保范畴的贯通，很大程度上解决了我国长期存在的环保职能交叉和多头治理等问题，意味着我国环境保护工作已由单一的要素约束转向了系统化调控，真正实现了大环保，打开了环境保护工作新局面。国家环保政策对环保监管模式的影响还体现在国际层面，当一国参加某一环境保护方面的国际公约，就意味着该国将享有作为缔约国的权利并负有相应的环境保护义务，这些义务往往较国内规定更加具体和深入。这就促使国家根据国际环境义务对环保政策进行适时调整，这会使国家环保监管的重点、领域和力度均发生相应变化。一言以蔽之，一国的环保政策是环保监管模式转变的重要影响因素，而环保监管模式的确立和落实是环保政策得以实现的前提。

（三）环境污染状况

某个地区的环境污染状况是该地区环保政策制定的主要依据，也构成了环保监管模式建构的直接动因。从实践来看，环境污染状况通过以下几个方面影响环保监管模式的建构。其一，随着环境污染的日益加重，地区的生态环境承载能力逐渐衰落，为了治理环境问题、保护生态环境往往需要成立专门的环保监管机构，通过制定统一的规范对不适宜的生产、消费行为进行引导和纠正。因此，加重的环境污染是环保监管模式建构的催生剂。其二，随着经济和科技的发展，越来越多与传统污染形式截然不同的新型污染成为影响公众健康的最主要形式，这就导致环保监管模式的职权和管理重点进行调整以与新型污染相匹配，例如汽车尾气污染、核辐射污染和光污染等新型污染形式逐渐纳入环保监管的范围，成为环境行政部门新的监管职责。其三，环境污染有着明显的时代背景，例如改革开放初期，我国的环境污染呈现出城市重于农村、东部重于西部的特点。但是随着改革开放的深入以及西部大开发的推进，我国环境污染已经由城市转移到农村，由东部转移到中西部，这使地区间的环保监管资源配置出现错位，亟待调整。其四，随着我国加入世贸组织，国际经济贸易愈加频繁，环境污染也逐渐呈现出跨国污染甚至全球污染的特点。因此，进一步加强对外来污染的监管，以及通过国际合作开展环境的全球治理，成为环保监管模式改革的新课题。

（四）监管对象构成

环保监管对象的范围呈现出从个别到一般的转变过程。一般认为，环保监管对象是纳入环保监管职责的已经或可能发生的引起环境问题的行为。我国早期环保工作的重心是污染产生后的治理，即将“先污染后治理”作为监管的主要原则。可持续发展理念的提出，以及现实中诸多不可逆的环境问题的出现，使环保监管者的治理思路得以更新，此时的监管对象从末端的污染治理转向前端的生产环节和更末端的消费环节。我国环保监管所提倡的3R原则便是围绕这一思路而展开。3R原则是减量化（Reduce）、再利用（Reuse）和再循环（Recycle）的简称，其核心要义在于，企业采用清洁生产的技术和工艺进行生产，同时引导社会公众和政府关注商品的循环再利用。总之，环保监管对象的拓展将直接影响环保监管的主体设置、职权配置和权力运行。当前，个人行为、企业行为和政府行为正成为新的环保监管模式下占主导地位的监管对象。

二　环保监管模式的类型划分

为了明确本书所欲构建的环保监管模式，有必要对当前已经存在的环保监管模式进行类型化考察。当前的环保监管模式根据不同的标准可以作以下区分。

根据环保监管主体及职权的不同，可以分为专门性环保监管模式和相关性环保监管模式。科层制下的行政管理体制呈现出条块分割的特点，即在不同的领域设置不同的监管主体。在环保监管中，各级环保部门是本行政区域内的环境保护监管主体，其监管职权呈现出专门性的特征，我们称之为专门性环保监管；但基于生态环境的系统性以及环境要素的流动性，仅靠环保部门自身并不能实现环境治理的目的。实践中，水利、建设、工商、林业、草原、农业、交通等行政部门分别在各自职权范围内履行环保监管职责，其监管职权与专门性的环保部门相比具有单一性和附属性，我们称之为相关性环保监管。虽然机构改革剥离了诸多部门的环保职权，但这并不意味着其他部门不再承担环保义务，它们依然还有自己的环保职责，例如发改委在制定规划时应充分考虑环保，科技部在发展科研时必须把环保科研技术纳入，工信、农业等也都还有具体的环保职权。与专业性环保监管相比，部门自身业务范围内的专门性环保监管具有具体、专业的优点，其管制的针对性更强，往往能取得意想不到的监管实效。由于无法将普适的监管措施适用于一些特殊行业，专门性监管往往出现监管失灵的问题，相关性监管正是基于专门性环保监管在特殊领域的弊病而生成的制度因应。但是，相关性监管模式在措施和管制范围方面都极其有限，效果也较为间接，始终是一种补充性的监管模式。总之，专门性环保监管与相关性环保监管各有所长，理想的环保监管模式应当是专门性环保监管与相关性环保监管有效配合，合力发挥遏制环境恶化的效果。

按照环保监管动因的不同，可以分为自律式环保监管模式和他律式环保监管模式。根据语义学分析，自律式环保监管模式是指主体从事环保监管的动因来自其自身的价值取舍。这种监管模式往往发生于社会主体自身的环保意识，并通过其环保意识进一步影响或指导主体的生产、消费行为，通过主动采取环境治理措施实现环保监管的目的，因此这一监管模式也被称为内控式环保监管。具体而言，自律式环保监管模式主要有三种情形：其一，潜在的污染者自发觉悟，基于发自内心的环保意识采取约束自身行为的行动。其二，基于市场利润的诱惑、政府税收上的引导等原因，市场主体主动采取环保举措以减少污染；需要注意的是，这种诱惑或引导必须是非强制性的，否则便成为他律式环保监管模式。其三，通过信息公开形成的舆论压力，促使潜在的环境污染者采取消除污染的自觉行动。与自律式环保监管模式相对应的是他律式环保监管模式，即市场主体基于政府的强制性命令而采取的环保监管举措。由于这种环保监管模式有赖于市场主体之外施加强制性要求的第三方，因此也被称为外压式环保监管模式。他律式环保监管模式主要表现在四个方面：其一，基于专门性环保监管部门采取的针对社会普遍适用的环境保护要求，市场主体迫于法律责任的威慑而采取的措施；其二，相关性环保监管部门在自身领域采取的降低污染或能耗的举措而实现环境效益；其三，环境污染受害者、社会公众、新闻媒体等对市场主体微观经济行为的检举、揭发而形成的环境治理压力；其四，立法机关与司法机关基于法律的强制性规定对市场主体施加的环保义务。自律式环保监管模式具有自发性和非强制性的特征，其优点在于实施成本较低，且能够激发市场主体治理环境的内在动力，缺点在于无法保证环保监管的效果；他律式环保监管模式具有被动性和强制性的特征，其优点在于监管效果明显，而缺点亦显著，例如他律式环保监管容易引发微观经济主体的抵触情绪，在环境问题上缺乏主动性，甚至为了减少环境责任而采取瞒报环境数据等违法行为。这就要求环保监管模式构建应当充分兼顾自律式与他律式的优点，从而弥补各自的不足。

根据监管约束力是否以监管对象的意志为转移，可以分为法定监管模式和意定监管模式。法定监管模式是指监管主体行使的监管权力来自法律法规的授权，被监管对象只能无条件服从，否则便可能承担违法责任。同时，监管主体也只能严格执行环保监管法律，否则便可能构成玩忽职守等责任事由。在法定监管模式下，被监管对象并无讨价还价的权利，监管约束力也不以其意志为转移。例如环保部门对市场主体采取的直接规制举措，包括环境影响评价、排污许可、现场检查等都属于法定监管模式的范畴。需要说明的是，法定监管模式有别于后文提及的刚性监管模式。法定监管模式中的排污许可、限期治理等属于刚性监管模式的范畴，而同样属于法定监管模式的政府采购、税收减免等举措则属于柔性监管模式的范畴。意定监管模式是指环保监管的约束力取决于被监管者的意思表示，也就是说被监管者有权利决定环保监管的程度或范围。例如，企业为提升环保型产业的形象，自愿与政府签订环保监管协议，在满足国家环境标准的前提下自愿实施更加严格的环境治理标准。意定环保监管模式得以实现的前提是被监管者的认同，否则监管者无权对被监管者施以比国家标准更加严格的环境治理要求。从这一角度来看，意定监管模式属于柔性监管模式的范畴。法定监管模式有利于保证环保监管职权的权威性，使全社会遵循一定的环境标准，进而取得更加广泛的环保效果；而意定监管模式有利于调动被监管者治理环境的积极性和主动性，实现环境治理的更优化。

根据监管职权是否来自法律授权，可以分为有权监管模式和无权监管模式。前者是指环保监管的主体设置、权限划分和权力运行均来自法律法规的授权。有权监管的主体除了充当统摄作用的环保部门，还包括各级人民政府、承担环保监管职能的相关行政部门、依照法律授权承担职能的相关组织、立法机关授予一般性环境保护权利的微观经济主体，以及被司法机关要求承担环境责任的相关责任人。此外，根据《行政处罚法》的规定，管理公共事务的事业组织可以接受环保监管职权的委托进行一定限度的处罚，此时这些被委托的组织也应当属于有权监管的范畴。无权监管模式是相对于有权监管而言的，需要特别指出的是，无权监管中的“无权”特指“无行政权力”而非其他。环保监管中的无权监管是指监管主体在法律法规无明确授权的前提下采取的环保监管行为。无权监管模式并不必然引发法律后果，如被公民检举企业环境违法行为可能因证据不足而不予立案。随着环境污染的日益严重，公众环保意识的日益提升，这种无权监管正发挥越来越重要的作用，已经成为环境立法、环境行政和环境司法的启动前提，并逐渐具备遏制或制裁环境违法行为的效果。总的来说，有权监管的优点在于监管力度大、效果显著；缺点在于，囿于行政资源的有限不可能深入社会各个领域、行业，时常出现行政权力鞭长莫及的“不毛之地”。无权监管的缺点在于，监管有效性明显弱于有权监管，效果也更为间接；优点在于，此种监管模式能够激发和调动公众治理环境的热情，能够将监管深入每个部门、行业或领域，可以说有污染的地方就存在无权监管，它已经成为弥补有权监管模式不足的重要手段。

根据监管力度和措施的不同，可以分为刚性环保监管模式与柔性环保监管模式。刚性环保监管模式是指以法律法规的规定为依据，通过国家强制执行力或严肃的纪律处分，由环保监管主体对行政相对人或者违法的行政人员予以监管的模式。我国建立环保监管模式初期所钟爱并延续使用的环境标准制度、环境行政许可制度、环境影响评价制度、“三同时”制度等都属于刚性监管的范畴。柔性环保监管模式是指环保监管主体采取引导、鼓励措施，促使市场主体自发约束自身的环保相关行为的监管模式。

柔性环保监管的方式众多，例如税收引导、财政补贴、环保领跑者制度等。刚性环保监管模式所强调的是环境行政权力的力度和效率，追求的是令行禁止的效果，集中体现国家公权力的强制性特点。但是其最大的缺点在于，刚性环保监管模式容易诱发行政相对人的抵触情绪，市场主体被迫进行环境治理而忽视了保护环境对自身、社会所蕴含的巨大意义，也不利于调动微观经济主体的治污主动性。不难想象，当国家设置环境标准然后强迫市场主体予以遵守时他们有守法的激励，但当市场主体达到国家标准之后就再无环境改进的动力。柔性环保监管模式体现出监管的人性化一面，在环保监管制度设计过程中充分利用市场主体的趋利性，通过经济利益诱导促使市场主体在追求经济效益的同时兼顾环境效益，从而使环境保护内化为社会的自觉行动，其最大的优势在于以较小的行政成本获得比刚性环保监管模式更大的环境效益。

根据监管权力运行机制的不同，可以分为纵向环保监管模式、横向环保监管模式和交叉环保监管模式。纵向环保监管模式是指监管主体之间呈现自上而下的隶属关系的监管模式。纵向环保监管模式延续了我国科层制管理体制的传统，有利于监管职权行使中上下级的步调一致，其缺点在于其容易产生纵向上的“条状分割”，中央政令在逐层下达时，地方可能有意或无意地歪曲政令的核心内涵，而代之以适合地方利益的改良政策。横向环保监管模式与纵向监管模式相比最大的区别在于，监管模式系统内部不再是纵向的行政隶属关系，而是横向的监督与被监督、协调与配合的关系。例如，环境保护主管部门为了打破按行政区划管理水资源的现状，成立水利部长江水利委员会、黄河委员会等机构对特定流域或区域进行监管。可以看出，横向监管模式能够最大限度地避免纵向监管模式中存在的部门、地区或行业保护主义，但却容易导致“块状分割”等新问题。交叉监管模式是指突破部门或区域的界限，跨系统、跨部门和跨区域的环保监管模式。交叉监管模式较之于横向和纵向监管模式，有利于打破条块分割的问题，实现环保监管的步调一致、协调统一。

根据环保监管主体和方式的差异，可以分为政府监管、社会监管和自我监管。政府监管即政府及其职能部门通过宏观调控和微观执法来实现对环境公共利益监管的模式。虽然学界一直强调“环境私主体治理”，然而政府主导的环保监管模式仍然是世界各国环境治理的主导范式，其自身具有的权威性、强制性和统一性优势是其他监管模式无可比拟的。但不可否认，我国政府主导的环保监管模式在法制建设、组织管理与程序规范等方面仍然有诸多问题亟待改进。社会监管主要是指社会公众、非政府组织对政府或企业的环境行政或生产行为进行的环保监管。非政府组织是当前社会监管的主导力量，一方面其代表公众利益，与行政机关无利益牵连，更能够赢得公众的信赖；另一方面，较之于普通公民，非政府组织常常具有更强的环境专业知识和谈判能力，对于协调政府与公民之间的分歧具有重要的作用。然而，社会监督也有强制力不足的问题，《民事诉讼法》和《环境保护法》虽然强化了社会监督的作用，但是环境民事公益诉讼仍然处于政府推动的阶段，环境行政公益诉讼则主要由检察机关主导，这证明我国的社会监督机制仍有进一步完善的空间和必要。自我监管模式是指企业或公民根据或严于强制性环保要求开展生产或消费活动。自我监管的优点在于，能够通过树立企业环保形象的方式实现环境治理的目的，从而减少对行政机关执法的过度依赖。但是，自我监管的弊端同样明显，这种监管模式建基于企业的自觉或自愿，只有具备强烈环保意识和社会责任感的企业才会认真落实，所以难以保证监管的实效。

第三章

生态文明建设与环保监管的关系探究

生态危机是环境议题产生的基础和前提，那么生态危机的根源何在呢？对于这一问题国内外学者有诸多解释，概括而言主要有以下四种较有代表性的论述。

生态危机产生的第一种解释是发展阶段论。该理论来源于对库兹涅茨曲线的剖析，他们认为环境问题与人均收入之间呈现出倒 U 形关系。即在人均收入较低时，环境污染物排放相对较少，类似于原始状态的人与自然关系；随着人均收入的增加污染物排放会逐渐增多，并在人均收入到达一定阶段时达到污染顶峰；其后，随着人均收入的进一步提高，人均污染物排放反而会逐渐下降。不可否认，发展是人类永恒的主题，正所谓“贫困是最大的污染”，所以即使存在环境问题，人类在权衡利弊之后仍然选择了发展经济。但是过犹不及，坚信增长能解决一切社会问题的理念被戏称为“增长癖”，其最大的弊端在于它给人这样一种印象：目前的环境问题是一个自然现象，而且是一个难以逾越的阶段，这些问题和挑战将随着经济的进一步发展而得到最终解决。[①] 毋庸置疑，环境质量的改善不会自动地发生，它有赖于全社会环保意识的提高，更有赖于严格的环境行政规制手段。

生态危机产生的第二种解释是增长模式论。该理论认为增长方式可以分为两种，一种是靠增加自然资源、资本和劳动等资源投入实现的增长，叫作外延增长（国内多称为粗放型增长）；另一种是通过科技创新提高效率的增长，叫作内涵增长（国内称为集约型增长）。增长模式论认为，正是我国长期以“高投入、高消耗、高排放”的方式发展经济，最终导致

---

① 齐晔：《中国环保监管体制研究》，上海三联出版社 2008 年版，第 29 页。

了严重的环境污染和生态问题。这一解释能够让我们了解当前环境状况产生的重要原因，但是经济发展方式的转型更倾向于对未来污染的控制，而对当前已经形成的严重污染的治理缺乏解释力。

生态危机产生的第三种解释是自然禀赋论。该理论认为，中国环境问题的产生与中国的自然地理条件有很大关系，中国的自然禀赋是造成严重环境问题的重要原因。中国的资源、生态和环境有先天不足，易受破坏且难以恢复。这一理论实质上弱化了人类对环境的影响力。诚然，西北地区的自然生态退化与自然规律相关，但是绝不能弱化人类在污染或治理环境中的重要意义。

生态危机产生的第四种解释是监管体制论。该理论认为，环境的公共属性决定行政管制将更具效率，而当前我国的环保监管呈现出无动力、无能力、无压力的三无问题是我国环境恶化的根源。[①] 环境法学者康京涛便提出："在现有的立法背景下，如果法律法规全部落实到位，主要污染物可减少70%。"[②] 虽然良好的环境治理离不开公众的有效参与，但世界各国的环境保护都体现出"环保靠政府"的客观现实。诚如媒体所言："公众参与也好，维权抗议也罢，民众所能做的一切，无非还是要推动政府去履行其本就应担负的环境责任。"[③] 环保监管在环境治理中能够发挥如此重要的作用的原因如下：其一，环境具有强烈的公共物品属性。环境是一种公共财产，环境保护属于一种公共事业。理性经济人对"公共物品"往往缺乏照料，而必须依靠公益机关进行统筹考虑，方能克服个体理性的缺陷。[④] 其二，环境决策具有高科技背景，环保监管则具有系统性。对风险的理解和认识是一个科学探索的过程，而"多安全才够安全"的问题在科学界亦无定论。同时，环境治理需要全面、系统地协调各方利益，进行广度的利益权衡，这一管理过程离不开作为公共利益代表的公权力机关。其三，环境治理的成本高昂，公民个人无力承担。研究表明，环境治理需要巨额的资金投入，而这只有现代政府才有能力解决。其四，环境保

---

① 齐晔：《中国环保监管体制研究》，上海三联出版社2008年版，第2页。

② 转引自康京涛《环保监管失灵的制度根源及法律进化——浅析新〈环境保护法〉对环保监管失灵的回应》，《理论月刊》2016年第1期。

③ 《南方都市报》社论：《体制困境造成环境与人心的双重污染》，《南方都市报》2008年3月27日第2版。

④ 巩固：《政府激励视角下的〈环境保护法〉修改》，《法学》2013年第1期。

护与经济发展具有广度的内在冲突。政府同时肩负着发展经济和保护环境的双重职责，从某种程度上说发展是人类的宿命，从长远来看，环境保护与经济发展可谓互相促进、协同发展。但是就短期而言，环境保护与经济发展的冲突远大于协调。因此，环境治理最终还得靠政府在经济发展和环境保护之间找到平衡点，淡化甚至扭转政府对环保的对立态度。

本书较为认同第四种观点，即我国当前的环境问题产生并恶化的主要原因是环保监管不力。政府主导的环保监管模式转型，不仅可以带动经济发展方式的转型，而且能够调动企业、公民广泛参与，实现环境问题的多元共治。因此，以政府环保监管为突破口进行环境治理的根本性改善仍然具有合理性，这也是本书立足于环保监管模式的创新谈生态文明建设的初衷。

第一节　生态文明建设给环保监管带来的机遇

生态文明建设已经成为中国特色社会主义五位一体总布局的重要组成部分，而生态环境保护则是生态文明建设的主阵地和主力军。前已述及，生态环境保护需要环保监管模式的完善，而环保监管模式的构建是一个涉及政治、法律、道德等多重因素的系统工程。本书认为，当下的生态文明建设给我国的环保监管模式创新带来了以下机遇。

生态文明建设强化了环保监管模式建构和创新的政治权威。党的十八大以来，以习近平同志为核心的党中央深刻回答了为什么建设生态文明、建设什么样的生态文明、怎样建设生态文明的重大理论和实践问题，提出了一系列新理念新思想新战略，形成了习近平生态文明思想，成为习近平新时代中国特色社会主义思想的重要组成部分。2017 年党的十九大报告提出，建设生态文明是中华民族永续发展的千年大计。在 2018 年的全国生态环境保护大会上，更是将建设生态文明上升为中华民族永续发展“根本大计”。中央领导人对于生态文明建设的号召和推动，将极大地促进制度建设和公众参与。[①] 由此可见，生态文明建设对

① 毛如柏等：《加强中国环保监管能力建设的建议书》，http//www.efchina.org/CSEPCN/FReports.do? act=detail&id=255。

于增强环保监管的政治权威和提升环保监管能力构成一种促进，成为一种机遇。

生态文明建设强化了环保监管的法律权威。建设生态文明，打造美丽中国的愿望已经超越了口号阶段。自党的十八大首次提出建设生态文明以来，我国的环境保护领域便成为生态文明建设的主阵地。为了实现这一目标，2014 年修订的《环境保护法》第 1 条便开宗明义地指出："为保护和改善环境，防治污染和其他公害，保障公众健康，推进生态文明建设，促进经济社会可持续发展，制定本法。"与此同时，一些地方人大或政府也将生态文明建设写入了地方性法规或规章之中。例如 2014 年 5 月 17 日贵州省人大常委会颁布了生态文明建设的指导性法规——《贵州省生态文明建设促进条例》。此外，青海省、杭州市、厦门市也相继颁布了所辖区域的生态文明建设条例。本书认为，生态文明建设的提出增强了环保监管的法律权威，从而扭转了一些地方政府"拍脑袋"决定环境事务的不良风气。

生态文明建设强化了环保监管的道德权威。如果说遵守法律来自惩罚的威慑，那么服从道德则具有"不战而屈人之兵"的效果。较之于法律，道德往往具有更强的社会带动力。当下，道德权威甚至事关政治统治的合法性问题。倘若环保监管作出的环境行政、环境决策能够向公众证明其道德属性，则往往比硬性的规定更有说服力。[①] 随着生态文明理念的深入人心，环境伦理观念也正在或已经得到社会公众的认同。与此同时，生态文明建设的推进，生态文明相关的法律法规建设也在逐步推动。除此之外，环保监管还获得了科学、技术上的支持与配合。尤其值得关注的是，中央于 2018 年印发的《深化党和国家机构改革方案》拉开了我国又一轮机构改革的序幕，在这一背景下环保监管主管部门再次扩权升格，成为真正意义上的自然生态监管机构。可以看出，基于生态文明建设的必然性，我国环保监管模式的科学权威、监管权威、执法权威都得到前所未有的提升，而这些提升将进而影响环保监管的道德权威，使环保监管内化为公民的自觉意识，进一步推动生态文明建设的良性循环。

---

① 毛如柏等：《加强中国环保监管能力建设的建议书》，http//www.efchina.org/CSEPCN/FReports.do？act=detail&id=255。

第二节　生态文明建设给环保监管提出的挑战

生态文明建设为我国的环保监管能力提升带来了难得的巨大机遇，但不可否认的是，我国的环保监管模式在生态文明建设面前也存在诸多问题。国内外智库研究表明，中国的环境问题除了受发展阶段和自然禀赋的影响外，最为直接也是最为关键的原因在于，我国环保监管模式的低效甚至缺失。

近年来，诸多组织或智囊机构在我国非政府环保组织以及环保专家的帮助下，对中国的环保监管能力建设与改进方向进行了系统性研究，在较有影响力的中国环保监管能力报告中指出，用生态文明建设的要求审视当下的环保监管模式，主要问题在于：缺乏将环境保护的要求纳入综合决策过程的机制；缺乏中央有效监管地方环境执法的机制，使中央环保政令在地方失真；环境标准制定存在不适应社会经济发展水平的问题，过于严厉或过于宽泛的问题共存；环保投入随意性强，缺乏资金使用的监督机制；环保监测数据失真，环境信息公开的范围与程度有限；过于依赖环境行政手段，而缺乏对环境经济手段的适用；环境立法、执法与司法缺乏协调；公众参与仍处于政府推动的状态，自发参与机制阙如，难以真正成为影响决策的有序力量。[①] 这些问题被学界集中概括为环保监管的“三无问题”，即“无权力”“无能力”和“无压力”。[②] 上述问题的阐释虽然角度各异，但所识别的环保监管问题却揭示了环境恶化的重要原因。面对生态文明建设对环保监管模式提出的新要求，我们可以梳理出生态文明建设对环保监管模式提出的多方挑战。

一　环保监管体制方面的挑战

《环境保护法》第10条和第28条分别对环保监管的主体和职责进行

① 毛如柏等：《加强中国环保监管能力建设的建议书》，http//www.efchina.org/CSEPCN/FReports.do? act=detail&id=255。

② 同上。

了法律规定，从条文内容来看，我国长期奉行以行政区划为范围，环保部门统一监管与相关部门分工负责相结合的环保监管体制。从理论上讲，这一环保监管模式能够消除行业间、区域间在环境管理上的隔阂，既发挥区域监管和行业监管的各自优势，又能够克服自身运行的弊端，是一种符合成本收益分析、贴合我国国情的环保监管模式。然而，数十年的实践证明，该种环保监管模式的弊端亦显著，例如职能部门之间的监管职权重叠、监管责任设计不合理、区域之间协调机制不完善等问题已经影响到该模式的运行效果。①

生态文明建设作为当前重要的政治任务，也是一项系统性的社会工程，其对环保监管模式提出灵活、高效、经济的要求。基于这种要求来检视我国当前的环保监管能力，其问题主要在于：环保监管体制不顺，监管缺乏效力；环保监管体系僵化，监管缺乏活力；环保监管主体庞杂，监管缺乏合力。②

二　环保监管措施方面的挑战

为了保护环境节约资源，推动生态文明建设，我国已经采取了一系列新的环保监管措施，也形成了自成体系的环保监管模式。然而总的来讲，直接监管模式的绩效有限；间接监管模式的履行有障碍；自律式监管模式下公众基础缺失。③ 由此可见，这种环保监管模式运行现状离生态文明建设的要求相去甚远，还需要更多的理论和制度设计对当前的环保监管模式进行完善。

环境标准制度、环境影响评价制度、排污权交易制度、环境信息公开制度等环境保护基本制度，都是国际上已经证明行之有效的环保监管制度。然而这些制度在中国适用的效果并不理想，甚至遭到了诸多质疑。例如，排污权交易制度的设计初衷是激发企业减排动力，由于我国环境违法责任的不合理，导致企业“守法成本高、违法成本低”，没有进行排污交易的动力。此外，排污权交易实施烦琐、程序复杂，再加之

① 黄锡生、曹飞：《中国环保监管模式的反思与重构》，《环境保护》2009 年第 4 期。

② 赵美珍、邓禾：《立体化环保监管模式的创建与运行》，《重庆大学学报》（社会科学版）2010 年第 1 期。

③ 王莉、徐本鑫、陶世祥：《环保监管模式的困境与对策》，《环境保护》2010 年第 10 期。

环境数据监测无法因应现实需求，导致企业主动参与排污权交易的意愿降低，至少从当前来看排污权交易制度并未实现企业经济效益与社会环境效益的双赢。又如，环境信息披露制度被称为环境制度的第三次革命性制度，其通过向社会公开环境执法和守法信息，形成社会监督政府和企业的重要武器，也通过公众“用脚投票的权利”来推动环境治理。然而，我国政府缺乏信息公开的传统，企业更是不愿意将自身的生产经营类信息向社会披露，再加上缺乏完善的制度设计，这一创新的环境治理政策并未达到预期效果。

环境行政内部监管在我国发展不成熟，而作为外部监管的公众参与则处于制度的草创阶段，尚未形成环保监管的有序力量。“自愿协议”的管理方式作为一种对行政成本高昂的高权行政的有效替代，已在我国逐步试点。企业的自愿减排不仅可以推动企业的转型升级，增强现代化管理能力，还能够树立环保型企业的形象，对社会而言具有极大的示范效应。① 尽管企业自我监管模式受到学界和实务届的拥护与支持，但这种环保监管模式的效用仍然受到质疑。正如有学者指出，企业很少真正关心生态环境的质量，进而采取实质性的环保行动，当前的自我监管基于信息的不透明与行政执法能力的不足，能够在多大程度上改善环境仍然不甚明朗。

生态文明建设既是一个长期性任务，又表现出现实紧迫性。现行环境保护法律制度，仍然重行政手段、轻市场机制，加之缺乏“监管环保监管者”的制度设计，使我国环保监管长期处于低效运行的局面。② 随着物质水平的日益提升，公民不再将关注的重心限于与自身利益密切相关的健康权和财产权，而是认为享有良好环境品质的权利也应由政府予以保障，环境问题成为关系执政党统治正当性的重要一环。因此，基于地方行政能力以及经济水平的差异，联系地区生态功能区划的分工，制定出既体现统一，又反映地方特点的环保监管模式，便成为政府面临的环保监管理论和实践上的双重挑战。③

---

① 马春爱：《监管与激励并行：加强行业环保监管之道》，《中国石油和化工》2007 年第 11 期。

② 吕忠梅：《监管环保监管者：立法缺失与制度构建》，《法商研究》2009 年第 5 期。

③ 李万新：《中国环保监管与治理——理念、承诺、能力和赋权》，《公共行政评论》2008 年第 5 期。

前文对生态文明建设的理论和实践中宏观的、原则性的、介绍性的内容进行了论述，但这仍然不足以指导实践。因此，本书拟在下文中对具体的、微观的、对实践具有指导意义的环保监管模式构建进行研究，以期为生态文明建设提供理论支撑与制度指导。

第二篇

我国环保监管模式的现状考察与创新进路

在介绍完生态文明建设的背景、环保监管模式的基本理论以及生态文明与环保监管模式的关系之后，我们需要检视现行环保监管模式的成就与不足，在此基础上提出环保监管模式的改革路径，从而为本书最后一篇——监管模式的完善提供指导方向。本篇承前启后，特别是对现行环保监管模式困境的总结是后文论述的基石。

第四章

我国环保监管模式的现状考察

在环保领域，我国已出台 30 余部法律、40 余部法规、约 500 个标准和 600 多个规范性文件，可以说我国已经形成了一套形式完整的环境保护法律体系。然而，数量众多的环境保护法律法规并未有效遏制环境污染的加剧，其根源就在于环保监管模式设计得不合理。在统一监管方面，环保部门往往受制于地方政府和上级环保部门，无法自主实施环境保护职权；在分工负责方面，政府的环境保护职能被诸多部门分割，分管部门之间的关系尚不清晰，导致环保部门统一监督管理的定性被一定程度地肢解和架空。

第一节　我国环保监管模式的现状检视

前文已述，自国务院 1973 年召开全国第一次环境保护会议开始，我国环保监管模式构建已步入“不惑之年”，经过 40 余年的发展和完善，我国的环保监管已经形成了既有中国特色又符合国际主流的模式。从横向上看，我国环保监管模式呈现出统一监管与分工负责的特点。即生态环境保护部门作为政府内部设立的独立、专门的环保监管机关，统筹负责环境保护相关的法律制定与权力行使。具体而言，生态环境部负责生态环境资源相关的法律法规的草案起草，制定环境保护部门规章，监督地方政府及其环保部门的权力行使。职能部门分工负责是在专门的环保监管部门之外，其他相关的行政部门根据自身负责的领域，对与其职能相关的环境资源保护事项进行协调管理。例如，目前我国的自然资源、公安、水利等职能部门都肩负着一些生态环境问题的管理职责。这种由环境保护主管部门统一监督管理，各职能部门分工负责的监管模式，是由环境问题的系统性与我国现行的行政管理体制所决定的。环境问题的系统性决定国家应当设置相对独立的行政机构统筹环境保护的监督管理工作，而环境问题的多样性和复杂性，则决定了在主管机构之外设置不同行业、不同体系的环境保护职能部门，从而通过各司其职、密切协作的方式实现环境治理。

从纵向来看，我国的环保监管模式呈现出中央与地方分级负责的特征。与横向环保监管体制相对应，中央级环保监管主要表现出两套系统，即环保监管主管部门的宏观环境管理与国务院各相关职能部门的宏观环境管理。地方环保监管分级管理包括省、市、县三级。其中，省级环保监管部门负责制定辖区内的监管方案、对下级环保监管部门进行行政监督等；市级环保监管部门负责辖区内的宏观监督管理事项，也负责辖区内有较大影响的微观管理事项；县级环保监管部门则负责具体的微观事务执行。这种分级管理体制，一方面是基于我国科层制的建制传统，另一方面则是因为环境问题既有全局性特征又有地域性特征。环境问题具有的全局性特征要求中央通过“全国一盘棋”的统摄方式，实现地区间的协调一致；但是基于环境问题较强的地域属性，不同的地区应当采用不尽相同的监管方式。为此，需要根据不同区域的特征，考察其经济发展水平以及污染特点实施相应的环境治理策略。中央和地方分级结合的环保监管模式既能实现中央的统一领导，又能够因应不同区域的特殊性环境问题，且与当前的行政管理体制相契合，大抵符合成本收益的制度设计。

值得一提的是，我国现行环保监管体制还呈现出统管部门与分管部门执法地位平等的特点。环保监管模式中的“统管”部门是指《环境保护法》第 10 条第 1 款规定的国务院环境保护主管部门和县级以上地方人民政府环境保护主管部门。统管部门与政府之间存在行政上的隶属关系，即政府及其所属的环境保护主管部门是指导与被指导、监督与被监督的关系。环保监管模式中的“分管”部门是指《环境保护法》第 10 条第 2 款规定的有关部门和军队环境保护部门。这些统管部门和分管部门之间并不存在行政上的隶属关系，在环保行政中都是代表国家行使执法权的主体，它们的法律地位是平等的，不存在统管部门与政府之间的“领导与被领导、监督与被监督”关系，而是针对不同的监管对象和范围行使形式有别的监管职权。虽然统管和分管部门在环保监管职权的行使上有差别，但在环境保护的目标和性质上却是一致的。在实践中，人民政府的环境保护主管部门往往处于"牵头"地位，其他分管部门在各自的行政领域内行使职权，出现分歧时由环保部门"协调"解决。

从上述环保监管特征可以大致了解我国的监管模式构成。通过理论联系实际不难发现，我国环保监管存在五个显而易见却发人深省的悖论，明晰悖论的内涵是破解环保监管困局的关键。

悖论一：环境行政权需要扩张的小气候与整体行政权力收缩的大背景形成悖逆。[①] 对国家整体有利的环境改革通常会侵蚀其他部门的利益，能够出台的多是折中后的政策，其效果已大打折扣。我国正处于大规模、高速度的工业化和城镇化背景下，政府、企业甚至民众都希望借助经济的繁荣来带动社会的转型。在此趋势下，环保监管便承受着巨大的压力，环保部门所拥有的有限权力和环境问题的严峻程度形成强烈的反差。

悖论二：以行政区划为边界的监管体制与环境污染的流动性之间存有矛盾，这既是实践中环保监管收效不著的重要原因，又是各地频繁上演"以邻为壑"闹剧的根源。[②] 环保监管的行政区划是固定的，而空气、水、野生动物等环境要素却是流动的。各地区尤其是大江、大河流域内的地区往往构成完整的生态系统，而现行的行政区划却将这种生态关联性予以割裂，各地区都只对本区域的环境质量负责，最终导致流域、跨区域的环境治理缺乏协调，难以形成符合生态规律的治理策略。[③]

悖论三：从职权的横向配置来看，过去长期以分行业、分部门、分灾种为主要特征的分散型风险治理机制与环境问题的系统性之间存有矛盾。[④] 在该旧体制运行之下，环保监管职能被数个职能部门细碎分割，环保部门虽有统一监管之责，却无统一监管之权，而其他相关的职能部门是有权无责，怠于履职。由于环境问题的综合性和系统性，这样的横向职权划分难免会出现交叉和重叠。分管部门在环保监管中有权无责，缺乏履职

---

① 汪劲：《环保法治三十年——我们成功了吗》，北京大学出版社 2011 年版，第 261 页。

② 巩固：《政府激励视角下的〈环境保护法〉修改》，《法学》2013 年第 1 期。

③ 赵美珍、邓禾：《立体化环保监管模式的创建与运行》，《重庆大学学报》（社会科学版），2010 年第 1 期。

④ 戚建刚：《风险规制过程合法性之证成》，《法商研究》2009 年第 5 期。

积极性，再加之横向职权配置中的协调机制欠缺，使环保部门居中协调的“统管”职能有名无实，难以发挥真正的统筹作用。[①] 即便是在机构改革之后，生态环境部如何协调与自然资源部及公安、交通、工业等部门之间的关系仍是一个需要关注的难题。

悖论四：从职权的纵向配置来看，地方政府同时肩负发展经济和保护环境的双重职能，其下属的环保部门在执法时，不仅要同污染者谈判，同时还要尽力争取获得地方政府的支持。在地方政府对既是污染源又是税源的企业提供不同程度的庇护时，环保部门的执法力度和成效也相应地受到影响。分税制改革之后，我国形成了事实上的“财政联邦制”，当地方财力不足时，其解决之策无非是“开源”或“节流”。“开源”就是要增加收入，特别是预算外收入。增收多来自企业的税费，在环境保护与发展经济产生冲突时，地方政府就理所当然地成为排污企业的保护伞。“节流”是指减少公共事务开支，环境保护这种典型的只消费不创收的行政部门很容易被纳入财政削减名单之中。针对这一问题，我国的制度设计却未能做出应对之策。地方政府有重经济轻环保的冲动，却不属于环境问责的直接对象。[②] 加之环保部门的活动经费部分来自对企业违法的罚款，如果环境治理效果突出，环保部门将处于既无上级政府拨款，又无法自己创收的尴尬境地，这就迫使它们不自觉地通过“监管缺失”来保障部门利益。[③]

悖论五：民众对环境保护的态度极为复杂。一方面，他们认为个人的环保意识以及守法精神对环境保护至关重要；另一方面，他们又指望企业和政府担负起治理环境的主要责任，而将自身责任虚化。实践表明，基于规制俘获、行政资源匮乏等因素，政府主导型的环保监管模式不足以应对日益严峻的环境问题。[④] 其因应之策便是调动企业、公民自身的环保意识，通过一个个自主的微系统，来弥补中央调控之不足。

---

① 周适：《环保监管的他国镜鉴与对策选择》，《改革》2015 年第 4 期。

② 巩固：《政府激励视角下的〈环境保护法〉修改》，《法学》2013 年第 1 期。

③ 李万新：《中国环保监管与治理——理念、承诺、能力和赋权》，《公共行政评论》2008 年第 5 期。

④ 同上。

第二节 我国环保监管模式的问题反思

一 环保监管机构设置的缺失

（一）环保监管机构设置的分散

在 2018 年机构改革之前，我国享有专门环保监管职权的主要是县级以上人民政府环保部门以及军队环境保护部门。但是在实践中，由于环境保护问题的高度复杂性，总是存在专门环保部门“鞭长莫及之地”，此时便需要具体的职能部门发挥自身的专业优势对自己领域内的环境问题进行监管。在这种情况下，一些非环保性的政府职能部门实际上也享有了一定的环保监管职权，例如公安、林业、农业、水利等政府机构。

2018 年的机构改革剥离了部分相关部门的环保职权，将其统合于新成立的生态环境部，整合了过去多数重点领域的分裂环保职能。但是出于多方因素，这次改革并未彻底剥离相关部门的环保职能，目前还有许多机构保留着相关环保监管职能。例如，公安部门对涉及公共场所或者干扰他人家庭生活的噪声享有管辖权，同时对环境违法中涉及治安管理的也享有一定的处置权；应急管理部门对于涉及有毒化学品生产、运输、使用和存储事项享有管辖权；交通部门负责机动车、船产生的环境污染物的监督管理；民航管理部门负责航空器因起飞、降落等产生的噪声，以及飞机废气排放的管理；自然资源部门对国土资源的开发和保护进行统筹管理；农业部门对农药、化肥的使用进行监管；林业部门负责对森林的保护、利用进行监督管理，并对损坏森林、林地的行为进行处罚；除此之外，城乡建设、卫生计生、食品药品等非专门性环保监管部门也承担一定的监管职权。虽然监管职权分散到各部门是基于环境问题的复杂性，但是过于分散的职权配置导致监管效率低下，彼此职权的重叠导致责任推诿，是环保监管模式中长期存在的突出问题。

（二）环保监管机构设置的冲突

我国环保监管机构设置的不合理还表现为监管主体设置的重复。从现行环境保护法律法规中可以发现，不同行政部门，或者同一部门的不同司局制定的法律文件往往存在矛盾和冲突。以野生动植物的保护为例，国家林业和草原局是野生动植物保护的主管部门，然而生态环境部下属的自然生态保护司也存在类似职能，这会导致野生动植物的保护职权被不同的监管主体分割，造成享有类似职权的部门之间争夺利益和推诿责任。实际上，林业草原局的设置本身便存在诸多问题，倘若将林木视为自然资源，那么应该由自然资源主管部门负责林木的管理；倘若将林木视为生态环境的主要元素，则林木应当由环保部门进行管理。2018 年机构改革中将国家林业局划归自然资源部之下，着重突出了其资源保护和行使功能，如何协调环境保护职责是值得思考的问题。再如，在转基因生物的管理上，自然资源部门设有专门的保护办公室，而农业部门也建立了类似职能的管理机构。此类现象多不胜数，大量职能重叠的环保机构设置不仅耗费着不菲的管理成本，也使我国的环保监管成效达不到理想的需求。

从环保监管的实践情况来看，职能部门行使监管职权往往以部门利益为判断依据。当行使环保监管职权对部门或者成员有利时，则积极行使；反之，当无利可图或者可能产生环境问责时，则推诿责任、互相扯皮。环保监管机构的重复设置、政出多门加重了环保监管模式自身的运行负担，也影响到现实中环境治理的成效。

（三）环保监管机构的地位不高

2008 年的机构改革将国家环保总局升格为环境保护部，成为隶属于国务院的正部级单位。中央的这一重大行政改革是希望能够通过部门升格的方式提升环保监管机构的地位，使其环境执法能力能够大幅提升。然而，环保监管部门的升格并未扭转地方环保部门地位不高的现实。根据《地方各级人民代表大会和地方各级人民政府组织法》第 66 条的规定，地方环保部门的设置遵循我国行政体制的设置传统，即省市县分别设置辖区内的环保监管主管部门。但是，地方环保部门在接受上级环保部门监督管理的同时还充当着地方政府工作部门的角色，同时接受地方政府的领导，这便是行政机构的“双重领导模式”。检视现实情况可以发现，地方人民政府对环保部门的影响和制约较上级环保部门的影响更为强势。换句话说，形式上的“双重领导”实际上体现的是“地方领导”，在这样的管理体制下，环保部门的工作将受制于地方政府的价值取向和行为逻辑，这也就使地方环保部门很难放开手脚、不受干扰地执行中央政令，导致中央政令在地方被软化或曲解。

造成上述现象的原因众多，主要原因是我国环保监管模式构建未能充分考虑环境保护的特殊性。环境是一种无法被私有化的公共资源，一般将其区分为生态资源和经济资源。我国的行政区划将自然界区分为不同的区块，并由不同的行政部门行使管理职权。然而，基于环境要素的流动性，生态环境并不会因为行政区划的分割而改变其整体性。同时，从经济学理论的角度来讲，环境资源作为公共产品，对其最有效的利用方式便是集体行动方式。个体对环境资源的利用容易导致过度使用或者使用不全，加之其公共属性容易导致恶性竞争，实际上环境资源便被社会主体无偿占有和使用。虽然各种环境资源立法都试图改变或规制不合理的环境资源利用行为，例如设立自然资源的国家所有权制度，但是由于忽视了对行政成本的考量以及相关利益主体的关照，制度设计无法获得预期效果，环境资源仍然处于无序使用的状态。

（四）农村环保监管机构的缺位

我国环保监管机构设置方面的另一个缺失之处在于，农村环保监管机构长期处于缺位状态。根据《地方各级人民代表大会和地方各级人民政府组织法》的规定，我国的行政管理机构分为五级，分别是中央政府，以及省、市、县、乡四级地方政府。然而，我国环保监管机构却只有四级，即环保部门的设置只是延伸到县，乡镇一级并无专门性环保监管机构。由于农村环保监管机构的长期空缺，当前我国广大农村地区生态环境恶化已经处于失控的边缘。而环保监管机构的缺失也是农村环境治理难以取得成效的突出原因。

具体而言，我国城乡分割的管理体制派生出城乡“二元结构”，在此二元结构下，我国的环保监管重心一直在城市。对于农村环境问题，由于其环境污染和恶化较城市而言并不十分迫切，且囿于行政资源的有限，农村的环境问题一直未得到中央政府的足够重视。例如，我国的环境立法及其构建的环境保护基本制度都是围绕城市展开的，而针对农村的环保因应之策则明显不足。然而，中国的农村生态问题并不像预期的那样可控，农业生产造成的农药污染、重金属污染，乡镇企业的废水、废气排放，以及农村固体废物处置问题、地下水污染问题等，已经成为威胁人民生活健康的重要因素。在统筹城乡发展、建设和谐社会的理念下，中央政府应当将城市与农村进行统筹考虑，农村环保监管机构的设立也应当尽快提上议事日程。

（五）各个环保监管机构之间的协调不畅

生态环境具有整体性、关联性和系统性的特点，同时，环境问题往往涉及生活的方方面面，这就决定单个的环保监管主体往往无法担此重任，应当由不同部门、行业的监管主体本着协调一致的原则，采取一致行动，对各个角度、层面的环境问题进行统筹考虑，方能取得成效。前文已述，诸如空气、水、野生动物等环境要素无时无刻不处于流动或变化之中，而由陆地、水、动植物构成的生态系统具有较强的关联性。这就要求环保监管应当根据上述生态特征进行监管，通过共享环境信息、联合执法的方式，使相关领域、地区的环保监管产生合力，获得更大的监管实效。然而，我国的环保监管模式与这一理想状态相去甚远，由于遵循现有的行政管理体制，环保监管是根据地域区划进行分块负责的，加之各行政区域之间、各行政职能部门之间缺乏沟通和协调，使得各部门难以实现统一行动，最后导致监管效果的不理想。

二　环保监管机构职权配置的缺失

（一）环保监管机构职权立法设计过于笼统

涉及环保监管机构设置的法律法规往往采取较为原则、模糊的立法策略，即在规定主管部门与分管部门职权时，仅对大致职权作出划分，这一问题在环保监管的各单行法中也同样明显，关于监管职权的规定抽象、模糊、过于原则，使实践中的职责认定缺乏可操作性。具体而言，环保监管相关法律法规一般都会规定环保部门是环保监管的核心部门，负责统筹协调污染防治工作，在此基础上规定自然资源、林业、水利等部门根据自身的职责分工对环境保护事项进行监督管理。在这样的笼统立法指导下，处于边缘的环保监管职权往往因为规定过于笼统和含糊而使职权的赋予几乎没有任何意义。例如，《固体废物污染环境防治法》第 10 条规定除环境保护主管部门对固体废物进行统一监督管理之外，“有关部门”在各自职责范围内负责固体废物的监督管理。然而，关于“有关部门”的明确所指，现行立法却未作出规定。又如，《水污染防治法》第 8 条中关于“各自职责范围”的规定也未进行细化，导致水污染防治领域的部门利益争夺和责任推脱。虽然机构改革之后诸如地下水污染防治、河流污染防治等热点领域的统管职权得到了明确，但立法笼统的问题并未被根除。

（二）环保监管机构职权易受干扰

环保监管机构的职权配置是监管主体发挥效用的前提。就我国现有管理模式而言，环保监管主体的决策、执法和监督职能配置得较为混乱，导致政府及相关职能部门职权长期失衡或错位。依《环境保护法》之规定，地方人民政府对辖区内的环境质量负责，而具体负责行使环境职权的却是生态环境保护部门；同时，根据我国行政管理法律规定，地方人民政府领导所属职能部门的工作，也就是说环保监管等职能部门的工作受地方人民政府的统一领导。至于地方政府如何规范行使环保监管的决策、执行和监督权力，法律并未准确说明，甚至环保监管部门自身的监管职权行使问题也呈现出条文不详的问题。这就导致在环保监管实践中，理应由环保监管部门行使的环保监管职权受到地方政府的决定性影响，地方政府一般拥有环境事务的最终决定权。例如，《环境保护法》第 15、16 条规定，省市人民政府有权制定环境质量标准以及污染物排放标准，而根据该法第 13 条规定，县级人民政府有权批准辖区内的环境保护规划；此外，该法第 60 条还规定，对企事业单位预期未完成治理义务的，可以处以停业关闭等责任处罚。一般认为，这一权力赋予环保监管部门将产生更大的社会实效，然而这一决定权力却归属于地方人民政府。由此观之，《环境保护法》虽然在个别层面增强了环保监管主管部门的职权，然而更为根本性的监管权力却仍然受制于地方人民政府。前已述及，由于地方人民政府同时肩负发展经济和保护环境两项职能，其对环保监管职权的最终决定权可能导致环保部门在地方管理中被边缘化，极易使环保监管制度偏离设计的初衷，致使地方环保监管处于实质真空的状态。除此之外，环保监管部门的上下级领导关系也饱受诟病，因为环保监管主管部门的人、财、物都受制于地方政府，导致上级环保监管主管部门对下级环保监管主管部门的指导并不如地方政府的领导来得强势和有力。

此外，环保监管机构中的党政不分问题亦较为普遍，环保监管职权的行使常常受到非行政因素的影响。从法理上讲，享有环保监管职权的应当是政府或环保监管部门。然而实践中，党委会、常委会甚至书记一人，便能根据自身的喜好或者判断决定环保监管职权行使的范围和力度，地方党委插手环保监管职权的行使现象屡见不鲜。有人会辩驳，即使是政府、环保部门，其具体行使职权的仍然是单个的个人，这些个人亦存在不作为、乱作为的问题。这一辩驳的漏洞在于，行政法律责任的设计一般针对地方政府行政人员，而党委并不在法律调整的范围之内。申言之，环保监管的行政权力与法律责任并不对等，党委享有环境事务的终决权，而承担法律责任的却是行政部门工作人员，不难想象，这样的制度设计将无法有效遏制党委滥用权力的行为。如何在环保监管领域树立“有权必有责，用权受监督”的职权行使体制，防止党委越权，杜绝环保监管职权虚位的问题成为当前环保监管模式创新的重要方向。换言之，应当在环保监管领域厘清党委、地方政府以及环保监管主管部门之间的职权配置关系，才能保证各方共同致力于环境改善与生态文明建设。

（三）环保监管职权存在交叉和冲突

基于环境问题的复杂性与系统性，以及立法技术的粗糙等原因，我国的环保监管职权配置的交叉和重叠问题同样明显。例如，以环保监管部门的规划职能为例，根据相关法律规定，发改委下属的农村经济发展司享有全国生态环境建设规划的编制权力，与此同时生态环境部则享有国家重点区域、流域的污染防治、生态保护规划的编制权力，前者与后者在环境保护规划编制职权上的重叠交叉几乎不可避免。又如，以环保监管中的环境监测职能为例，根据相关法律规定，环保监管主管部门享有建设国家环境监测网络的权力，负责全国污染源及整体环境质量的监测；此外，水利部下属的水资源水文司则享有江河湖泊水质监测的权力；另外，国家海洋局也享有海域水质监测以及陆源污染物排放监测的权力。环境监测职权的重叠不仅会造成行政资源的无谓浪费，而且由于技术的不统一、角度的差异等因素影响，各职能部门公布的针对同一事项的环境监测数据往往并不统一，由此导致公众对政府提供的环境信息的不信任等问题。

根据管理学理论，监管职权与监管目标的匹配和统一是监管高效的前提。换言之，在管理体制设计中，应当防止管理主体的管理职权与管理目标的不匹配，或者不同管理主体之间管理职权的交叉或重叠。从这一角度来看，我国现行环保监管模式中的职权配置明显违背管理学中权力划分的原则。总之，环保监管职权配置上的混乱是造成我国环保监管低效的重要原因，职权配置上的创新也应当成为监管模式创新的主阵地。

三 环保监管运行机制方面的缺失

（一）环保监管职权运行手段单一

前已述及，自20世纪70年代起我国的环保监管经历了从起步、初创、徘徊到逐步发展的阶段，在这一过程中我国确立了政府主导型的环保监管模式。尤其是在计划经济体制以及改革开放初期，这一管理模式对于环境污染的遏制起到了积极作用。然而，随着市场经济的不断发展，以执法手段单一、市场化机制不足为特征的政府主导型环保监管模式的弊端不断显现。

从我国现行环境法律所确立的监管制度以及实践运行样态可知，目前在我国环保监管中发挥主要作用的制度有环境保护目标责任制、污染物排放许可证、限期治理、环境影响评价、环境保护税等具体制度。比较上述环境保护基本制度，其大多属于以政府行政权力行使为中心的制度设计，即各制度的推行都依赖于地方政府及其职能部门的积极作为。从环境问题产生的根源来看，运用行政命令、强制干预的行政管理手段是环保监管最为直接、高效的手段，然而强制性的行政管理也呈现出缺乏灵活性的问题，容易造成监管者与被监管者之间的分歧与抵触，进而使环保监管工作的推进依赖于更为严厉的强制措施，而这些强制措施又进一步促使企业产生与行政部门的隔阂，循环往复，最终使环保监管陷入恶性循环，造成监管的低效与行政资源的极大浪费。①

虽然我国环保监管以行政手段为主，但并非意味着我国排斥市场手段的运用。我国积极尝试采用经济激励手段促进环保监管，例如正在探索并逐步推行的鼓励投资政策、排污权交易、节能量交易、用能量交易等制度都充分反映出明显的非强制性和市场特点。但其缺陷在于，我国环保监管市场手段缺乏系统性和体系化，造成监管目的与制度实践之间出现断层的情形。② 有学者批评，政府主导型的环保监管模式存在管理成本高昂、行政效率低下的问题，不仅阻碍企业效益的实现，影响环保科技水平的提高，也容易滋生环保系统的不正之风。同时，我国的环保监管市场机制由于违反市场规律，无法真正激发市场主体的节能减排行为，即使实践中存在些许市场机制发挥效用的案例，也是地方政府或其环保部门不计成本推行的应景之作。③ 这些弊病产生的根源在于，我国长期依赖行政管制，即使作出探索市场机制的努力，也基于制度惯性一时难以转型。为此，在优化行政手段的同时应当逐步探索放权于市场，发挥市场主体能力的制度设计。

（二）环保监管责任追究机制存在缺失

当前，环保监管责任追究的依据主要来自全国人大及其常委会制定的

---

① 乌兰：《环境行政管理中政府职能的变革》，《山东社会科学》2006 年第 8 期。

② 魏志荣：《我国环保监管存在的主要问题及解决对策》，《北方经贸》2006 年第 6 期。

③ 郑少华：《生态主义法哲学》，法律出版社 2002 年版，第 138 页。

法律，以及中共中央办公厅与国务院办公厅联合下发的责任追究规范性文件。例如《刑法》《刑事诉讼法》《监察法》《党政领导干部生态环境损害责任追究办法（试行）》等法律文件都对环保监管失职责任的追究作出相关规定。法律规定看似众多，实践中被追责的环保监管失职行为寥寥可数，其原因主要涉及以下两方面。

第一，环保监管失职责任的追究缺乏规范性。实践中环保监管失职责任的追究，常常以党纪处分代替行政处分甚至刑事责任。我国党政不分的传统诱发的直接问题是，党委责任与政府责任被混为一谈，实际上，党纪处分和行政处分有着本质区别。在纪检部门和监察部门合署办公之后，对党纪责任和行政责任的不加区分更为严重。从法律的角度分析，党纪责任与行政责任、刑事责任应当是一种并列关系而非替代，在各省出台的《环境保护过错问责办法》中便特别强调，环境问责并不替代刑事责任的追究。

第二，现行制度对环保监管领导的责任追究尚有不足。从实践来看，各级政府对环保监管失职的直接责任人员往往进行严厉的责任追究，这在某种程度上也是回应舆论的要求。然而，却少有对环保监管部门领导责任的追究情形。虽然上文提及的环保监管责任追究法律法规有着较为严格的程序规定，但是对部门领导的责任追究仍然显现出一定的随意性。这种随意性不仅影响着环境保护法律的权威，也无法促使行使环境职权的部门领导规范行使权力，无法实现环保监管的法治化。因此本书认为，只有逐步探索“党政同责”，明确工作人员及部门领导的政治责任、行政责任以及刑事责任，环保监管不作为、乱作为的现象才能得到根本遏制。

（三）环保监管职权监督机制欠缺

根据环境保护法律法规的文本分析可知，我国承担环保监管职能的主体是生态环境部门，虽然各种形式的法律、法规都普遍规定公民、法人有权对环境违法行为进行举报，但是囿于信息的不对称或者信息公开机制的不健全，公民的监督权仍然停留在纸面规定。实践中，上级环保监管部门对下级的监督以及系统内部的监督、环保监管部门对其所属的行政人员行使职权的行为进行的监督，是“监管环保监管者”的主要形式。这种环保监管监督机制过于单一，其倚重的是环保监管机构的自我反省、自我纠错、自我纠偏，而忽视了司法机关、立法机关以及公众等第三方主体的监督效用。仅靠环保系统内部监督难以达到职权规范行使的目的，亟待建立制度性的第三方监督机制。

（四）环保监管中公众参与度低

首先，公众参与缺乏自主性与独立性。就目前实践而言，我国的公众参与停留在政府推动的阶段，一旦缺乏政府的助推公众参与便无从谈起。具体而言，我国当前的公众参与并非来自组织或者公民个人的自觉行为，而是在地方政府的助推或倡导下完成的。这样的公众参与一般遵循下述流程：地方政府或环保部门通过新闻媒体对某项环境决策进行报道，报道的内容蕴含着隐晦或明显的价值预设；在此基础上，由政府牵头组织与项目相关的环保主题宣传教育活动，最后再对公众进行简单的问卷调查，就算完成公众参与的过程。政府推动型的公众参与表现出缺乏自主性和持续性的特征，当政府有动力实施某项环保政策时，便积极组织公众进行“广泛”和“深度”的参与；而当政府缺乏动力，或者基于环境决策导致邻避冲突的可能时，则倾向于忽视甚至禁止公众参与。此外，政府推动型的公众参与中，公众的立场、观点都难以独立，其看到的环境信息、听到的环境教育往往都带着政府的价值预设。而理想的、真正意义上的公众参与应当是公众自主地、独立地对政府的决策提出基于理性的意见，并对决策的程序和执行进行监督的机制。

其次，公众参与缺乏制度性的参与机制。从法律层面讲，我国尚未建成可供施行的公众参与制度。现阶段已经出台的环境法律中，例如《环境保护法》《环境影响评价法》《大气污染防治法》《环境保护公众参与办法》等对公众参与的规定多集中在两个方面：其一，规定一切单位和个人都有保护环境的义务，并有权对污染环境或生态的行为进行检举、控告；其二，在环境影响评价程序中，规划或建设项目受到影响的民众有参与环评的权利。从法律文本及实践中予以考察可以发现，我国的公众参与制度设计过于简陋且不成体系，难以成为指导实践的制度规范。例如，检举、控告权是一种事后救济机制，但众所周知，环境损害具有难以恢复或不可逆的特征，因此，将公众参与的时机放在污染后的举报或控告上，明显无法起到治理环境的目的。另外，检举、控告更多地指向了企业的污染行为，然而现实中，环保监管部门自身的行为仍然有接受监督的必要，因此公众参与的范围也有待拓展。要想公众参与在环保监管中发挥效用，则不得不通过法律文件系统性地回答以下问题：怎样的公众对何种项目享有信息知情权和决策参与权？地方政府以及建设单位是否对公众的质疑有进行回应的义务？地方政府在何种情况下应当组织听证会？公众是否有权知晓其意见不被官方采纳的理由？倘若这些基础性问题得不到回答，公众参与便只会流于形式。①

① 潘世钦、石维斌：《我国公众参与环境执法机制的缺失与完善》，《贵州师范大学学报》2006年第1期。

第五章

生态文明视阈下的环保监管模式创新进路

就环保监管模式的创新问题，国内学者早有诸多探讨，也提出了很有价值的真知灼见。例如有学者认为，环保监管模式的改革最为关键的在于环保监管责任的追究以及公众参与的建立；[①] 也有学者指出，我国环保监管模式创新的方向应当是集中化、专业化和权威化；[②] “自愿式环保监管模式”“合作式环保监管模式” 应当是今后环境治理的主要方向；[③] 此外，学者还提倡强化流域管理，建立环保系统垂直管理模式等建议。在大力倡导社会管理创新以及依法治国的背景下，结合我国当前生态文明建设的大背景，我们应当以环境善治为目标，大胆创新、勇于突破，着力构建科学合理的环保监管模式。根据当前实际，本书认为环保监管模式创新应当从以下几方面展开。

第一节　环保监管机构设置的创新进路

对于环保监管机构的设置问题，学界较为主流的观点认为，应当实行对环保监管的统一集中管理。此外，也有学者提出，可以借鉴原工商、质

---

① 王灿发：《论我国环保监管体制立法存在的问题及其完善途径》，《政法论坛》2003 年第 4 期。

② 徐宗玲：《合作式环境管理模式的架构》，硕士学位论文，山东科技大学，2007 年。

③ 曹景山：《自愿协议式环境管理模式研究》，博士学位论文，大连理工大学，2007 年。

检等部门采取垂直管理，减小地方政府对职能部门的干预；同时，也有学者指出可以维持已有的机构设置体系，并将重点放在各职能部门的职权行使上，通过增强各职能部门管理环境事务的权力，提高环保监管的效率。本书认为，环保监管的机构设置，一方面应当遵循当前的行政建制传统，另一方面则需根据经济发展水平、环境质量现状进行制度设计，而不能简单地一刀切，决定适用环保监管的集中管理抑或分散管理。总的来说，我国当前的环保监管机构设置应当重点解决两个问题。

其一，建立环境保护综合协调和决策机构。之所以建立此机构，是因为环境保护不能单纯依靠环保监管部门实现其职能，需要多部门进行配合，而统管与分管相结合的监管体制因为缺乏职权协调机制而时常出现越位和缺位的问题。为此，在中央层面可以借鉴美国环境质量委员会设立环境保护综合协调和决策机构，该机构直接对国务院总理负责，组成人员包括统管和分管环境保护职权的部门首长、环境科学与环境法学专家等，其职能主要包括制定国家环境保护整体规划或专项规划，为重大经济决策、环境决策提供专家咨询。同时，该机构可以通过定期的联席会议实现各职能部门的沟通与协调，确保经济发展与环境保护的衡平，防止出现重经济轻环保的短视行为，或者重环保轻经济的“生态专制”。在地方层面可以设置部门之间和区域之间的综合协调机构，化解部门、区域之间的职能冲突和利益失衡，加强部门、地区之间的协调合作。

其二，建立乡镇一级环保监管机构。前已述及，我国已经形成了城乡二元的经济与行政管理结构，广大乡镇地区的环境问题日益突出，然而当前却未设置乡镇一级的环保监管机构，呈现基层环保监管机构缺位的问题。本书认为，应当设置农村环保监管机构，负责广大农村的环境污染问题，防治农业面源污染或水污染等突出问题。基层环保监管机构的设置不仅是治理微观环境问题的需要，也是发动广大群众产生环境治理合力的前提，环保监管的专门化和群众化相结合是环境保护事业保持长久生命力的前提。

第二节 环保监管职权配置的创新进路

理顺环保监管主体的职权配置，对于打造美丽中国、建设生态文明具有极为重要的意义。针对目前我国环保监管模式职权配置方面存在的问题，本书认为，应当从以下几方面进行改革，以补救因职权配置不当而出现的监管漏洞。

一　环保监管职权在纵向配置上的创新

2015年中共中央、国务院印发了《生态文明体制改革总体方案》，要求健全市场机制，更好地发挥政府的主导和监管作用，发挥企业的积极性和自我约束作用，并充分发挥公众与社会组织的监督作用。本书认为，应当以生态文明体制改革为契机，通过中央与地方、上下级间的环保监管机关的职权重新配置，从而推动环保监管职权纵向配置上的创新。

（一）中央与地方环保监管机关职权的分工

在目前的行政管理体制下，中央环保监管机关与地方环保监管机关的职权划分并无明确的法律规定，导致在环保监管职权的行使过程中经常出现中央和地方越位、同位和缺位问题。因此，通过法律明确划分中央的环保监管职权与地方的环保监管职权尤为必要。理论上讲，中央环保监管部门应当对全国的生态环境保护进行统一领导，地方环保监管部门则根据上级的领导以及地方实际对本辖区的生态环境保护进行统筹管理。具体而言，中央的环保监管职权应当侧重于制定全国性的生态环境保护法律，制定全国或跨省的环境保护规划或资源利用规划，制定在全国施行的环境标准、名录等事项。另外，现行法律还将一些地方环保监管部门无法胜任的任务收归中央环保监管部门进行管辖。例如，根据《环境影响评价法》的规定，核电站的管理虽然属于微观管理事项，但鉴于其高度风险性和破坏性，对核电站的建设、管理多交由中央环保监管部门。

（二）上下级环保监管机关之间的职权配置

当前，我国的环保监管部门同时接受同级人民政府以及上级环保监管部门的双重领导。具体而言，地方环保监管部门的人事、财权统归地方政府管理，而业务操作等事项则接受上级环保部门指导。前文已述，这种上下级之间的管理权限划分不利于环保监管部门摆脱地方政府的干扰，容易造成执法独立性不足的问题，尤其是当出现地方政府经济发展冲动大于环境保护压力之时，环保监管部门便只能在地方政府与上级环保部门的夹缝中生存。为此本书认为，应当弱化同级政府对环保监管部门的不利影响，同时逐步强化上级环保部门在下级环保部门人事、财政等方面的话语权和决定权。

此外，在上下级环保监管机关的职权配置上，应当根据生态规律以及地区经济发展状况进行因地制宜的制度设计，德国联邦与地方环保监管机构的职权划分就极具启发性。根据德国环保法律的规定，上下级环保监管机构的职权划分根据环境因子的外部性来决定。具体而言，环境因子的外部性越大，则环保监管机构的级别越高，例如大气污染作为外部性较强的污染因子，由联邦环保监管机构进行统一管理；环境因子的外部性越小，则环保监管机构的级别越低，例如噪声等外部性较小的污染因子由地方环保监管机构负责。结合我国当前的环境问题，本书认为，可以打破现有的环保监管机构与行政区域一一对应的模式，而根据生态系统的特征灵活设置环保监管机构、配置监管职权。

二 环保监管职权在横向配置上的创新

环保监管职权的横向配置是指环保监管主管部门与其他分管部门之间的权力配置。机构改革之前，我国环保监管职权横向配置上的问题集中体现于环保监管主管部门有统一监督管理之责，却无统一监督管理之权，而分管部门则有权无责、怠于履职。机构改革之后该问题得到极大缓解，但是主管和分管部门之间的协调配合仍旧是现实中的一大桎梏。为此，应当在统管与分管相结合的管理职权分配模式上，赋予主管部门更大的沟通协调能力。

从我国当前的环境问题来看，过去长期统管与分管相结合的环保监管模式并未起到良好的效果，在机构改革的契机下应当赋予环保监管主管部门更大的统筹协调权力，以促进环保监管职权的协调行使。一方面，应当强化环保监管主管部门的行政权力。相比环保部，新设立的生态环境部职权得到了明显扩张，但面对生态环境保护的巨大压力，环保监管主管部门“权大责小”与“权小责大”的问题依然突出。例如，根据法律规定以及行政体制传统，我国地方政府拥有环境保护在内的极为广泛的社会管理权力，然而作为环境保护直接责任主体的环保监管主管部门却无类似的强势权力，实践中经常出现政府决策、环保遭殃的问题。为了满足权责对等的法治要求，有必要将政府享有的诸多环保监管权力下放给环保监管主管部门。其一，权力下放能够增强环保监管主管部门行使环境保护职权的能力；其二，权力下放可以缓解或消除地方政府对所属环保监管主管部门的不良影响。具体而言，应当赋予环保监管主管部门更大的行政执法权力，使其能够超脱于地方政府行政管理体制，独立、客观地行使环保监管职权，提升环境效益和社会效益。[①] 例如，2018 年机构改革中组建的生态环境保护综合执法队伍，整合了原环境保护和国土、农业、水利、海洋等部门相关污染防治和生态保护执法职责、队伍，统一实行生态环境保护执法，即是一次积极有力的尝试，但是否能实现预期效果还有待观察。

另一方面，应当通过法律明确环保监管职权的行使界限。孟德斯鸠曾说："权力容易被滥用，这是一条亘古不变的道理。" 实际上，环保监管部门之间职权不清是权力滥用的一个重要原因，因为如果仅作模糊的权力赋予，则会增大地方环保监管部门滥用权力的可能。为此，在环保监管职权的横向配置上，应当明确各部门的职权范围，同时需要明确环保监管主管部门与分管部门之间的职责分工，防止各方争夺利益或逃避责任。本书认为，可以规定环保监管主管部门对分管部门的权力行使享有监督权力，当分管部门 "不作为" 或 "乱作为" 时，由统管部门向上级政府或职能部门提出异议，从而真正实现环保监管主管部门在环境保护中的主导和牵头作用。

第三节　环保监管职权运行的创新进路

前文对环保监管的机构设置和职权配置进行了讨论，随后环保监管模式的重点便从静态的制度设计过渡到动态的具体权力运行。基于前文的环保监管职权运行机制之问题，本书拟提出环保监管职权运行的以下三个创新进路。

创新进路一：丰富职权运行手段。上文提及，我国长期采用政府主导型的环保监管模式，执法手段单一是此种模式的主要特征，难以应对目前日趋复杂和严重的环境问题。为了改变这种现状，在创新环保监管模式的背景下，一方面应当强化传统执法手段的效果，使其发挥理想实效，改变过去执法成本高而效率低的问题；另一方面还应当积极探寻行政手段之外的其他方式。具体说来，环保监管机构应当结合我国实践，多采用市场手

① 王江：《我国环保监管模式的缺失与创新》，《中州学刊》2013 年第 5 期。

段来实现节约资源、保护环境的目的。例如，政府机关应当严格执行绿色采购标准，以身作则培养全社会的绿色消费习惯，同时鼓励和刺激厂家进行绿色生产，从而在不增加行政成本的基础上实现环保监管的目的。再如，环保监管机构还可以利用生态补偿制度，通过经济补偿的方式协调地方经济发展和生态环境保护的关系。总之，丰富环保监管机构职权运行方式的关键，在于改变过去严重依赖行政管制手段的模式，积极采用更多行政手段之外的监管方式，尤其是市场经济手段。

创新进路二：完善环保监管职权监督追责机制。2002 年在南非举行的可持续发展政府首脑会议中，有政府提出建立“环境保护问责制”，主张环保政绩应当与政府官员的任免挂钩，此后中国开始逐步探索环保领域的问责机制。2014 年修订的《环境保护法》进一步指出，国家实行环境保护目标责任制和考核评价制。然而就实践效果来看，我国的环保行政问责并不理想。问题突出表现在，环境保护行政问责主要问责环保监管主管部门的责任，即问责的是部门领导的责任，但是决定环境决策的并非来自环保部门，而是来自地方政府。由此便会引发这样一种悖论，即无论环保行政问责如何严格施行，其继任者往往会做出同样的选择，这就表明当前的环保行政问责制度并不能产生预期的守法激励效果。

环保监管权力运行的监督根据监督主体的不同，可以分为内部监督和外部监督两种形式。前者主要是指环保监管权力运行监督主体来自行政系统内部，主要包括上级行政部门监督、立法部门监督和司法部门监督；后者主要是指环保监管权力运行的监督主体来自行政系统外部，包括媒体监督、社会公众监督等。从我国目前的情形来看，内部监督机制仍需加强。首先，应当进一步强化监察部门对环保监管部门的监督。鉴于对环保监管职权进行监督的重要性和紧迫性，建议监察部门加强对环保监管系统内部的监督，尤其是要落实“行政领导问责制”。此外，在新的监察体系中还应明确对环保监管职权进行监督的程序、责任设计等内容。其次，应当建立和健全人大及其常委会对环保监管职权运行的监督。一方面，可以通过权力机关的立法权来实现环保监管权力的规范运行，从源头上避免职权偏离预定轨道；另一方面，可以建立环保监管职权运行过程中的人大监督，从而改变以往人大监督“务虚”的形象。最后，应当深化环保监管权力运行的司法监督。在发生重大环境污染或生态破坏事件时，应当由司法机关独立行使审判权，对负有责任的行政机关及其工作人员，追究其法律责任，从而树立环保法律及其制度的权威与威慑力。

虽然环保监管内部监督力量并未形成完善的制度体系，但在近年的探索中也算具备了雏形。然而，环保监管外部监督力量始终是我国“监管环保监管者”较为薄弱的地方。因此，培育环保监管外部监督力量是我国当前环保监管模式创新的重要内容之一。外部监督力量的培育可以规范职权的规范运行，弥补内部监管机制的诸多不足。环保监管外部监督力量主要包括媒体、社会公众、非政府组织等，通过上述主体的监督可以最大限度地避免或减小市场与政府双重失灵的问题。为此，首先，应当整合相关的外部监督力量，形成以公众监督和非政府监督为核心、媒体监督为手段的监督体系；其次，建立环保监管外部监督的信息共享机制；最后，完善外部监督的法律路径，引导外部监督力量对环保监管的职权行使进行监督，从而形成常态化的监督机制。

创新进路三：构建多元参与的环保监管模式。在环保监管理论的演进过程中，最早建立也是生命力最强的监管指导思想便是“环保靠政府”。从实践中也可以看出，环保监管的政策、制度基本上依赖于行政部门的直接参与和实施，这也被称为强制型环保监管模式。这一监管模式在世界各国被广泛推行，即使是崇尚自由管理体制的美国也在 20 世纪 70 年代建立了以“命令+控制”为核心的环境治理模式。然而从 70 年代中期开始，许多经济学家通过对理性经济人的研究认为，长期以来将市场主体的“趋利性”视为一种“恶”其实并不适宜，这种趋利性首先是一种本能行为，而且市场主体的“趋利性”可以通过制度的方式发挥积极作用。为此，美国在环保监管中逐渐引入环境激励机制，从而调动了市场主体治理污染的积极性，也为行政事务日渐繁重的政府松绑。最典型的环境激励机制便是排污权交易制度，该制度首先适用于美国，其后加拿大、欧洲等国家逐渐采纳此制度，我国也在各省市逐渐试点排污权交易制度。值得一提的是，当前已经由排污权交易制度创造出诸多新的形式，例如节能权交易制度、碳排放权交易制度等。

然而，在众多的环境污染和生态破坏事件中可以发现，“市场失灵”的现象同样存在于政府监管中。环保监管中的“政府失灵”是由多种因素造成的，但概括而言，政府重经济利益轻环境利益的观念是造成“政府失灵”的重要因素。在“以 GDP 论英雄”的政绩观影响下，地方政府行政官员获得政治前途的首要方法便是大力发展经济。事实上，由于经济发展中的“马太效应”，贫困落后的地区想要在经济上有所作为，往往须通过税收、财政等方面的让步换取企业的入驻。在这一让步的过程中，牺牲环境利益换取经济利益似乎是政府理性决策的必然结果。这是因为，一方面，基于环境治理的滞后性以及困难程度，即使行政官员不遗余力进行环境治理，环境的改善可能也得等到其任期结束之后方会显现；另一方面，环境污染与环境保护类似，都具有一定的潜伏性或滞后性，倘若牺牲环境利益发展经济，环境问题的出现将滞后于经济发展，也就是说，在行政官员通过经济增长获得政治利益的情况下，环境问题可能还在潜伏期，而行政官员常常因为经济发展的功劳调离原管辖区域，由此出现利益与成本的分离。所以无论基于哪种考虑，地方政府都有充足的理由忽视生态环境，而将目光投向经济发展的浪潮中。因此，应当改变当前政府既充当经济发展推动者又充当环境保护管理者的格局，建立起多元参与、相互制约的环保监管模式。

第三篇

我国环保监管的制度构建与模式创新

环保监管模式之创新主要由两部分构成：其一，环保监管相关制度的合理设计；其二，环保监管相关主体的共同参与。我国环保监管制度众多，例如环境影响评价制度、环境规划制度、环境标准制度等都属于重要的监管手段，这些制度在1979年《环境保护法》中就已经确立，对较新的环保制度而言已相对完善。因此，正处于草创阶段的那些环保监管制度更具研究价值，例如区域联防联控制度、区域限批制度、省以下垂直领导制度等，其中有诸多问题值得我们去关注和解决。同时，环境多元共治是当代环境治理的核心范畴，“环保靠政府”的依赖思想需要做出彻底的革新，探讨政府、企业和个人在环保监管中的作用和阻碍因素，进而构建多元共治的环境治理模式成为现实之所需。

第六章

行为视角的环保监管制度构建

第一节　政府行为环保监管的制度构建

长期以来，我国的“环保监管”都被定位于政府对公民或企业的环境行为的监管。即政府通过立法、行政或司法对企业的环境行为进行调控，这实际上忽视了政府对自身环境行为的规范。从实践中可以看出，除企业之外，政府以及社会公众对环境的影响力极大。可以肯定地说，政府的管理或消费行为产生的环境影响丝毫不亚于其他社会主体。从这一角度来看，将政府的行为纳入环保监管的范畴也就成为现实之所需。此外，政府作为环保监管的主体，其监管职权行使的优劣直接关系到所辖行政区域环境质量的高低。实践中，由于政府不规范行使环保职权，直接导致或间接加深了环境恶化问题。[①] 也就是说，我国的环境问题之所以长期得不到根治，一方面是因为对政府的环境相关行为没有进行应有的规制；另一方面则是因为承担环保监管职能的政府基于不能、不愿等因素而形成监管的缺位或虚位。为此，建立对政府行为的环保监管便成为建设生态文明的必然选择，也是环保监管模式创新的重要落脚点。

一　政府行为在生态文明建设中的作用分析

基于经济的外部性理论和环境的公共产品理论，我国解决环境资源问题的路径遵循了西方国家的政府主导模式，通过法律授权的方式，政府获

---

① 吕忠梅：《监管环保监管者：立法缺失与制度构建》，《法商研究》2009 年第 5 期。

得了全方位的、执行力强的环保监管权力，这样的环境问题治理策略在西方国家获得了证实。自 1979 年《环境保护法（试行）》开始，已经颁布生效的环保法律、法规大多是授予政府更多的行政权力，规定企业更多的环境保护义务，即以污染和破坏环境行为为规制对象的环境保护法律体系。但是，我国特有的政治主导型经济建设体制与世界各国普遍采用的政府主导型环保监管体制存在不兼容之处。实践中，政府在生态文明建设中的作用既体现出积极的一面，也暴露出明显消极的一面。

（一）政府行为在生态文明建设中的积极作用

政府作为公共事务管理者，其有权对辖区内的环境利用行为进行监管，并对环境违法行为施以处罚；同时，政府还有另外一个身份，即在市场交易中以特殊的法人出现，其消费、购买等行为与普通的市场主体并无二致。总的来说，政府在生态文明建设中的积极作用主要有以下几个方面。

1. 政府的示范和引导作用

虽然生态文明建设在我国已经成为一项重要的国家任务，但是当前指导生态文明建设的多是党委和政府联合下发的政策性文件，从法律属性来看，这些文件都归属于“规范性文件”的范畴，要使其上升到具有指导行政和司法的法律层面尚需时日。因此，生态文明建设便离不开政府自身的示范和引导。政府主导作用主要体现在其自身行为符合环境友好和资源节约的生态文明要求，并通过自身的环境友好行为为社会树立效仿的典范，从而激励全社会投身生态文明建设。

2. 政府的强制和制裁作用

现实中总是存在这样或那样的环境不友好、资源不节约的行为，这些行为有的属于道德评价的范畴，有的则构成对社会公共利益的侵害，而无论是道德评价上的降低还是公共利益的实质侵害，都构成生态文明建设的障碍。前文提及的政府示范作用可以引导社会主体从事环境友好行为，这种引导并不具有强制性。然而，当市场主体的行为构成对公共利益的实质侵害，作为管理公共事务的政府便有义务为维护社会公共利益而履行其强制或制裁职能。如政府可以对环境不友好、资源不节约的企业采取关、停、并、转等措施，通过国家强制力实现对生态环境和社会公共利益的维护。又如，政府可以制定严格的环境保护标准，如企业违反国家标准，政府可通过行政罚款、刑事责任等方式实现环境保护目的。如果说前文提及的政府引导和示范是一种正面引导，那么，此处的惩罚和激励便构成生态文明建设的反面例证，这两种方式都是形成社会环保意识的重要途径。

3. 政府的激励和奖励作用

如果说政府的引导示范是一种不偏不倚的中立行为，那么政府的惩罚和制裁便给建设生态文明设定了底线。实际上，除了这两者之外政府还可以通过建立激励机制来促使环境守法和环境治理，这三者的关系在于，奖励、示范和惩罚呈线性关系，越往上自由度越高但行政成本越低，越往下强制度越高但行政成本也随之攀升。政府建设生态文明的奖励机制包括荣誉性奖励和经济性奖励。政府对环境友好、资源节约的行为进行褒奖，能够有效引导公民树立生态保护的观念，与政府自身从事环境保护行为而产生的示范作用相比更具有诱惑力。因为政府的经济性奖励或者荣誉性奖励往往能直接或间接地增加企业的收益，如通过奖励清洁生产企业而使企业的成本降低，或者荣誉性奖励使企业的产品获得更大的市场占有率。由此可见，政府的奖励对于生态文明建设也尤为必要。

4. 政府的保障和促进作用

政府的职能经历了“警察国家”—“夜警国家”—“给付国家”到“环境国家”的过渡，当前的政府已经不局限于保护社会治安这样简单的管理事务，而是拓展到生活的方方面面，尤其是在环境问题日益突出的当前，政府提供良好的环境成为其统治正当性的重要来源。也就是说，由政府促进和保障生态文明建设，已经成为政府的重要职能。政府可以通过制定生态文明法律、政策或措施，例如推动循环经济、清洁生产等方式促进生态文明建设；或者通过规定生态文明建设中提倡做的事情与禁止做的事情，来为社会提供行为的参考，从而排除生态文明建设的障碍，促使经济效益、社会效益和环境效益的共同实现。

（二）政府行为在生态文明建设中的消极作用

政府作为社会公共事务的管理者，其建设生态文明根源于公民的环境诉求。然而，作为公共事务管理者的政府并不总是充当环境保护的好人，相反其自身也存在“环境不友好”“资源不节约”的问题。在分析政府在生态文明建设中的消极作用之前，我们有必要明晰政府的多重身份。政府在制定公共政策时，作为公意的代理人它是行政公权力的掌握者和施行者；在社会运行过程中，作为民法上的机关法人，其扮演的是社会消费者的角色；而在一些特殊场合，例如生态环境损害赔偿中，政府同时扮演着双重角色。政府作为社会主体的一部分，其行为会对周边的生态环境造成影响。当前，一些政府的行为已经构成生态文明建设的制约因素，不仅背离了生态文明建设的目标要求，还产生了巨大的消极作用。

1. 立法机关的失职和失误引发环境资源问题

立法为生态文明建设提供了重要的公共物品，即规范和指导生态文明建设所需的法律。检视我国当前的环境立法，有关环境保护方面的立法仍然滞后于生态文明建设的现实需求，已经出台的环境立法也未形成完整的体系；现有的环境立法的指导思想并未体现生态文明建设要求，法律条文多是“头痛医头、脚痛医脚”的应景之作。例如，《森林法》作为重要的环境保护法律，其立法目的却写着“提供林产品”，这与环境保护法律的宗旨并不相符。立法机关的立法行为对生态文明建设而言，具有间接性的特点，即生态文明建设的要求需要经过政府或者社会进行转换。然而，立法机关的立法对生态文明建设的影响却又是全面且深远的，倘若缺乏宏观的立法规划和科学的立法思想进行指导，生态文明立法最终只能是零散的、治标不治本的。为此，“生态文明法律的系统化”与“法律的生态化”成为必然的选择。同时，基于现代社会立法的滞后性与稳定性，不可能将所有社会管理事务的立法权都交由立法机关。因此，为了方便社会管理的需要，需要将立法权下放。在部门立法或地方立法中，立法机关倘若以生态文明建设为己任进行立法，无疑对建设和实现生态文明大有裨益，然而当立法机关出现重经济、轻环保，或者立法水平低下、内容滞后等问题时，其制定的法规或规章对生态文明建设而言就具有较为深远的负面影响。

2. 地方政府的决策失误加剧了环境资源问题

我国当前的行政管理体制下，政府的行政决策往往缺乏制定、施行、评估过程中的科学论证，行政长官的意志更大程度地决定了环保工作的开展和成效。而问题在于，当行政决策不符合生态文明建设的要求，矫正失误的成本却异常高昂。

类似于环境立法，政府的抽象决策并不会直接作用于环境资源，其对环境资源的影响往往是间接的。但是，这种影响在政府的管辖区域内却是宏观且全局性的。借助具体的行政机关或者行政相对人，政府的决策会对环境资源产生影响。例如，北京市政府决定，购买燃油汽车将通过摇号的方式取得购买资格，与此同时，购买清洁能源汽车将更容易获得购买资格，限号政策也不针对清洁能源汽车。这一规定出台后，市场主体便会通过理性的计算来确定购买哪种类型的汽车，基于政策的偏好选购清洁能源汽车无疑将在同等条件下更加适宜。然而，政府的行为不总是如此为环境着想，当政府的行政决策不顾及环境利益时，就会对生态文明建设带来极大的阻力。违背生态文明建设要求的抽象行政行为包括：一是行政机关因为缺乏实证调研而导致信息不全，在制定环境资源类政策时，基于信息的失真而制定不切实际的、缺乏可操作性的环境保护决定；二是政府在制定与环境资源保护相关的经济政策时，由于缺乏全盘考虑，以领导人的意愿开展形象工程、政绩工程，从而出现环境效益与经济效益的偏颇，进而影响国家生态文明建设策略。

我国历史上曾经出现过政府决策失误而导致环境恶化的问题。例如20世纪70年代为了因应人口激增与粮食短缺问题，中央政府提出“以粮为纲”的方针，地方政府便根据这一方针毁林开荒、围湖造田，造成的严重水土流失、湖泊萎缩问题甚至影响到今天的生态环境。20世纪80年代，为了扭转经济落后局面，地方政府提出“大矿大开、小矿小开”的资源开发决策，导致各地出现严重的资源浪费问题，极大地破坏了资源开采地区的生态环境。到了80年代末期，城市地区的经济水平得到提升，政府为了扶持乡镇的发展，纷纷出台乡镇企业的扶持政策，由于缺乏对环境的关照，乡镇企业大多以印染、皮革等高污染行业为主，乡镇企业遍地开花之后，城市的污染便逐渐向乡村蔓延。总之，地方政府作为经济发展与环境保护的责任主体，在重经济轻环保的背景下，其总是有意或无意地忽视生态环境，而政策具有极强的影响力，一旦出现环境问题，往往是区域性的；同时，政府决策处于经济发展的源头，当源头不合理或者错误时，纠正后期的企业建设等行为则成本异常高昂。

3. 地方政府执法不力，甚至出现纵容环境违法的现象

地方政府不认真贯彻执行环境法律法规的要求，甚至充当地方环境污染的“保护伞”，这一“猫鼠合谋”极大地影响了环保监管模式所欲取得的成效。例如，1996年国务院印发了《关于环境保护若干问题的决定》，根据该文件的要求，地方政府应当在规定日期内依法取缔、关停严重违法的污染企业7万余个。然而，到了截止日期，被关停的污染企业仅有4万余个，任务的完成率低于60%。部分地区甚至出现在关停之后，通过地方政府的庇护而“死灰复燃”的现象。而根据要求需要限期治理的大中型污染企业，由于环保监管部门的不作为而继续实施违法排污行为。又如，

2007年国家环境保护总局对十余个省市的工业园区进行检查，发现园区内违规审批、违法排放等环境违法行为异常严重。于是，国家生态文明建设的目标在地方政府的软执行下成为“一纸空文”，实践中甚至出现地方政府为了保证经济的高速增长，出台“土政策”弱化环保监管的权力，或者干涉、阻挠环保监管部门合法行使职权。有报道指出，安徽某地方政府为了保护当地的经济发展园区免受来自环保部门的“干扰”，出台“红头文件”要求环保部门在检查园区企业时需要先向政府报告。① 这一规定实际上是削弱了环保监管部门的现场检查权，因为在地方政府充当污染企业“保护伞”的情况下，环保监管部门的检查权很可能会受到地方政府的不良影响。有的地方政府则通过减免环境税费的方式吸引污染企业入驻。更有甚者，河北一污染企业违法排污造成严重的环境污染事故，其不但没有接受任何处罚，反而受到政府的重奖。② 在政府主导型的环保监管模式中，地方政府及其环保部门是环保监管的主要力量，当这一力量进行环保监管的动力受到各种因素影响，环保监管便会形同虚设，出现政府与市场双重失灵。

4. 司法机关保障不力制约环境保护和资源节约

司法机关在推动生态文明建设中的作用主要包括：一是直接审理侵犯公众环境利益的民事或刑事案件，从而使侵害环境公共利益的单位或个人受到法律的制裁；二是对于行使公权力的个人，当其行为违反环境保护相关法律规定，对其或其单位追究行政、刑事或民事责任；三是在审理其他案件时，考量生态文明建设的要求，例如在处理土地承包经验合同纠纷时，可以因承包人变相使用土地而使土地的生产能力受损而宣告承包合同无效。

5. 政府消费行为失范加剧环境污染和资源浪费

前已述及，政府在不同的场合有着不一样的角色，政府既是社会公共事务管理者，也是重要的市场消费者。政府行使公权力时，在对土地的利用、办公设备的购买和消耗上，与普通的市场消费者并无二致。换言之，

① 张佩颖：《环境保护部等8部门再祭挂牌督办利器纠正环境违法先破地方“保护伞”》，http//yh. gzntax. gov. cn/k//2008-7/774119. html。

② 张涛：《怪事！河北赤城高耗能企业不受罚反受奖》，http//news. xinhuanet. com/focus/2007-05/30/content_ 6172699. htm。

政府在采购商品或服务的过程中其行政部门的属性会极大弱化，达成交易时其与商品供应者享有同等的法律地位。一般认为，政府采购就是指政府作为特殊的市场主体，使用国家财政资金以满足自身正常运转的消费行为。我国有23个省，5个自治区，4个直辖市，《2016年度人力资源和社会保障事业发展统计公报》显示，全国共有公务员719万人。这一庞大的行政系统每日的正常运转需要巨大的资源消耗，调查显示，一位公务员平均一天的耗电量是居民用电的数倍；另一份调查显示，行政机关资源消耗占到全国总消耗的5%。[①] 政府作为管理公共事务的主体，其本身代表着公共利益，而其消费行为则隐含着价值示范功能。倘若政府这一庞大的主体自身不开展环境友好、资源节约的采购行为，其又如何教导社会进行生态文明建设呢？

6. 地方政府怠于承担环境资源保护责任

随着给付行政成为政府的主要功能，政府的行政职责便与日俱增，在这众多职责之中摆在首位的便是地区的稳定发展。而稳定何来？在一些地方官员看来，“发展是解决一切问题的总钥匙”，甚至环境问题在他们看来也可以通过快速的经济增长而解决，因为“贫困才是最大的污染”。在这一理念的指导下，地方政府往往醉心于经济的繁荣而忽视甚至推卸环境责任。国际社会一般通过对政府行为进行环境影响评价来控制其经济发展冲动，这一手段也被称为“战略环境影响评价”。战略环境影响评价对于遏制高污染、高耗能产业的无序发展具有重要意义，然而，这一制度并未在我国完全建立。虽然《环境影响评价法》写入了规划环评，但仍未上升到战略环评的高度；2014年修订的《环境保护法》规定地方决策需要“考虑”环境影响，然而这一没有强制力的条文规范也不可能担当起规范地方政府决策的作用。尤其在国际经济不景气、国内经济下行的背景下，经济发展与环境保护所形成的巨大张力，拉扯着生态文明建设的步伐。

二　政府行为在生态文明建设中消极作用产生的原因解析

政府是由相关的行政人员及其控制的机构组成的有机体，根据制度经济学的理解，行政行为就是行政人员在既定的程序下根据不同的背景和目的选择，实施的不一样的行动方案。根据这一理论，生态文明建设中的政

① 陈耀文：《建设节约型社会应先打造节约型政府》，《第一财经日报》2005年7月6日。

府失范行为，即指政府在不同角色定位下做出的违背生态规律的环境不友好、资源不节约的方案抉择。导致这一问题出现的原因可以根据主客观的不同分为内部因素和外部因素。

（一）政府行为在生态文明建设中消极作用产生的内因分析

1. 政府对社会发展的认识偏差

生态文明理念起源于人们面临越发严峻的环境资源问题，而建设生态文明的热情则是人们解决环境资源问题选择的具体路径。根据马克思主义唯物论的观点，物质决定意识，思想指导实践。环境问题产生的根源应该是根植于人类内心的、指导我们行为的思想观念。具体而言，指导人类行为的思想观念应当包括发展观、价值观、道德伦理观和消费观等。[①] 也就是说，这些思想观念不仅支配着社会主体的各类行为，也影响着人类社会治理结构的形成。

社会总是向前发展的，中国社会主义改革开放的总设计师邓小平同志曾指出："发展才是硬道理。"这一发展理念本身并没有错，在改革开放初期"以经济建设为中心"的发展路线具有极大的历史意义。然而，这一发展观被越来越多的政府官员所误解，在他们看来发展成为解决一切问题的法宝，这是典型的"增长癖"。这种片面的发展观只注重经济的快速发展，而忽略了发展的最终目的是实现人的自由发展，而自由发展的前提和基础便是人与自然的和谐。在片面地理解这一发展理念之后，我国步入了重经济发展、轻环境保护的社会模式，最终导致自然生态的严重失衡。

环境资源问题的最终解决离不开思想观念的转变，需要社会发展方式和发展道路的根本性变革，而这最终取决于决策者能否树立人与自然和谐的可持续发展观念，消费者、生产者能否以建设生态文明为己任。我国目前正处于社会转型期，劳动密集型、资源消耗型的粗放型经济增长方式将无以为继，相反，贯彻和落实科学发展观，走生态文明建设之路便成为解决我国面临的深刻社会问题的必然出路。

2. 政府对自身利益的片面追求

政府作为一个具有自身的利益诉求和行为逻辑的团体，其自利性行为是造成环境资源问题的一个重要原因。从霍布斯时代以来，我们都认为，政府是为解决狂暴自然状态的理想方案，政府被定义为追求公共利益的最

① 叶文虎、韩凌：《对深入进行环境教育的再思考》，《环境科学学报》1998 年第 6 期。

佳代表，认为其应当“把社会公共利益的最大化视为行政行为的最终目标”[1]。理想与现实之间总是存有差距，历史不断证明，作为个人集合体的政府，其在发挥公益性职能的同时，也有着自身的、非利他性的利益诉求，保证公权力的绝对公共性，或者保证公权力机关在任何时候都不偏不倚地维护社会公共利益不被侵蚀基本是一件不可能的事情。也就是说，政府作为一个独立的、由个人集合而成的团体，其自身的政治愿望和利益诉求，是与社会相对应的存在物。[2] 当政府所谋求的利益与社会公共利益相悖时，其将根据影响大小作出既关照公众，也关照自身的利益衡平，而非政治学家所设想的政府以公共利益作为行政的唯一目的。

申言之，政府自身的利益诉求也不尽一致。众所周知，世界各国普遍形成了科层制式的社会管理模式，政府区分为上下级，同级政府之中又包括为数众多的职能部门。虽然它们都属于政府系统，但是上下级政府以及各职能部门的利益诉求往往并不等同，同时政府或职能部门的整体利益与具体的公务人员自身的利益也不尽相同。[3] 具体而言，政府的利益诉求由作为政府这一整体的利益诉求和作为部分的个人利益诉求组成。一方面，政府作为一个利益主体，其天然地具有自我膨胀倾向，在行使公权的过程中，其往往也对自身进行着增容或壮大，而这便是导致政府行为异化的重要因素。“帕金森定律”（Parkinson’s law）便指出，政府追求机构规模和人员的扩充是一种理想的选择。二者势必会造成资源的额外消耗，进而形成严重的环境资源问题。另一方面，政府具体的工作人员在追求自身利益的过程中，也会造成环境资源问题。例如，有些人为了职位的升迁或者个人经济利益，可能滥用权力违规审批消耗型或者污染型的建设项目。

在新修订的《环境保护法》实施以前，我国的官员升迁或任免的一项重要原则便是“政绩决定政治前途”。具体而言，上级政府对下级政府及其职能部门工作人员的考核，主要依据便是在其任期内地区经济发展水平，换算成可计算的数据便是地区 GDP。因此，当时的官员为了谋求自身的政治前途，往往不惜牺牲生态环境以及自然资源，热衷于高耗能、高污

① ［美］布坎南：《自由、市场和国家》，吴良健、桑伍、曾获译，北京经济学院出版社1988年版，第35页。

② 张康之：《限制政府规模的理念》，《行政论坛》2000年第4期。

③ 李学：《公共政策中的政府利益分析》，《行政论坛》2002年第2期。

染但能够迅速提升地区经济的企业，同时开展一系列浪费资源却无实质意义的政绩工程，在这样的行政权力行使过程中，上级的环境保护政策便只能让位于经济发展而进行适度的折中或变通。“人们要使其权力足以攫取私利，往往就不惜违反正义。”① 政府官员作为政策的制定者和执行者，具备为谋取自身的政治利益、经济利益而牺牲社会公共利益的能力，这也从反面证明在生态文明建设的背景下，对其进行法律规制具有相当的必要性和正当性。

（二）政府行为在生态文明建设中消极作用产生的外因分析

制度经济学将制度界定为“博弈规则”，即通过规则设计激发制度设计者希望行为人为或不为一定行为的动力，理性经济人基于利益最大化一般都会遵守规则。然而，若规则本身存有缺陷，则不能有效控制和约束行为人。就政府而言，当前对其规制的制度有限且多存有弊病，导致政府在建设生态文明中缺乏内动力。主要体现在以下几个方面。

1. 环保监管体制的根本性缺陷

健全的环保监管模式是环境行政、执法和责任追究的重要前提和基础。在我国环保监管模式的设计中，立法选择了以现有的行政区域管理为核心的、国家与地方双重领导环保监管的模式。即地方人民政府对本辖区环境质量负责，生态环境保护部直属的地方环境保护部门接受国家和地方的双重领导，且以接受地方领导为主。长期以来，人们都认为环保监管不力的原因在于环保部门地位不高、欠缺话语权。然而，21 世纪伊始，环保部门如期升格为国家正部级单位，拥有了人们所期盼的话语权和权威性时，地方环保监管的困境却仍没有根本改观，环境立法对环保部门不断增强的授权也无法体现到环境质量的提高上。这表明环境治理的关键并非强化行政权力就可以实现。

究其原因，环保部门面临着如下两个方面的困境：一方面，行政管理是有成本的，我国的行政成本在世界范围内排名前列。在分税制改革之后，地方政府主要通过地方创收来实现国库的充盈。虽然长期来看，环境保护与经济发展是相辅相成的，但是就地方领导五年一届的任期来看，环境保护的力度无疑与经济发展的速度成反比。因此，追求眼前利益的理性人只能选择以经济增长为终极目标，这便导致实践中的环保部门“想为不

① ［古希腊］亚里士多德：《政治学》，吴寿彭译，商务印书馆 1965 年版，第 316 页。

能为”。另一方面，环保部门自身也有着自己特别的利益诉求。环保部门最为重要的行政权环境行政处罚权，[①] 行政相对人与环境主管部门间“违法—处罚”机制，在一定程度上成为环保部门的“创收”模式。在这样的制度设计下，环保监管部门有放任违法的动机却无激励执法的动力。因此，现行环保监管体制有悖于公共管理的基本原理，不符合生态环境保护的内在规律。

2. 环保监管制度设计得不科学

环保监管制度方面存在的最大问题在于，现行法律赋予环保监管部门诸多执法权，却忽视了市场机制在资源配置中的决定性作用，也未建立激励监管者规范执法的监管机制。这种重行政管制、轻市场手段的监管模式难以取得监管成效。事实上，要激发企业减排动力，监管者可以通过市场手段降低企业治污成本、加大违法排污处罚力度和提高监管执行率三种措施予以保障。第一种措施是通过环境经济手段，激发排污者治污的内在动力，从而实现保护环境的目的；而后两种措施都是基于行政公权力有效执行的监管体制，需要借助政府的积极参与方能发挥其作用。现行立法的缺憾集中表现于对市场机制的漠视和对监管环保监管者的设计不足。

从环境的公共物品属性来看，由政府牵头的监管是必须且极富效率的。但是正如前述，地方环保部门虽有名义上的监管权，却在人事、财权等方面受到地方政府的牵制，在二者发生职能冲突之时，环保部门便不得不服从并服务于地方政府所制定的相关政策，环保监管的目标也随之落空。有学者强调，环境保护领域“违法成本低，守法成本高”导致企业有违法动机却无守法激励。[②] 这种认识某种程度上具有一定的片面性，因为在企业具有市场垄断地位而取得成本转嫁能力之时，行政罚款数额的提高也只会导致企业通过提价的方式将增加的成本转嫁给最终的消费者。因此从长期来看，加重企业的处罚力度也并不能为环境保护的效果带来根本性的改善，通过制度设计激发企业自身的减排积极性才是环境治理的治本之策。

3. 传统政绩考核制度的局限

新环保法虽然规定了政绩考核生态化的目标，但就目前而言，环境审

① 徐以祥、梁忠：《论环境罚款数额的确定》，《法学评论》2014 年第 6 期。

② 徐祥民：《环境质量目标主义：关于环境法直接规制目标的思考》，《中国法学》2015 年第 6 期。

计、绿色考核的体系尚未完全建立，许多地方政府考察地方干部的政绩仍然以 GDP 总量及增长情况为核心。原环境保护部副部长潘岳曾尖锐地指出：当前的核算体系以市场化的产出来衡量经济发展，在这一体系下，生态环境成为免费的“共用物”，环境质量下降非但不会减少 GDP，相反基于治理污染而派生的经济活动甚至会再增加 GDP，也就是说污染已经变成了 GDP 的增长点。有学者用以下事例来证明当前 GDP 核算体系的不合理：两辆汽车在高速路上各自遵守交通规则地行驶，其对 GDP 的贡献几乎为零。相反，若其中一辆汽车逆行造成交通事故，那么这一违反社会规则的行为会带来地区 GDP 的极大增长，因为随着交通事故而来的是不菲的医疗费用、诉讼费用、汽车修理费用等，而这些都将对地区的 GDP 带来贡献。可问题是，违反交通规则本身是社会不能容忍的行为。因此，当前的制度设计更像一个驱使人去犯罪的博弈规则，GDP 核算体系使地方领导干部更倾向于对自然资源的过度消耗来实现地区经济的高速增长，在这样的 GDP 论英雄制度下，各地争相制造环境和资源问题也就不足为奇。而迫于地方的保护主义存在，下属的环保监管部门则是有心无力，无法改变这一困局。

4. 环保问责制度流于形式

监察部与原国家环境保护总局曾于 2006 年出台我国首个环境行政问责办法，即《环境保护违法违纪行为处分暂行规定》。该规定对国家工作人员拒不执行环境保护法律法规的行为，设置了包括警告、记过、降级、撤职等行政处分形式。在此基础上，中央和地方又相继出台了诸多层级更高、内容更丰富、责任更严格的环境行政问责文件。然而，当前的环境行政问责执行并未像环境行政问责规范那样尽如人意，试图给地方政府及其环保监管部门戴上环保“紧箍咒”的初衷并未实现。当出现环境问题需要问责地方党政机关之时，究竟是否追责、如何追责等问题都因为环境行政问责规范的可解释性而被曲解，实践中“大责小问、小责不问”的现象屡见不鲜。我国当前的环境行政问责远未达到制度化的目标，这不仅使环境行政问责规定成为一纸空文，更为严重的是，这一监管环保监管者的制度设计正在失去权威性和威慑力。当然，这并不是说实践中没有环境行政问责。现实中，地方政府党政机关往往会根据民意对环境事件的激愤程度进行衡量，对部分官员的严格问责也时有发生。但问题是这一问责正脱离法治，成为具有不确定性的政治追责，失去了制度应有的规范效力。①

5. 环保监管中的公众参与不足

环保监管的内容不仅包括权力的赋予、行使和权利的监督，还应当包括“权力—权利”关系的制约与协调。但是现行环境保护相关法律并未强调社会主体的实体性权利，甚至对社会主体的程序性权利也缺乏规定。权利话语往往具有道德宣示功能，赋予公民良好环境的权利能够使公民将环境保护内化为自己的自觉行为。我国当前权利话语的缺失无法发挥市场在资源配置中的决定性作用，也无法实现权利对权力的制约效果。

环境保护相关法律重在设定行政相对人应当遵守的规则和相应的罚则，对公众参与的设计阙如。在现行环保监管效果不佳的情况下，建立和完善公众参与机制能够在一定程度上解决政府环境保护职权的不足以及激发其行使职权的动力。公众共同的需求构成公共利益，而公共利益便是行政的出发点，因此政府在面对社会公众及舆论的压力时，能够促使地方政府与环保部门取得相同的立场，从而改变政府重经济轻环保的偏执观念。我国在部分法律中规定了公众参与的内容，例如《环境保护法》设专章来规定信息公开和公众参与，然而对环保监管的现实需求而言，现有规定远谈不上健全或完善。我国是一个缺乏信息公开传统的国家，《左传》就曾指出：“刑不可知，则威不可测。”不只是政府，企业往往也不愿将自己的环境保护数据置于公众的监督之下。现代法治文明要求公众的广泛参与。现有的信息公开和公众参与规定不合理、制度不健全、运行机制不畅通的问题尚未得到根本改变，环保监管不力难以避免。

三　政府行为环保监管在生态文明建设中的完善对策

（一）转变思想认识，树立政府行为环保监管的法治理念

如前所述，无论是将政府定位于市场管理主体，抑或是市场消费主体，其都有极大的环境影响能力。在生态文明建设的过程中，作为市场管理主体的政府应当规范行使职权，保证环保监管法律的实施；作为市场消费主体的政府，应当发挥自身消费行为的带头示范作用，推动经济的转型升级，促进循环经济和清洁生产机制的发展。因此，应当扭转以往将政府作为管理者的观念，将政府行为纳入环保监管的对象之中，实现政府行为

① 赵静、段志辉：《地方政府环保监管的失衡与平衡》，《行政与法》2011 年第 1 期。

的生态化。

1. 实践科学发展观是加强政府行为环保监管的客观要求

1987年，挪威首相布伦特兰夫人提出了可持续发展观。该观点认为，人类的经济发展应该建立在不影响后代人的基础之上。该观点较之于经济发展优先论和环境保护优先论而言，是一种折中的政策选择。当前，可持续发展观已成为我国经济社会发展的指导方针，也是我国环境保护立法、执法和司法遵循的基本准则。在践行可持续发展潮流的过程中，社会经济越发重视市场在资源配置中的决定作用，与之相对，建立与市场经济相吻合的监管体制，便成为现实所需。对政府的行为进行符合科学发展观要求的监管不仅不会造成市场乱象，反而会促进经济社会的协调和可持续发展。相反，倘若政府的行政决策和执行违背科学发展规律，政府则会成为经济和社会发展的最大阻力。科学发展观的实现不以人的主观意志为转移，立法者需要发现、认识并通过法律的形式肯认科学发展规律，将政府环保监管行为的方法、举措以及监督机制通过正式的制度固定下来，以期获得最大的社会实效。

从环境问题产生的缘由来看，企业、公众作为相对人，和作为行政主体的政府都是产生环境问题的重要根源。政府对行政相对人施以必要的监管可以在一定程度上控制企业污染或破坏环境的行为；但是政府同时是社会发展的引导者，若其决策因为考虑不周而出现重大失误，则其带来的环境损害较之于单个的企业而言，将产生更大的危害。因此，公众参与机制便成为规制政府失灵的一种必不可少的“反馈”机制。这种“反馈”机制可以使政府的偏差行为及时得到纠正，减少对环境资源的不利影响。如果缺少这种反馈机制，仅依靠政府自身发现错误的能力来纠偏，往往会因为政府自身的利益追求或能力限制导致纠偏目的的难以实现。因此，由法律构建公众参与的“反馈”机制便成为监管环保监管者的重要制度设计。

2. 环境友好资源节约理念成为政府行为必须遵循的基本原则

本书认为，生态文明的核心议题有二：其一，保护环境；其二，节约资源。生态文明环保监管的制度设计和模式创新都是围绕这两个核心议题而展开的。因此，建设生态文明就可以概括为建设环境友好型、资源节约型社会，而破题的关键便是建立环境友好型、资源节约型政府。环境友好型、资源节约型政府应当成为生态文明建设下政府遵循的基本原则。政府在执政或消费的过程中，应当将环境友好、资源节约作为指导或规范其行为的基本准则，从而实现从源头上规制不符合科学发展观和生态文明建设要求的政府决策。确立政府行为的环保监管，使其符合环境友好资源节约要求，是实现生态文明建设的核心要件。具体而言，政府环境友好、资源节约的基本原则应当包括以下内容。

（1）生态文明环保监管的立法原则。生态文明环保监管的立法原则，是指以环境友好资源节约为立法的主导思想之一，把环境友好资源节约理念贯穿于每部法律的制定过程中，确保立法机关所立之法的环境友好资源节约性质。良法是善治之前提，制定符合生态规律的立法是建设生态文明政府，以及推动环境友好资源节约的行政和司法的先决条件。

（2）生态文明环保监管的行政原则。生态文明环保监管的行政原则是指政府的行政审批、决策等行为，都应当受到环境友好、资源节约的约束和指导。无论是环保监管主管部门还是分管部门等相关部门，在执行职权的过程中，都应当充分考虑自身行为对环境或资源产生的影响，倘若会产生“环境不友好，资源不节约”的问题，则需要通过成本收益分析，尽可能地保护地区生态环境。从这一角度来看，生态文明环保监管的行政原则应当成为政府依法行政的重要组成内容，即当代的依法行政，不仅指依据上位法进行行政，而且行政的内容应当符合生态文明建设的要求。

（3）生态文明环保监管的司法原则。生态文明环保监管的司法原则是指司法机关在行使司法权时，应当充分遵循保护环境和节约资源的理念，即通过纠正违反环保监管要求的行为从侧面助推生态文明建设。在当前的诸多环境违法行为中，情节轻微的环境违法行为一般通过行政责任的承担来进行治理，例如环境行政罚款便是环境行政责任中的重要形式。情节较重的环境违法行为则一般通过司法权的行使进行治理，例如环境刑法正在成为重要的环境治理手段而应用于生态文明建设的过程中。

3. 明确政府的环保职责是对政府行为进行监管的制度前提

政府权力能否规范行使决定着生态文明建设的成败。对政府行为的环境规制是发挥政府效用的制度前提，也是助推生态文明建设的重要机制。长期以来，政府都承载着提供公共服务的职能，例如为社会提供稳定的政治环境、良好的社会秩序以及完善的公共设施等，在环境保护领域，政府也一直践行着“环保靠政府”的指导原则，积极主动地行使环保职权，解决环境问题。然而，从实践中可以发现，政府错误的环境或经济决策、政府自身的铺张浪费、政府不作为、乱作为等地方保护主义行为，都直接或间接地影响着生态文明建设的整体推进。为此，将政府纳入环境规制的范畴，才能够使政府在行使环保职权、引领社会价值观念的基础上推动整个社会的生态文明建设进程。用法律及制度来规范政府的环保角色主要通过明确政府的权力、义务和责任来实现。

首先，明确政府的环境保护权力。环境保护是政府职能的重要组成部分，其在环境危机日益严重的当下甚至成为一项最为基本和紧迫的政府职能。实现对环境的治理离不开立法机关对政府进行环境管理的授权。依法治国是法治政府的基本要求，政府的行政权力必须来自民意机关的认可，因此立法机关应通过法律的形式明确政府进行环境管理的范围、权限以及违法行使的法律后果。

其次，明确政府的环境保护义务。政府的环境保护义务主要由两部分构成：其一，政府是公共事务的管理人，其有义务满足社会成员的基本需求，而良好环境品质是一种典型的公共物品，依靠任何私人都难以实现，因此政府有必要积极提供环境这一公共产品，并有义务制裁违反环境友好、资源节约要求的不法行为；其二，政府也是最为重要的市场消费主体，在其自身运行过程中，政府应当根据生态文明建设要求，开展和实施符合生态文明要求的活动，推广、普及或通过以身作则的方式引导社会形成保护环境、建设生态文明的文化和意识。

最后，明确政府的环境保护责任。权力义务对等是法治社会的基本原则。权力容易被滥用，政府享有的环保监管职权倘若因为个人私利、部门利益或者地方利益而被不规范、不合理地行使，应当通过环境问责机制对这些行为进行追责。政府的环境保护责任主要应当包括行政责任、民事责任和刑事责任三类，其中，行政责任和刑事责任是最常使用的责任情形。明确责任的目的不在于惩罚当事人，而是希望通过惩罚威慑其他或今后的不法行为，从而实现职权的规范行使。

（二）完善具体制度，建立政府行为环保监管的法律机制

科学合理的政府行为环保监管制度设计，应当是将生态文明理念融入政府决策、执行过程中，将环境资源利益内化为政府的根本利益，从而将追求私益的政府行为限定在合理范围之内。建立政府行为的环保监管，一方面能够对政府的执政理念与具体的行政行为起到激励和引导作用；另一方面对政府行为的环保监管也能对政府执政理念失范或者政府行为偏差起

到矫正作用。在建设生态文明过程中，不仅要解决政府作为市场消费者存在的浪费问题，也应解决政府作为公共利益代表者在环境保护方面的怠责行为。

1. 政府决策机制

生态文明建设要求政府建立环境与发展的综合决策机制，实现行政决策的科学、民主和规范化。① 具体而言，首先，政府或相关职能部门在进行重大项目决策时，应当邀请环保领域的专家进行环境评估和科学论证，通过对生态文明建设的影响评估，实现决策的环保化，避免因为错误决策引发治理成本高或者产生不可逆的环境影响。其次，积极落实民主决策制度。在决定关系国计民生的重大事项时，应当通过信息公开的方式满足居民的知情权，同时，通过广泛听取社会意见、进行民主评议等方式，直接或半直接地实现民主决策，这不仅有利于启发民智，也有利于提高政府决策水平的科学性和民主化。最后，应当建立决策环境评估的规范程序。有学者提出，政府重大决策应当遵循“三不决策”标准，② 即无实证调研论证的项目不决策；无替代方案的不决策；无专家论证的项目不决策。通过科学化、民主化和规范化的决策程序设计，消解或治理政府决策的错误倾向。

2. 党政领导环保政绩考核制度

由于我国长期以领导干部任期内对地方经济发展的贡献作为政绩评价的核心，导致政府在处理环境保护与经济发展关系上的严重失衡。这种急功近利、竭泽而渔的政绩观是我国环境问题难以治理的重要因素，忽视环境资源承载能力的不可持续发展路径最终也形成经济发展的巨大阻力，因此转变经济发展方式，尊重生态环境规律成为我国经济和社会发展的唯一路径。这一发展理念的核心便是转变党政领导的政绩考核标准，将生态环境保护作为政绩的重要组成部分，从而抑制地方经济发展的冲动，进而向可持续发展经济转型。

2014 年《环境保护法》已经明确指出，领导干部考核不能只以 GDP 为政绩评价指标，而应以环境保护目标责任制和考核评价制度为重要依据，实现政绩考核的生态化。具体而言，在对一个地区的发展情况和领导

① 吕忠梅：《论生态文明建设的综合决策法律机制》，《中国法学》2014 年第 3 期。

② 刘平：《转变政府职能建设资源节约型社会》，《经济参考报》2004 年 7 月 14 日。

干部政绩进行评价时，需要将地区贯彻落实国家环境保护法律的情况、地区资源消耗情况、地区环境质量改善情况、政府机关节能减排情况等作为政绩考核的重要指标，并通过实行领导干部离任审计制度来对违反规定的党政领导进行问责。通过这样的制度设计，能够促使政府拿出“壮士断腕”“刮骨疗伤”的勇气以治理前任留下的环境问题，进而使经济增长从粗放型向集约型转变、浪费政府向节约政府转型。

但是，我国的环境目标责任制和考核评价制仍然停留在口号层面，考核标准、尺度、程序和结果都在进一步探索之中，能否通过政绩考核的生态化扭转地方领导的经济发展冲动尚需时间和实践的检验。因此，要想真正将环保政绩考核生态化落实到位，应当深化绿色考核指标的计算方式，通过自上而下的绿色政绩考核，明确地方政府职责应当在经济发展和环境保护之间实现合理平衡，将考核指标与地方官员的薪酬、福利和升迁挂钩，只有考核指标有了明确的对自身发展的影响，其价值才能彰显，环保监管模式的创新目的也才能够实现。

3. 国民经济绿色核算制度

生态文明社会需要改变传统的国民生产总值核算方法，代之以绿色GDP制度，即在国民经济核算体系中考虑环境资源因素，反映出资源耗减和环境损失后的国内生产总值。绿色GDP是一种新的国民经济核算体系，已经得到世界各国的广泛推广，其最大的价值在于将经济行为中的环境资源损耗情况反映到国民经济核算体系之中。绿色GDP核算的核心是将GDP增长中的资源耗损、环境污染和生态破坏进行货币化后从GDP中减去，从而体现一个真实的社会生产力发展状况，同时也能够评估自然生态环境的现状。这一方面可以督促决策者和参与者从根本上重视环境资源的保护，另一方面也可以推动经济发展与环境保护的和谐共生。

总的来说，绿色GDP是有效衡量经济增长、资源利用和环境保护三者效能的综合性指标，在推动政绩考核环保化的同时，能够有效促进可持续发展和生态文明建设。因此，鉴于绿色GDP在增加地方政府环保监管积极性的有效作用，通过绿色GDP核算体系来规范政府及其职能部门的行政行为也就成为世界各国普遍采用的做法。绿色GDP核算体系主要有四个具体的核算框架，即环境实物量核算、环境价值核算、环保投入产出核算和环境调整的绿色 GDP 核算。① 但是，这一框架暂时停留在理论层面，我国尚未在法律法规中予以明确规定，实践中也未进行广泛和有序的推行，我国的绿色 GDP 核算制度仍处在探索之中。本书认为，为了实现我国 GDP 核算的绿色化，应当在学界推动绿色 GDP 核算技术和方法不断完善的前提下，适时制定促使其在法治轨道上运行的法律法规，从而使绿色 GDP 核算的方法、内容和程序等事项得到法律的强制保护。

4. 政府行为环境影响评价制度

我国自 1979 年颁布《环境保护法（试行）》以来，创设了诸多环境保护法律制度，在这些制度之中，最为经济、有效的首推环境影响评价制度。从理论上讲，环境影响评价制度能够从源头上规避超过环境自净能力的风险产生，进而在工程建设之初便将环境风险控制在社会可接受范围内，从而防止对环境资源产生的不可逆影响，但这一理论预设并未转化为现实。究其原因，在于我国的环评制度构建并不符合行政程序规律。环境影响评价制度起源于美国，其制度设计的核心是规范政府的决策行为，防范政府因为经济发展冲动而忽视对自然环境的保护，因此，环境影响评价制度在美国规范的对象是与政府相关的行政决策。然而在我国，虽然环境影响评价制度仍然是预防为主原则的核心体现，但其规制对象已经不再是政府行为，而是单个的建设项目。建设项目的环境影响评价虽然也能起到规制环境风险的效果，但单个的建设项目相比立法、规划等政府行为而言已处于决策链的末端，倘若立法、规划等指导性的文件忽视环境保护，地方政府是难以通过单个的项目环境影响评价达到规制环境风险目的的。

学界将对政府行为的环境影响评价称为“战略环境影响评价”，这是政府行为环保监管模式转型的核心制度。其要旨是，在建设项目和规划环境影响评价的基础上，建立对立法、政策、计划等政府决策行为的环境影响评价，进而从源头上杜绝大范围的环境污染和生态破坏行为的发生。当然，政府行为的战略环境影响评价并非对任何政府行为都进行评价，而是有区别、有重点的评价制度，否则势必会影响行政效率，而具体的评价对象根据对环境资源的影响力大小来进行划分。2014 年《环境保护法》第 14 条规定，国务院有关部门和省、自治区、直辖市人民政府组织制定经济、技术政策，应当充分考虑对环境的影响，听取有关方面和专家的意

① 李俊然：《论循环经济的法制障碍与制度创新》，《河北法学》2005 年第 10 期。

见。这一条被认为是我国战略环境影响评价的雏形，之所以称为雏形，是因为法条中用的是“考虑”政策对环境的影响，而非“评价”。但总的来说，这较之于之前《环境影响评价法》设立的规划和建设项目环评已经有了长足的进步。值得一提的是，2016年7月，全国人大常委会对《环境影响评价法》进行了颁行以来的第一次大修，战略环境影响评价制度在批准程序、法律责任方面有所改进，但仍未形成较大突破，法律仍然以具体的项目环境影响评价为其规制核心。

5. 环境友好资源节约优先权制度

该制度是指立法、行政以及司法机关在行使公权力的过程中，应当充分考量环境利益的实现，当出现环境利益与其他利益相冲突的情况时，应当在同等条件下优先实现环境利益的行为选择模式。具体而言，在立法中，环境友好资源节约优先权制度要求应当优先加快完善环境友好资源节约，推动生态文明建设的立法；在行政中，环境友好资源节约优先权制度要求政府进行利益衡量时优先照顾环境利益的实现；在司法中，环境友好资源节约优先权制度要求司法机关在行使自由裁量权的过程中，应当将环境利益优于其他利益形态。

6. 环境责任追究制度

前文已述，我国的环保监管模式建设长期以来都偏向对政府监管的赋权，却轻视了对政府权力的限制和监督以及对滥权的惩罚，导致出现权责不对等的弊病。这一点从环境保护相关法律条文中亦可看出，授予政府环境保护监管权力的条款占据了法律的绝大部分，法律责任部分则重点是对企业违反相关规定进行的处罚，而政府责任条款则轻描淡写，缺乏可操作性。规范政府行为，加强对环保监管职权行使的监督，需要通过自律和他律的方式完成，具体而言，就是需要完善环境责任追究制度来实现环保监管职权的规范运行。

虽然《环境保护法》在第6条明确指出，地方人民政府对本辖区的环境质量负责。然而由于缺乏具体的制度构架，地方政府的环境质量责任异化为环保监管部门的环境责任，作为环保监管上级部门的地方党政领导并未根据法律的规定承担其应有的责任，而这也在客观上导致地方党政领导形成了重经济发展轻环境保护的思想。同时，环境责任的承担形式不够明确，实践中出现环境事故时一般是环保部门的领导承担行政责任，该责任的承担往往是单一的“引咎”辞职，在尘封数年之后这些存在过失的官员又在另一个领导岗位任职，这样缺乏惩罚性质的责任承担形式无法形成守法激励，因此环境行政问责的完善迫在眉睫。

环保法律法规应当明确规定地方党政领导及行政机关整体的法律责任承担情形、条件、责任形式等内容。首先，完善行政长官环境决策终身负责制。通过决策档案的建立和对决策实施效果的评估，得出该项决策的环境影响是否符合承担责任的条件，通过这样的制度设计促使党政领导在决策时将环境资源的保护内化为自己的自觉行为，对于因为重大过失或故意失职的行为，无论其领导干部的职务和岗位发生何种变化，均应承担相应的责任，这与我国正式建立的法官判案终身负责制具有一定的相似性。其次，明确责任主体的范围。政策的制定往往是多人合意的结果，政策的直接制定者、参与者或者其他相关的行政官员，不履行环保职责的部门负责人，或者不规范履行职权的基层环保执法人员，均应纳入问责的范围。最后，明晰法律责任形式。当前政治责任问责具有随意性的特点，往往是为了回应民意的无奈选择，而这明显与法治的理念不符。为了规范地进行环境行政问责，防止该处罚的不处罚、不该处罚却被处罚的现象出现，就需要将政治责任法律化，从而规制上级党政领导随意问责的行为。

7. 政府可持续消费制度

前文已述，政府实施符合生态文明的消费行为，能够为社会提供参照或学习的标准和榜样。通过这样的价值观引导，能够实现政府在生态文明建设中的积极示范和引导作用。政府可持续消费制度是实现生态文明、践行可持续发展的必由之路。其内涵是指政府在采购商品或服务的过程中，以节约消费、可持续消费为宗旨，实现环境友好、资源节约的消费行为。政府可持续消费的要旨在于，一方面降低自身运行成本，通过减少商品的使用以及废弃物的回收利用，实现节约资源保护环境的目的；另一方面政府可持续消费为社会树立正确的环境价值观念，从而引导公众开展类似行为。具体而言，政府可持续消费的实现，既需要上级部门出台规范政府消费的制度，又需通过利益激励机制促使工作人员自发地减少资源浪费，实现环境保护的目的。故而有学者提出，因为政府的消费行为均依靠财政收入支持，而财政收入应当“取之于民、用之于民”，为了实现政府可持续消费的目的，应当制定《国家机关与公共机构资源节约法》,[①] 或者制定

① 常纪文：《建设环境友好型社会的法学思考》，《中国环境报》2005 年 11 月 15 日。

约束政府及其工作人员的《政府消费法》，最终落实政府的可持续消费。

8. 公众参与制度和民主监督机制

构建政府行为的环保监管机制能够克服政府在环保监管职权行使中的失灵行为，也可以通过外部监督机制提升政府环保监管职权的运行效能，是实现生态文明建设的重要手段。建立政府行为的环保监管机制就是要调动社会各主体，对政府的决策、管理或消费行为进行监管，其衡量标准是政府行为是否符合环境友好资源节约的生态文明要求。监督一般分为内部监督和外部监督，内部监督往往因为上下级之间形成利益共同体，而弱化监督职能，由此，外部监督便成为规范政府行使职权的重要方式。是故，立法机关应当重视社会公众在监督政府行为中的重要作用，构建权利制约权力的有效途径。本书认为，公众参与需要立法机关明确公民享有的环境权利，环境权利是公民享有环境知情权和行使参与权的前提。公众参与等外部监督形式的实现还离不开环境行政公益诉讼的构建，只有确立环境行政公益诉讼，舆论监督方能产生威慑力，否则公众参与便只能根据领导的重视情况发挥应景效果。当然，强调公众参与等社会监督机制并非要否定内部监督的意义，一般而言，内部监督较之于外部监督具有更强的执行力，为此，应当充分发挥行政系统的内部监督机制，辅之以外部监督，对政府行使职权的行为进行全方位监督。此外，还应当完善人大对政府行为的监督。人大是我国的权力机关，其享有监督行政权行使的权力。然而，我国的人大监督一直处于“务虚”的状态，为了扭转这一形象，应当逐步通过重大事项的人大审议、质询制度实现人大对行政权力的监督，纠正行政权力的不规范行使。

第二节 企业行为环保监管的制度构建

美国环境伦理学家罗尔斯顿曾指出，政府与企业对当代人的生活有着广泛的影响，两者都具备改善和破坏生态环境的巨大力量。① 前文对政府行为的环保监管进行了系统论述，那么企业行为的环境规制又何以必要和

① ［美］霍尔姆斯·罗尔斯顿：《环境伦理学》，杨通进译，中国社会科学出版社2000年版，第335页。

可能呢？纵观20世纪中叶发生的世界八大公害可以发现，这些公害事件无一例外地是由企业的生产经营活动所导致。从这个角度来说，企业应当是当代环境资源问题的主要肇事者。由此，对企业行为进行环保监管便成为生态文明建设的绝对重心。

一　生态文明背景下企业环境行为检视

前已述及，生态文明建设的核心就是环境的保护和资源的节约。当前的环境问题也主要表现为环境污染、生态破坏和资源浪费。这些问题产生的原因较为复杂，但最为直接也是起绝对性作用的原因在于，企业的生产活动造成资源的消耗和污染物的排放。从这一角度来看，企业应当成为环保监管的重要对象。根据性质的不同，企业的环境行为可以分为两类，即环保投入和环保监管行为，以及资源不节约、环境不友好行为。①

（一）企业的环保投入行为和环保监管行为

市场经济的典型特征是由市场调节各经济体的行为选择，企业在利益驱动下，难以产生环保激励，进而出现市场失灵的现象。政府环保监管可以形成企业治污的外在激励，企业基于行政权力的强制性不得不采取一些环保监管行为，可以概括为政策应对型、风险规避型、机会追求型和持续发展型四个种类。

政策应对型的环境行为一般辅之以强制性规范，否则企业不会主动考虑国家宏观的环境保护策略，也不会主动地采取微观的环境治理举措。风险规避型的环境行为是指为了防止企业污染行为而引发大规模的环境事故，导致企业经营风险，或者是根据竞争企业的环保监管行为而采取的相应措施，以防止失去市场地位的环保监管行为。机会追求型的环境行为主要是指市场主体基于自身利益自发地采取环境治理行为，是基于市场驱动因素而采取的理性选择。持续发展型的企业环境行为是指企业将经济发展与环境保护进行融合，在制定企业发展决策时将环境保护内化为符合企业效益的因素，从而实现绿色发展、可持续发展。② 由此可见，通过环保监管可以有效控制企业环境污染和生态破坏的程度。

---

① 赵美珍：《中国环保监管体系建设：模式构想与结构分析》，《常州大学学报》（社会科学版）2011年第2期。

② 张劲松：《资源约束下企业环境行为分析及对策研究》，《企业经济》2008年第7期。

但是我们也应当看到，环境问题的解决，既需要政府的外部监管，也需要企业内部的自觉治理。企业在协议监管模式中，可以一方面加大对环境保护的投入力度，另一方面享受政府提供的信息、税收等相关优惠政策，实现政府环保职能与企业经济效益的共赢。协议监管只是市场化手段的一个事例，政府应当加强对市场手段的运用，充分利用市场主体的趋利性及其激励机制，使企业在获得利益的同时加大对环境的治理，这是一种对传统的政府主导型环保监管模式的有效补充。为此，政府应当加强对企业的服务和引导，通过施行“环保领跑者制度”“环保型产品”“环保型企业”等评级措施，增强企业的环境责任意识，进而促使企业进行自我监管。基于市场主体的趋利性，政府也可以在信用担保、税收减免、政府采购等方面为企业提供优惠和便利，使企业在环保过程中享受实实在在的利益，进而发挥企业对环境保护的主观能动性，改变以往环保靠政府的弊病。

（二）企业的环境不友好和资源不节约行为

诚然，企业是社会进步最为重要的载体，但也不可否认企业亦是环境资源问题的最主要来源。据相关数据显示，企业能源消耗占社会总消耗的70%，水污染50%来自企业生产，大气污染90%来自企业生产。① 从这一数据可以看出，生态文明环保监管模式的构建，最核心的任务便是对企业的环境不友好、资源不节约行为进行规制。

1. 企业的环境不友好行为

中国的经济起步较晚，经济发展模式也并不健康，基本延续了发达国家已经摒弃的高耗能、高污染、低效率发展模式。在这种模式下，企业为了提高经济效益，一方面毫无节制地摄取自然资源，另一方面则肆无忌惮地向自然界排放各种污染物，导致企业成为中国环境问题的最主要制造者，污染的扩散以及资源的严重消耗也使我国的生态安全面临前所未有的巨大挑战。② 西方经济学理论认为，企业存在的唯一目的是实现企业利润的最大化。在利润最大化目标的驱使下，企业将尽可能地减少生产成本以

---

① 李歆：《两会时评：环保奖惩问责制要走出 GDP 怪圈》，http//bbs. cz001. com. cn/thread-116590-1-1. html。

② 郝少英：《浅议增强企业环境污染防治意识》，载《2005 年全国环境资源法学研讨会论文集》，南昌，2005 年 8 月。

增加收益。企业排污本应是成本的一部分，然而由于生态环境是一种公共物品，对其进行消费并不需要额外的支出，由此生态环境便成为企业废弃物的收纳场，而企业向自然界排放污染物的行为也实现了生产成本的外部化。为了规制企业的违法排污行为，国家成立专门的环保监管部门对排污行为进行治理。为了保证生产的顺利进行，排污行为被划分为合法的排污与违法的排污行为。由于行政资源匮乏，诸多违法的排污行为实际上并未接受法律的规制。① 根据对近年来典型的环境违法案例的分析，可以梳理出我国环境违法行为最典型的样态。

一是违法开工建设。根据《环境影响评价法》的规定，新建、改进和扩建建设项目，应当进行环境影响评价，并由环保部门进行审批。国务院出台的《建设项目环境保护管理条例》也规定，建设项目应当配置环保设施，设施与主体工程同时设计、施工和投产使用。随着经济发展进一步成熟，我国的环保力度逐渐加大，国家开始对一些高耗能、高污染行业进行限制，增加此类行业的准入门槛。然而从实践来看，一些投资者绕过国家环保监管体制，在未经环评的情况下私自开工建设。从新闻报道中可以看出，违法开工建设的企业不仅有私营企业，也有诸多国有背景的水电站、光伏发电等企业。“三同时”制度也未得到严格的遵守，各地普遍存在“三同时”设施尚未建成便开工建设的情形。环境影响评价被认为是环保监管主管部门最为重要的源头治理环境问题的手段，倘若环评失守，后期的环境治理将成本更高而收效甚微。为此，相关主管部门曾多次掀起环评风暴，叫停诸多中央部属企业兴建的大型项目。

二是违法超标排污。取得排污许可是企业获得排污的前置程序，也是环保监管的一项重要制度。实践中，企业超标准排污的情形比较普遍。据报道，东莞、汕头、茂名等入海排污口的超标率甚至达到 100%。此外，超标排污并非偶然现象。据环保部发布的《2009 年国家重点监控企业及污水处理厂全年监测超标企业名单》数据显示，在环保部重点监控的企业中，有近 40%的企业存在超标排污问题。企业有法不依，有标准不遵守，既是自身无视法律威严的结果，也证明当前的环保监管模式存在不严格执行、无法激发企业治污积极性的问题。

---

① 张正堂、陶学禹：《企业环境污染行为的经济学研究》，《环境污染与防治》2002 年第 6 期。

2. 企业的资源不节约行为

（1）原材料利用效率低。自然资源转化为商品，往往需要经过开采、运输、生产和销售等诸多环节，在各个环节中都存在浪费资源的问题。以矿产资源为例，地方的矿产资源是财政收入的重要来源，而企业获得的采矿权又具有时间限制，这意味着其进行大量的基础设施投入之后，倘若不在规定的年限内获得更多的矿产资源，就可能造成投入大于收益。为此，企业经常采取“采易弃难、采大弃小、采富弃贫、采主矿弃尾矿”的办法，因为这样的开采方针能够最大限度地获取矿产资源，再加上矿产冶炼技术低，导致矿产资源的转化率也较低。实际上，我国矿产资源的供需矛盾已经极为突出，“地大物博”的优势在人口富集以及利用率低的情况下已经不存在多少优势，尤其是铁矿、铜矿等储备不足，而金刚石、烙铁矿等则长期处于短缺状态。有资料显示，到21世纪中叶我国有近45种常规矿产需要依赖进口。[①] 矿产资源的短缺以及利用率低下不仅导致企业的生产成本升高，也削弱了我国企业的国际竞争力。

（2）能源消耗水平高。随着我国现代化进程的加速，粗放型的经济增长模式造成资源依赖型产业增多，资源能源供需矛盾进一步加大。一方面，我国能源储备不均，东西部、南北方存有巨大差异，煤矿资源在陕西、山西储量充足，但是受生态文明建设推进和全球变暖的影响，煤矿资源的利用范围正逐步缩减，导致我国煤炭价格一跌再跌，需要花费更多的成本去进口国外的其他能源。另一方面，我国的资源利用率低，每单位的GDP能耗较之于日本、美国等西方国家高得多，仍然属于粗放型的经济增长，尚未实现理想的以科技投入、技术创新带来经济增长的理想模式，这样的粗放型增长在资源本身就有限的情况下造成了大量的浪费。在我国资源利用效率与世界其他国家尚有较大差距的情况下，走可持续发展、资源节约型社会和生态文明社会便成为一种历史必然。[②]

（3）废旧产品的回收率低。我国对废旧物品的整体回收利用率偏低，对不易回收利用的再生资源往往选择丢弃。以电子产品为例，据工信部统

① 中国科学院可持续发展战略研究组：《2006年中国可持续发展战略报告》，科学出版社2006年版，第39页。

② 胡颖铭：《我国能源安全保障的国内法律问题初探》，载《2006年全国环境资源法学研讨会论文集》，北京，2006年8月。

计，截至2018年2月中国的移动电话用户达到14亿人，且在这些使用者中有超过60%的用户更换过手机，更换频率较大的达到1年更换1次。又如，我国每年产生近7.8亿吨的工业固体废物，然而当前并无专业的回收利用单位对其进行处理，这不仅浪费了其中所蕴含的未被利用的资源价值，还造成了大面积的土地资源浪费和土地重金属污染问题。我国虽然存在一部分以个人利益为内驱力的电子废旧产品回收利用行为，但是回收的种类有限，转化为再利用资源的能力也有限，我国的废旧产品回收仍是值得探索和完善的重大课题。

（4）产品包装的浪费。随着我国经济的飞速发展，包装工业也取得了长足的进步，然而包装废弃物成为资源浪费的又一表现形态。这一方面表现为产品的过度包装。据中国包装联合会统计资料显示，仅在2005年，我国产品的包装费用就达到了4100亿元，而过度包装费用占到了1200亿元；仅以每年生产1000万个纸质月饼盒计算，其包装耗材就相当于砍伐近百万棵10厘米以上的成熟树木。另一方面表现在包装制品的未回收问题上。我国每年生产的包装制品大部分被丢弃，依靠自然降解功能进行无害化处理，给资源和环境都造成巨大压力。据环卫部门统计，每300吨生活垃圾中，就有80万吨属于包装制品，而这些包装制品大部分都属于可以减少的过度包装物范畴。目前，各类商品包装的废弃物已占到城市生活垃圾的70%以上。①

二　对企业行为进行环保监管的模式剖析

为了解决我国越发严重的环境问题，中央政府采取了一系列的环保监管举措，形成了具有我国特色的环保监管模式，然而从实践来看这一模式的实施效果并不尽如人意。据《全国人大常委会执法检查组关于跟踪检查有关环境保护法律实施情况的报告》显示，我国环境保护指标在近年来都未能全部达标，尤其是二氧化硫、化学需氧量等物质排放的控制上不降反升。2007年经济合作与发展组织向中国政府递交了《中国环境绩效评估》报告，该组织的环境理事会主任指出："我们承认中国在环境保护方面的进步，但是中国的环境问题仍然严峻也是不争的事实。中国的环保监管模式并未承担起治理污染、恢复生态的责任，新的制度和模式仍然有待

① 付妍：《"过度包装"的分析与解决》，《机电信息》2004年第11期。

探索。”

总体而言，我国对企业行为的环保监管，主要是通过直接环保监管模式来实现，即通过设定标准，行为人遵守的政府主导型环保监管模式，而市场激励机制等间接监管模式的广度和深度仍有待加深；基于环境意识提高而产生的资源监管模式还处于理念传播阶段，有待进一步引导和推动。

（一）企业行为环保监管模式的分类解析

在实践中，根据不同的地理环境和不同的社会文化，往往会形成不尽相同的监管模式，同一地区的环保监管措施也常常表现出多样性的特征。根据监管主体与监管措施的不同，我国的环保监管措施可以划分为直接监管、间接监管和自我监管三种类型。

1. 直接监管模式适用范围广，效率亟待提高

直接监管模式也可以称为政府主导型环保监管模式，其具有监管目标明确、监管措施及时、监管效果明显等优势。20 世纪 70 年代，我国便意识到环境及资源对于社会经济发展的促进和制约影响，在过去的 40 余年中，中国建立了较为完善的环保监管法律法规政策体系，成立了正部级的环境行政主管部门、培养了一批专业的环境执法人才，这一命令控制式的环保监管模式是我国当前治理环境的核心力量。虽然我国的直接监管模式适用范围广，但不可否认，这一直接监管模式的效率并不足以治理我国当前的环境问题，导致我国自然环境几乎在每个方面都承受着巨大压力，有些地区的环境问题甚至有恶化的趋势。

本书认为，直接监管模式之所以无法遏制当前的环境污染状况是由多方面原因造成的。其一，直接监管具有单方性。监管主体与监管对象形成某种对立关系，二者之间缺乏有效的信息沟通机制，依靠行政强制力采取的监管举措只能让企业形成守法的压力，在未考虑到监管对象成本收益的现实情况下，容易造成监管主体和监管对象之间不信任的抵触情绪，最终导致直接监管效率低下，甚至环保监管目的落空或难以实现。其二，直接监管受到监管体制的制约和影响较大。我国地方政府和行政部门之间有着清晰的行政隶属关系，负责环保监管的地方环保部门受到同级地方政府在人、财、物方面的领导。问题的核心在于，地方人民政府不仅肩负着环境保护的职能，还肩负着提高居民生活水平的职能，在“经济优先”理念的指导下，地方政府出于对经济利益的考量难免要压制环保监管职能的行使。在这样的背景下，直接监管模式无法独立、客观地行使权力便构成了

直接监管模式效力不彰的另一个重要因素。

2. 间接监管模式制度创新多，程度有待深化

间接监管模式又可以称为“环境经济手段”，是指借助媒介来调整和规制企业环境行为的环境治理模式。间接监管模式的特点在于，将政府从环境监测和环境执法的烦琐公务中解脱出来，降低环保部门的行政成本的同时，通过经济激励机制促使企业自发进行污染治理，是一种尊重企业经济利益的行政管理模式。环保监管的间接监管模式预期作用的实现需要多方面的因素支持，包括市场发育程度、公众环保意识、环境监测、执法和司法的完善等。例如，信息公开是一种规制企业排污的有效行为，通过公布企业的环境信息可以达到规制企业环境不友好行为的目的。而这需要监测数据的准确、信息发布平台的畅通和公众的环境意识提高，否则该项制度便只能停留在理论层面。

除了环境信息披露制度外，排污权交易制度、环境公益诉讼制度等都是被国际社会证明极为有效的间接监管措施。我国虽然对上述制度进行了实践探索和理论创新，但是这些制度在我国的运行仍然受到很多质疑。例如，排污权交易制度是一种能够有效激发企业治污积极性的环保监管手段，然而由于我国环保领域存在的“守法成本高、违法成本低”问题，以及排污权交易制度本身的不健全，导致企业办理排污权交易的手续烦琐、成本过高。再加之基础性技术水平的不够所导致的监管矛盾，这些因素都影响了企业积极参与排污权交易。又如，就环境信息披露制度而言，理论上通过强制性对环境执法和守法信息进行公开，可以调和政府重经济发展轻环境保护的短视问题，面对舆论压力环保部门与公众能够基于立场的一致而形成治污的合力。公众通过政府公布的企业环境信息来决定自身的消费行为，为环保型产品或服务支付更多的货币，形成制衡企业单纯逐利而不顾及环境的外部压力，借助利益相关者之间的有效互动来实现更为优越的环境执法绩效，不失为一种符合成本收益分析的监管改革路径。然而，我国政府和企业都缺乏向公众公开信息的传统，政府和企业没有将自身的环境行为置于公众监督的动力，从而导致理论上的创新无法转化为环境治理的现实。

3. 内部监管模式发展空间大，需要积极拓展

内部监管模式一般也被称为“自律监管模式”，是指市场主体基于各种因素考虑，对自身的环境行为进行自我监管的模式。从行为学上讲，企

业的自我约束无疑是最理想的环保监管模式，然而这一理想的监管模式却难以转化为现实。我国企业长期受到经济利益至上的价值观驱使，在经济利益和环境利益的选择中它们往往选择前者，难以形成企业行为的自我管控。与此同时，我国的行政传统也缺乏自我监管的引导和激励，导致生产企业自我监管这一极具效率的监管模式并无适宜其生长的土壤，仅靠部分企业家的个人道德来完成治理模式转型的想法显然是不切实际的。

市场主体的自我监管需要企业具备较高的社会责任感以及环境保护意识，考虑到我国经济下行日益明显，环境保护的自我监管实现相当困难，为此应当设计相应的激励政策对市场主体进行引导。自我监管的激励措施多种多样，例如可将企业的绿色考核与企业的信用挂钩，当企业通过环境保护主管部门对其进行的“绿色企业”考评，便可以对该企业采取信贷支持、税收减免等优惠举措，或者向社会积极引导购买绿色企业的商品或服务，从而推动其他相关企业效仿。环境保护自愿协议也被称为“环境行政合同”，是一种对直接监管模式的有效替代，也是运用契约手段规制市场主体的创新尝试。对于个人而言，环保自我监管离不开政府主导的宣传教育以及自我环保意识的提升，通过使个人明确其社会责任，可以一定程度缓和当前越发严重的环境问题。虽然建立理想意义的环保自我监管体系尚有难度，但是正如学者所言，享有良好环境的环境权是一种“自得权”,[①] 权利的取得需要“我为人人、人人为我”的环境美德观念。我们期待环保自我监管在生态文明社会中，能够成为一种观念、习惯或者信仰。[②]

（二）企业行为环保监管模式困顿的原因探析

对企业行为的环保监管在本质上看仍然是传统行政管制的一部分，即企业处于被监管的地位，而政府则通过立法、执法形成的完整体系规制企业的生产和排污行为。其问题在于，中央重视环保监管的推行和环境效益的提升，但具体开展环保监管的则是地方政府，中央环保意志在向地方传达的过程中，强度会逐级递减。具体而言，政府主导下的企业行为环保监管主要存在以下缺陷。

---

① 徐祥民：《环境权论——人权发展历史分期的视角》，《中国社会科学》2004 年第 4 期。

② 张磊、黄锡生：《生态文明视阈下我国环保监管能力建设的制约因素及消解思路》，《河北法学》2011 年第 7 期。

1. 夸大了政府环保监管作用

政府主导型的环保监管模式体现出统一监管与分工负责相结合的特征，实践中各职能部门因为职责分工不清，导致利益争夺或责任推诿的情形。尤其是自然资源、水利等职能部门设立的主旨是对自然资源进行利用而非环境保护，然而在土地和水资源保护中享有实权的却是这些以资源利用为宗旨的行政主体。囿于当前行政管理理论的滞后，我国的环境立法过于强调行政主体对行政相对人的制约，忽视了行政相对人在保护环境和生态中的重要作用，也就是说当前的环保监管模式一方面无法保证其监管的绝对有效，另一方面其监管行为又过于抑制可能的环境保护主体。

在我国现有环保监管措施中，直接监管措施适用范围广泛但监管效率不高，其原因在于直接监管具有单方性的特点。在这种监管模式下，行政相对人除了服从相关指令之外没有其他选择，其合法的利益诉求并不在行政机关关照的范围之内。监管主体依靠具有强制力的行政权力进行环保监管，与行政相对人缺乏有效的信息沟通，也就不能考虑相对人的个体偏好。实践中普遍存在监管主体与行政相对人相互不信任和互相抵触的问题，这样的监管体制完全依赖行政机关的高强度监管，一旦发生利益寻租或者监管资源匮乏等问题，这一监管模式便失去了效用。值得一提的是，上述假设都是在违法成本大于违法收益的前提下进行的，而我国环境保护领域存在“守法成本高，违法成本低”的问题。换言之，即使行政机关积极履行职责，作为行政相对人的企业仍然可以选择通过罚款的形式与行政机关达成合法的“违法交易”。

2. 未能正视我国政府环保监管能力不足的事实

政府主导型的环保监管模式有效运行的前提有二：其一，环保相关法律完备；其二，具备执行法律的相关人员和设施。从现实来看，我国依赖的政府主导型环保监管模式远未达到这一目标。现行环保立法的缺陷集中表现在以大中型城市利益和大中型企业利益为重心，众多环境保护法律原则和具体的制度设计都反映出大中型城市环境保护需求，而未认真应对适用于城乡整体环保监管的法律制度及其实施手段。[①] 同时，环保立法缺乏权威性和实效性，即使是理论上构成环保基本法的《环境保护法》在

① 李启家：《中国环境立法评估：可持续发展与创新》，《中国人口·资源与环境》2001 年第 3 期。

《立法法》看来也仅属于“一般法”的范畴，尚未上升到“基本法”的高度，修订前的《环境保护法》甚至没有为已经成为环境执法主力的环保监察部门正名，环境保护相关法律的问题可见一斑。

此外，由于环境保护主管部门在行政处罚和行政强制上的权力有限性，其对不法企业的处罚往往偏弱，环境执法缺乏威慑力，致使企业的违法行为无法得到有效遏制，也反过来影响了环境行政权力的权威性和有效性。环保监管的完善不仅有赖于完善的环境保护相关法律，还需要配备实施法律制度的人员和设备。当前，由于政府财力有限，其将工作的重心放到了经济发展之中，与经济发展形成悖逆的环境保护职能自然无法成为工作的重心。由此，政府对环保系统投入不足，导致环保系统编制紧张、经费不足和设备落后。例如《国家环境监管能力建设“十一五”规划》中期评估表明，全国达到国家标准的县级环境检测机构不足17%。

3. 未能调动企业环保监管的积极性

马克思曾言：“人民奋斗所争取的一切，都和他们的利益相关。”① 而“公平归根到底是对现存经济关系与评价主体利益之间关系的反映”②。不可否认的是，即使同样生活在某一地区的居民，各自也有着不尽相同的利益诉求，而承认不同利益诉求的存在，又是协调不同主体利益之前提。因此，要想环保监管模式能够在不同的市场主体身上都能发挥预期的“化学”反应，便需要在制度设计之初充分考量不同企业之间的不同利益诉求，从而通过不同市场主体对自身利益的追求实现环境治理的目的，而这也是最有效和最理想的环保监管模式设计。

实践证明，仅依靠环保部门孤军奋战环境治理只能事倍功半。现代行政管理主张“将制度外的参与内化为制度内的参与，对公众进行因势利导，赋予公众环境信息知情权，并让公众与政府分享决策权，实现环境保护的民主决策”③。“政府主导，公众参与”应当是我国环保监管模式转型的指导思想。企业参与环境保护本是公众参与的重要内容，然而在当前的环保监管模式下企业始终处于被动监管的地位，无法发挥在环境保护方面

① 《马克思恩格斯全集》第1卷，人民出版社1956年版，第82页。

② 姚海明、吴绵超：《重新解读马克思公平观》，《内蒙古社会科学》（汉文版）2005年第4期。

③ 叶俊荣：《环保自力救济的制度应因：解决纠纷或强化参与》，台湾月旦出版公司1993年版。

的主动性，从这一角度来看，环保监管实际上成了政府的垄断权力。前已述及，政府受制于行政资源的有限性、信息的不对称以及规制俘获等因素的影响，环保监管已经构成政府无法承受之重。这就意味着，政府一方面无法担当环保监管的重任，另一方面又没有有效激励企业的环保热情。① 虽然从整体上看，一些企业仍然存在环境法治意识淡薄的问题，例如企业缺乏专门开展环保的部门，也缺少环保监管的人才，甚至有些漠视环境污染，故意将污染物排放成本外部化。本书认为，企业仍然应当连同政府、公民、非政府组织，成为环境治理的中流砥柱，只有充分调动企业自身的减排积极性，生态文明建设才有可能会实现。

三　生态文明背景下企业行为环保监管的理念转变

我国面临着资源约束趋紧、环境污染严重和生态系统退化的严峻形势，可持续发展道路是我们的唯一选择，而生态文明在实质上就是把可持续发展提升到绿色发展的新高度。具体而言，生态文明要求整个社会经济建立在资源节约、环境友好的基础之上，在商品的生产、流通、消费等各个环节，都通过综合管理措施保护自然环境，提升资源利用效率，减少资源和环境消耗，使其符合人类物质、精神需求的发展模式。

在政府主导型的环保监管模式下，政府与市场主体之间常常成为利益博弈的双方，其结果是监管主体与监管对象的割裂，不仅造成政府环保监管成本增加，而且容易造成效率低下等政府失灵的问题，此种模式下的政府与市场主体难以形成合作互利的关系。欧美国家通过协议的方式将环保监管者与被监管者进行连接，以减少监管过程中的矛盾与冲突，根据这些国家的实践经验表明，当且仅当环保监管主体与监管对象意识到环境目标达成的严峻性与环境问题的不可逆性，广泛参与的环保监管协议体系才可能达成。也就是说，只有当环境目标得到监管者与被监管者的认同，以协议的方式进行环保监管才可能真正调动企业的减排积极性，协议监管模式

① 例如，2018 年修订的《大气污染防治法》第 6 条规定："国家鼓励和支持大气污染防治科学技术研究，开展对大气污染来源及其变化趋势的分析，推广先进适用的大气污染防治技术和装备，促进科技成果转化，发挥科学技术在大气污染防治中的支撑作用。"该规定虽然鼓励企业参与环境治理中，但缺乏具体、可操作性规定。

也才能够达到理想的效果。[①] 从实践情况来看，政府和市场主体关于环境问题的冲突，实际上是可以调解和消除的，为此需要在生态文明建设理念的指导下，积极推进环保监管的思路转变。

（一）从对立到自觉：企业对接受环保监管的态度转变

在生态文明建设的背景下，企业承受来自多方面的环境压力：其一，国家为保障公民环境权利，而不断强化的环保监管压力；其二，国家出台倾向性政策吸引企业进行清洁生产的激励；其三，市场对环境友好型、资源节约型产品需求不断增长的压力。上述压力都深深影响着企业的环境价值重塑，并推动企业与环保的关系从对立走向自觉。

一方面，企业的环境资源利用成本正不断攀升。随着我国经济结构调整的步伐加快，越来越多的高耗能、高污染企业都面临着煤、电、石油等矿产资源价格攀升的影响，同时国家推动循环经济、生态经济的策略也促使企业进行发展转型。2007 年，国家环境保护总局发布《环境信息公开办法（试行）》，根据该办法的要求企业的环境信息应当向社会公开。通过强制性的企业环境信息公开制度，公众可以通过舆论监督的方式规范企业的环境行为，尤其是随着越来越多的社会公众环境意识增强，企业也不得不根据消费者的喜好对自身生产的产品或提供的服务进行生态化改造。此外，2010 年环保部发布《环境行政处罚办法》，为了配合该办法的实施，于 2010 年年底发布了《环境行政处罚听证程序规定》。我国环保监管机关的行政处罚权趋于完善，此时无论是基于市场的需求，抑或是环保监管机关的强制执行权力，企业都有足够的理由进行自身的环保改革。

与此同时，国家还加大了对环境标准的制定或修订力度。例如，原环保部出台《照相机环境标志产品技术要求》《移动硬盘环境标志产品技术要求》等新的标准规制市场产品；国家还紧锣密鼓地对《农药安全使用标准》《火电厂大气污染排放标准》等进行修订或征求意见。此外，《国家经济和社会发展“十三五”规划纲要》提出诸多环境资源保护的约束性指标，例如规划纲要承诺，全面推动能源节约，“十三五”期间将能源消费总量控制在 50 亿吨标准煤以内；用水总量控制在 6700 亿立方米以内；单位国内生产总值建设用地使用面积则下降 20%。这些指标的设定充

① ［美］施宏伟、汉斯·布莱瑟：《协约型环境模式的有效性及其对中国环保监管的启示》，《生态经济》2006 年第 11 期。

分展现出政府建设生态文明的决心和勇气，但也从另一层面表明，作为微观经济体的企业应当未雨绸缪，提前进行生产改革，减少资源的浪费和污染物的排放。

另一方面，来自市场的吸引也促进企业生产观念的转变，主动节约资源、减少对环境的不利影响。随着环境问题的越发严重，越来越多的社会公众倡导绿色消费，关注环境问题，在购买商品或接受服务时，他们愿意在价格可接受范围内，优先购买体现环境友好、资源节约的产品。同时，为了增加国际贸易利润，我国企业的产品往往需要在国外开拓市场，而很多国家都设置了绿色贸易壁垒，倘若出口的商品无法达到环保要求，就可能被东道国拒绝进口。因此，无论企业是想满足国内公民的消费需求，还是因应外国绿色贸易壁垒，都有极大的动力重视商品的绿色生产和资源节约。

此外，国家还逐步优化环境经济政策。据《2016 年中国环境状况公报》显示，我国在绿色信贷、绿色税收、绿色保险等环境经济政策中都进行了较大幅度的改革和优化。例如，原环保部和中国人民银行联合下发了关于促进绿色信贷发展的指导意见，同时和保监会联合下发了推动环境污染责任保险的指导性文件；另原环保部联合财政部、国家税务总局也出台了环保产业的税收优惠政策。值得一提的是，2016 年 12 月全国人大常委会审议通过了《环境保护税法》并于 2018 年 1 月 1 日起实施，由此使得环境保护费改税的建议正式得以实现和施行。

总之，在生态文明建设的大背景下，企业无论是基于主动迎合市场需求，还是被动适应国家环境政策，遵守国家环境保护法律法规，理性的企业都将走上资源节约、环境友好的发展之路，而这是环保监管模式创新最为根本的目的所在。

（二）从保护到监管：政府对企业的环保监管态度转变

发展经济几乎是所有政府最基本的职能之一，因为经济的发展可以解决温饱、就业等一系列社会问题。前已述及，虽然经济发展与环境保护从长远来看是互利共荣的，但地方政府对经济发展有根深蒂固的偏好。

在地方保护主义保护下环保监管权力失灵的案例屡见不鲜，从近几年媒体公布的环境违法案件来看类似的案例并未消亡。这反映出中央建设生态文明的意志，很容易在地方保护主义中衰减。概言之，地方保护主义是我国环保监管改革需要解决的重点问题，否则政府主导型的环保监管模式将无以发挥理想效用。

另外还有地方政府通过制定“土政策”来达到保护污染企业的现象。2007年，合肥市政府为了在招商引资中更具吸引力，由其主导制定和通过了《合肥市优化投资环境条例》。该条例第34条规定，① 地方环保部门行使法律所赋予的现场检查权时，需要履行一个提前上报程序，即由环保部门向政府提前告知所欲检查的时间、具体企业等信息。该条例第37条还规定：“同一行政机关对同一企业的执法检查每年不得超过一次。”根据《立法法》的规定，此条明显违背《立法法》宗旨，合肥市政府打造地方保护主义的目的也昭然若揭。在这样有合法形式的“土政策”面前，作为地方政府下属机构的环保部门，怎么可能独立、公正地行使环保监管职权?

实际上，1989年出台的《环境保护法》已经规定地方人民政府对辖区内的环境质量负责，由于该法未进一步说明责任承担的情形、程序等内容，使该制度一直停留在纸面。2014年修订的《环境保护法》规定，实施环境保护目标责任制和考核评价制问责制实际上就是一种责任追究机制。政府接受公众的委托行使公共管理职权，就有义务对公众负责，在出现政府及其工作人员违法行使职权的行为时，对相关责任人员进行追责便成为法治政府的必然要求。

“责任政府”（Responsible Government）是法治社会的一个基本价值理念，“责任”体现在两个方面：其一，政府有责任对民众的诉求予以回应，并积极地采取措施，公正而有效率地满足其合法的利益诉求；其二，政府及其行政人员的行为受到法律规范，任何渎职或犯罪行为都将受到法律的严惩。“问责制”的本质在于对公共权力的行使进行监督，并对违法行政行为进行处罚，这亦是“责任政府”的核心要旨之一。在环境保护领域也不例外。

《国民经济和社会发展“十二五”规划纲要》与《国民经济和社会发展“十三五”规划纲要》均明确提出，节约资源和保护环境是我国的基本国策，应当发展循环经济，推广低碳技术发展，从而降低温室气体排放，应对全球气候变化，实现人与自然的和谐发展。同时，相继出台的两

---

① 《合肥市优化投资环境条例》第34条规定，“行政机关依法对企业进行执法检查，应当事先拟定包括检查依据、时间、对象、事项等内容的检查计划，并在实施检查30日前报同级人民政府企业负担监督管理部门和法制机构备案。”

个“纲要”还要求，应当落实环境保护目标责任制与考核评价制，完善环境保护社会监督机制，对违法行使环保监管职权的行为进行问责。因此，在生态文明建设的过程中，地方政府应当摒弃先前片面追求经济增长的错误认识，做好经济发展与环境保护的协调与统一工作，在保证环境利益不受影响的前提下，推动地区经济增长、职工就业、民生保障等。

（三）从管制到合作：政府对企业的环保监管方式转变

我国长期以来，政府主导、公众参与的指导思想并未融贯于环保监管模式之中，检视现实情况可以发现，政府的主导作用并未有效发挥，而公众也未实现环保监管的有效参与。在生态文明背景下，不仅是企业需要对获取利润与保护环境的关系进行思维的转变，政府也需更对保护环境和促进地区经济发展的关系进行思维的转变。

现代公共治理运动的兴起为环保监管模式的创新提供了方向。环保监管在本质上属于公共治理的范畴。20 世纪 90 年代肇始于西方的治理理论认为，公共事务的治理应当是以政府、非政府组织、公民自治组织、私营机构等组成的多中心治理体制。治理应当是个人、组织和政府行使公共管理事务的总和。治理的主体不应当限于行使公权力的行政部门，而应当包括更为广泛的主体。政府的管制失灵可以通过建立多元共治体系来因应。①

环保监管模式创新应当借鉴现代公共治理运动的理论成果，摒弃将政府视为监管唯一主体的过时观念，建立一个囊括行政机关、市场主体、非政府组织在内的多元环保监管体系。不同的主体有着不一样的优势，各方的联合能够优势互补，形成“相互竞争的理性”。传统的政府一元监管理论认为，市场主体的趋利性是环境问题产生的主因，作为公共利益代理人的政府与企业之间的矛盾不可调和，生产企业是监管对象，行政机关是监管主体，二者只存在监管与被监管的关系，而不存在协作与被协作的关系。但是，在多元环保监管模式中，企业连同政府、居民都构成环保监管的重要主体，不存在孰优孰劣，各方在各自职责范围内保护生态环境。

20 世纪 70 年代，能源危机与生态环境危机在世界范围内显现，科层制在环境问题上的低效率引起民众的诘难，西方社会普遍开展了以“政府

① 全球治理委员会：《我们的全球之家》，牛津大学出版社 1995 年版，第 2—3 页；转引自俞可平《全球治理引论》，《马克思主义与现实》2002 年第 1 期。

再造”为核心，以分权化为特征的新公共管理改革。虽然新公共管理改革具有极强的说服力，但是由于缺乏理论和实践支撑，新公共管理改革在推动政府治理模式转型的同时也暴露出许多问题。例如，美国学者哈特认为，如果说新公共管理改革之前的政府治理模式是行政权威替代了个人自由，那么新公共管理改革则将这一现象推向了反面，即“多数人暴政”问题替代了政府威权问题，成为管理制度改革的核心问题。为了避免落入两难境地，英国开展了被学界称为“后新公共管理”的改革，其在批判和继承前人经验的基础上，提出整体性政府治理模式转型应当是国家与公民合作基础上的共同治理模式。

整体性政府治理模式试图通过政府组织内部以及政府内外部组织之间的协作，修正新公共管理范式存在的不足。其优势在于：整体性政府治理模式能够避免各组织在环境政策的制定过程中互相拆台；能够更好地利用稀缺的行政资源；能够将关注环境保护的相关主体聚合在一起发挥效用；能够向公众提供周全而非碎片化的环境公共服务。整体性治理的代表性人物是英国学者佩里·希克斯（Perry Hicks），他认为与整体性治理模式相比，新公共管理所推崇的“碎片化”治理模式可能存在以下问题：其一，行政部门之间相互转嫁成本、推卸责任；其二，出现相互冲突的规制目标或方式；其三，在问题二的基础上，倘若各行政部门采取的行动不存在相互抵消的问题，则可能陷入另一个陷阱，即出现重复投入、重复建设问题；其四，在为公众提供公共服务时各自为政；其五，由于各自为政的服务提供模式，导致公众根本感受不到公共服务，也根本不知道去哪里寻求合适的公共服务；其六，在遇到棘手问题时，各部门往往只能根据自身的专业优势进行解决，而导致服务提供的偏差问题。上述新公共管理所存在的问题，也正是整体性治理所欲解决的问题。[①]

整体性治理既纠正了传统公共行政下的权威范式，也对新公共管理模式所呈现出的另一个极端进行了消解。具体而言，整体性治理的运行有赖于三个方面的供给：协调机制、整合机制与信任机制。协调机制是指整体性治理的各参与主体在信息获取、决策形成等方面，都为相互介入和有效参与提供便利；整合机制是相对于新公共管理模式所存在的碎片化服务供给而言的，其要旨在于，在提供公共服务的过程中，各部门应当有效整合

① 竺乾威：《从新公共管理到整体性治理》，《中国行政管理》2008年第10期。

服务内容以满足公众的整体性需求；信任机制是指各主体开展卓有成效的对话机制，实现运行中的相互理解和支持。除此之外，整体性治理还需要另外一些因素的供给，例如领导人、不确定风险、团队、激励机制等。

综观学界关于整体性治理的理论研究，可以发现整体性治理理论一直强调跨界合作。在学者看来，整体性治理应当是一种有机统合的带有分散性特征的治理概念，不宜将其视为一个协调一致的理念或方法。整体性治理的核心就是要解决公共服务的供给碎片化问题，而这有赖于建构复合型框架体系。整体性治理应当既包括组织结构的划分与整合，也包括运行过程中的联合，既需要制度化的行政体制变革，也需要非制度化的文化、价值的形成。从这一角度来看，整体性治理应当是“政府再造”的系统体现，其组成要素包括：治理理念、组织结构、运行机制和服务方式。

从前文所述及的公共治理理论中我们可以得出，在环保监管模式变革中应当改变过去仅仅将政府作为环保监管主体，企业作为环保监管客体的观念，而应当根据不同的主体在环保监管中的不同作用，构建一个多元共治的、变管制为合作的治理模型。

四 生态文明理念下企业行为环保监管制度构建

我国之所以形成政府主导型的环保监管模式，有着深刻的现实和理论缘由。然而，政府在环保监管中的主导作用并不是要扼杀企业、非政府组织等主体的作用，因为完全依靠政府进行环保监管，无论是从理论还是从实践来看，既不可能也不现实。为此，环保监管模式的创新方向是通过环境协议等方式，促使企业参与环保监管之中，通过政府与企业合力达到环境质量改善的目的。

（一）发挥政府环保监管的主导作用

环境作为一种共有资源，其使用并不具有排他性，企业基于自身利益的考虑往往缺乏投身资源和环境保护的动力；相反，既然污染的成本由社会共享，那么自己污染得再多，企业自身承担的环境不利影响也极为有限，导致了环境领域的公地悲剧。面对日益严重的环境污染和破坏，逐渐反思并纠正之前“先发展后治理”的发展观念，不断更新环保监管手段，通过如区域限批、节能量交易等创新举措来强化环保监管的硬约束。政府管制的目的，简而言之，就是要制止不充分重视社会效益的私人决策。

从环境法治的角度看，环保监管在本质上是受全民委托的行政机关基于公共利益对环境领域的行为进行的干涉。需要注意的是，环境法领域的公共利益与政治学中的公共利益概念有别。因为政治学中的公共利益一般仅指一国之内或者一个社区之内全体居民所共享的利益。然而，环境法领域的公共利益外延更为宽泛，基于环境问题的空间流动性与长期潜伏性，环境法对公共利益的关照会指向全人类以及今后世代人类的共同利益。既然环境资源具有公共属性，与“公地悲剧”的效应相对应，任何个人或组织也无法仅通过自身努力来达到人类环境不受侵害的目的。因此，环保监管只能是在行政机关统摄下的集体行动，唯有如此，才能发挥分散的社会力量形成的治理合力。这无疑是符合成本收益分析、节约社会资源的最优选择。因此，环保机关作为环境公共利益的维护者，理应在环保监管模式创新中，形塑符合社会发展要求的职权与职责。

政府是一个整体性概念，它是由各种部门和机构组成的联合体，各部门或机构承担着不一样的公共管理或服务职能。但政府及其各职能部门有着不一样的利益诉求，特别是地方政府的政绩观导致地方政府职能异化，成为地方政府环保监管不力的根本性因素。虽然《环境保护法》规定了环境保护目标责任制和考核评价制，但由于制度发展不健全，地方政府大多仍然以 GDP 为硬指标，环境保护沦为软指标。这种只看经济利益，忽视环境利益和社会利益的短视，促使地方政府出台土政策、土规定，明目张胆地保护污染行为，一些污染严重的纳税大户作为“特殊”企业长期游离于政府主导的环保监管模式之外。对此，在环保监管模式的转型中，应当在进一步发挥政府环保监管的主导作用，在赋予环保行政机关更多职权的前提下，完善环境行政问责制度，加大对环境行政失职的惩处，并通过财政转移支付的激励机制，支持地方政府走绿色发展之路。

以历史的眼光看，政府主导型的环保监管模式有其合理性与社会效益，其优势在于，借助行政公权力，立法机关与行政机关的环境保护意志能够迅速、普遍地获得执行，或者在创造和维护环境权益交易所需的“秩序”方面起到保障作用；其劣势则在于，对于微观的环境事务管理，由于行政机关的资源有限，导致大量的违法事件得不到应有的处理，而这正是社会力量发挥作用的优势领域所在。① 为此，应通过制度化的途径优化政

① 王芳：《结构转向：环境治理中的制度困境与体制创新》，《华东理工大学学报》（社会科学版）2009 年第 2 期。

府环保监管模式，同时为企业的自我监管与社会公众的外部监督创造条件，使政府、企业与公众形成环境治理的多元共治。

（二）促进企业主动实现环保自我监管

行政是需要成本的，政府主导型的环保监管模式成本主要体现在以下两个方面：其一，政府主导型的环保监管赖以为基础的环境立法所发生的成本。立法成本主要包括立法过程中的前期调研、专家意见以及向各种利益集团和公众征询意见所发生的成本。其二，行政机关监督企业守法状况所发生的成本。环境问题具有高科技背景。政府为了实现对企业排污行为的精准监督，往往需要具备比企业更强的专业知识和设备。同时，考虑到环境问题的不断发展，具备专业知识的人员以及专业设备还必须与相关领域的技术进步保持步调一致，即环保执法人、财、物投入必须与污染问题相适应。然而，基于立法者认识的局限性，加之法律条文的有限，使法律具有不周延性和滞后性，“刚刚颁布的法律就面临着过时的风险”。因此，环境立法难以覆盖特定时期所有的环境问题，解决新的环境问题便需要更多的环境立法，而法律的制定不总是尽如人意的，倘若制定的法律条文阻碍了社会的发展，立法成本便还应当包括“试错成本”。这就使得构筑于环境法上的政府主导型环保监管模式作用有限，其规制范围也呈泛化趋势。追求利润最大化的企业出于理性经济人的考虑，自然不愿意支付高额的环境治理费用。为此，它们一方面通过自身的影响能力对国家制定的环境标准进行影响，使环境立法或环境决策成为公私部门之间一场旷日持久的话语权争夺战。另一方面基于信息的不对称，企业想方设法逃避环保监管部门的规制，向环保部门主动报送的环境信息真假难辨；而基于对企业守法的不信任，环保监管部门需要花费大量的人、财、物来实现对企业环境行为的精准监督，久而久之行政机关与企业便形成一种对抗关系。这种敌对而非合作的关系，使政府主导型的环保监管模式成本高昂，而且也因双方的这种紧张关系使得环保监管效果并不理想。①

不可否认，企业确实是环境问题的最主要来源，因为其生产经营活动需要消耗巨大的自然资源，同时其生产所排放的废弃物或者产品使用后的丢弃，都会引发各种环境问题。从理性经济人的角度看，企业将环境当作

① 刘方涛：《政府环境管制的转变路径研究》，《吉首大学学报》（社会科学版）2011年第1期。

共有物或公用物，将环境问题交给社会无疑可以降低自己的治理成本，从而实现收益的最大化。同时理性经济人也是社会的一员，其自身的道德属性和社会的外在压力可以促使其将治污费用纳入自己的产品成本。《中国环境监察执法现状、问题与对策研究报告》便指出，有近95%的企业管理人希望保护环境的同时能够给企业带来经济利益。这就预示着，如果环保监管模式能够照顾到企业利益，企业是有动力进行环境治理的。对企业而言，理想的环保监管模式应当是对企业的非法排污行为进行约束，同时对企业守法的环境保护行为进行某种奖励，从而使企业积极主动地实现环保自我监管。

自我监管强调企业的环境责任，然而责任带有某种被迫性，要想企业自发且主动地进行环境治理，还应当设置一定的激励机制。为此，对企业主动减少污染物排放，开展清洁生产，创新环保技术，政府应当在税收减免、信用担保、科研投入、政府采购等方面予以奖励，从而通过“胡萝卜加大棒”的方式，调动企业减排、节能的积极性和主动性。这样的举措也可以反过来促使企业增强自身的绿色生产和管理能力，即从原料的开采、加工、运输、销售等环节对污染物进行全过程控制，从粗放型经济转变为集约型经济，在增强企业节能减排能力的同时，树立企业环保形象，拓展产品的市场占有率。具体的方式应当包括以下几个方面。

1. 在重点污染企业建立环保监督员制度

环保监督员是指在特定企业设置的，具有掌握环境法律和污染控制技术的企业环保监督员。该制度最早规定于日本1971年颁布的《在特定工场设置公害防治组织法》中，企业环保监管员需通过国家资格考试，其选聘与解聘都需向政府报告。监督员负责企业污染物排放和环境控制的日常管理，负责在公害防治数据上签字并报送政府有关部门。我国也在部分省市试点了该制度，2003年、2005年和2008年，国家环境保护总局和国务院还印发规范该制度施行的指导性文件。[①] 然而，由于该制度缺乏硬性规定，而且资格考试的制度设计也有违我国当前减少职业许可的大方针，因此2015年环保部废止了《关于深化企业环境监管员制度试点工作的通

① 包括2003年公布的《关于开展企业环保监督员制度试点工作的通知》，2005年公布的《国务院关于落实科学发展观加强环境保护的决定》，2008年公布的《关于深化企业环境监督员制度试点工作的通知》。

知》，环保监督员制度有待学界和实务界进一步探索。

2. 建立企业绿色文化

企业绿色文化是指企业以符合生态规律为准则，构建的体现生态伦理特色的企业生产和发展观念与文化。我国新《公司法》首次明确公司从事经营活动应当负有社会责任。随着各地环境保护运动的持续升温以及公民环境意识的觉醒，企业环境责任已经成为其应负社会责任的一部分。清洁生产机制、生产者延伸责任等都是企业承担环境责任的表现形式。[①] 这一趋势在国外的立法和实践中也得到了印证，例如德国颁布的《废物避免和处置》对生产者生产的产品废弃后的处置责任进行了规定；其《包装物条例》则对产品的包装物减量化和回收利用进行了规定，此外《循环经济和废弃物法》也对企业应当承担的环境责任做了规定。可以看出，通过企业自觉和政府引导，建立绿色文化已经成为现代企业实现永续发展之前提。

3. 建立绿色核算制度

绿色核算制度是较之于当前的成本核算制度而言的，根据绿色核算制度的要求，企业生产应当将其对环境资源的影响纳入成本核算之中。具体而言，联合国统计署所公布的环境与经济综合体核算中，环境成本包含两个方面的内容：其一，企业在生产经营活动中由于自然资源的消耗和环境质量的减退所引发的成本；其二，企业在防治污染或生态破坏，以及进行环境修复和治理中所实际产生的支出。为了使绿色核算制度更具可行性，联合国相关部门还制定了《环境会计和财务报告的立场公告》，其将环境成本定义为：以环境保护和资源节约为原则，为减少企业造成环境不良影响所支出的成本，以及因企业执行环境管控目标所要付出的成本。该公告还建议，各国的《会计法》应当将环境成本纳入企业或政府核算体系之中。为了实现环境有价，应当完善成本核算相关法律，计量、记录企业污染或治理成本。也就是说，与燃料、劳动力资源一样，环境容量的消耗也应当是企业生产成本的组成部分，政府应当开展绿色考评等机制，督促和

---

① 唐绍均：《论生产者责任延伸制度概念的淆乱与矫正》，《重庆大学学报》（社会科学版）2009 年第 4 期。

帮助企业提高绿色管理水平。[①]

4. 建立企业绿色生产经营模式

绿色生产经营是指企业在生产、销售、运输的过程中，以节约资源、降低能耗和减少污染作为企业的核心目标。国际标准化组织出台的ISO 14000环保监管体系认证业已成为进入国际市场的“绿色通行证”，其作用在于规范企业环境行为，促进企业管理升级，使企业的产品获得国际市场的认可，进而推动企业节能降耗，实现企业的可持续发展。2015年6月环境保护相关部门出台了《环保“领跑者”制度实施方案》，环保“领跑者”是指可比对范围内环境治理取得最高成绩和效果的产品。该制度对于激发市场主体节能减排，促进环境的持续改善，调动政府、企业和公众共同参与环境治理，加快生态文明建设具有重要意义，可以视为促进我国绿色生产的激励制度。环保“领跑者”制度以企业自愿参与为前提，通过对优秀产品或企业进行表彰、政策鼓励等方式，引导全社会向环保“领跑者”学习，从而实现绿色生产和绿色消费，使我国主流的环保从“底线约束”向“底线约束”与“先进带动”并重转变。

（三）提倡政府与企业的环保契约监管

解决环境问题，既要靠政府的积极监管，也要靠企业的自我监管。企业根据与环保部门签署的环保监管协议，可以在实现环境友好生产的同时，获得来自政府在采购、税收、宣传等方面的优惠，从而获得更大的经济效益。更为关键的是，企业的自我监管是一种公私主体双方合意的结果，合意的内容往往较之于普适的环境质量标准和污染物排放标准更为严格，能够实现更好的环境治理效果。

企业的环保自我监管模式使企业增加了在环保监管方面的灵活性与自主性，但也提升了企业违法的可能性。在自我监管模式下，政府并不能预知企业的资源消耗、能源节约和污染物排放削减数量，政府需要在企业环境自我监管之后通过观察环境质量是否改善方能得出企业是否遵守了监管协议，并根据调研的结果指导立法和行政程序的调整，在这一过程中，自我监管实施效果的不确定性便动摇了企业环保自我监管的可能性和有效性。

---

① TJ Considine, DF Larson, “*The environment as a factor of production*”, Journal of Environmental Economics & Management, Vol. 52, No. 3, 2006.

实际上，企业自我监管需要的政府投入，较传统的政府主导型环保监管成本并无明显下降；相反，自我监管所需的行政成本可能更为高昂。企业的自我监管需要政府对企业的环境绩效进行量化考核，才能保证企业完成环境管制目标，取得比传统环境管理更好的社会效果。然而，环境绩效的量化往往需要政府通过高质量、高精确度的环境监控设备予以监测，或者在掌握企业生产工艺、技术等信息的前提下，通过定期检查和工程量测算来计算企业的具体环境指标完善情况。也就是说，自我监管的行政成本其实并不会明显下降，其实现需要企业自觉、政府勤政、监测体系完善等支撑。

在市场经济中，企业在以营利为目的的利益驱动下，总是有意无意地忽视企业的环境责任，将环境治理交给社会及政府。解决环境问题的关键，是政府监管的有效运行和通过市场机制带来的企业减排内生动力。良好的环境品质是一种政府应当提供的公共产品，然而具体的提供方式却是可以私化的。政府、企业和社会公众均是环境利益相关者，三方主体理应成为环境治理的主导力量。随着可持续发展战略与生态文明建设的提出，政府对环境保护问题逐步加大关注力度，治理措施已从传统的末端治理向源头治理过渡。另外，在同行业的竞争压力、社会公众绿色消费的带动、环境税等约束力量的激励和影响之下，企业逐渐探索绿色经营模式，希望将环境成本逐步纳入企业生产过程之中，促使从以营利为目的的“经济人”向经济利益与环境利益并重的“生态人”过渡。在这种背景下，企业作为占据信息优势的被规制方，基于环境道德意识的增强、消费者的喜好与环保部门“胡萝卜加大棒”的推动，促成其通过自愿协议的方式，实施较之于一般的管制更为严格的监管措施。这种合作模式不仅提升了环保监管模式的运行效率，减轻了环保行政部门的执行成本和压力，也促使企业采用生态、绿色的经营方式，为政府、企业和公众都带来了一系列的额外收益。

在生态文明理念的推动下，越来越多的企业经营者认识到，提升企业的环保监管能力，不仅可以为企业在同行业中赢得更好的企业声誉，而且能够推动企业的创新能力，减少发生环境污染事故而造成的巨大经济损失。此外，根据企业与政府签订的环保协议，企业在加大环保投入的同时，有权享受政府提供的诸多政策优惠。因此，从长远和整体来看，环境治理为企业带来了巨大的经济效益。协议监管通过政府与企业双方合意，使企业在满足自身利益追求的同时对环境进行强制要求之外的治理。因此，政府应当对企业进行绿色生产提供服务和引导，定期对企业的环境行为进行评估，并将评估结果纳入绿色信贷征信系统，表彰环保绩效突出的企业，从而为其他企业提供可资参考的目标。本书认为，协议监管是环保监管模式中最为经济、效益最好的监管举措，应当受到充分重视。

环保协议监管模式的成形，标志着环境行政经由环境规制，再到环境治理的转变。环境治理之所以被界定为环保监管的终极形态，重要原因在于，政策制定者、行政权行使者、环境主义者，抑或是工业企业以及公民个人，所有主体都致力于环境的改善，较单纯地建立环境行政机构的单向度环境规制而言，能够最大限度地调动社会所有可能的力量解决环境问题。也就是说，行使环境权力的不再是政府自身，企业、社会组织和公民个人都成为维护公共利益的重要力量。

在政府主导型的环保监管模式中，政府需要独立承担规则的制定、执行与违法责任的追究等事项，上述过程蕴含着高昂的运行成本，往往使政府陷入环保监管的两难境地：如果政府企图规避这种交易成本，则环保监管将陷入政策扭曲或者监管不力的“执行赤字”；相反，如果不对行政成本进行管控，则会挤占政府对其他公共管理事项进行管理的行政资源。通过契约管理这样的“治理式”的制度安排，政府、企业和社会公众共同构建环境保护多主体的政策制定和执行网络，政府的职能从一线监管退居为二线的兜底，实现了公共职能从公共管理部门向私人部门进行的扩散和转移。前文所述的高昂行政成本，通过这种模式可以在公共行动网络中得到消解和分担。并且，政府与企业基于信赖原则建立的这种稳定的伙伴关系，将继续借助协商合作、策略互动和信息交换，实现环境公共政策的良好施行。这就使得依托自愿环保协议的环境问题解决方案，一方面实现了政府环境政策的最小扭曲，另一方面实现了企业环境绩效的整体升级与提高，因而全社会的环境利益随之改善便成为该项制度的应有之义。①

① 刘方涛：《政府环境管制的转变路径研究》，《吉首大学学报》（社会科学版）2011 年第1期。

第三节　公民个人行为环保监管的制度构建

本书导言中指出，环保监管悖论之五是：民众一方面认为个人的环保意识以及守法精神对环境保护至关重要，另一方面又指望政府和企业担负起治理环境的主要责任，这就加深了环境保护集体行动的困境。环境问题与每个人都息息相关，然而在现实中一提到环境问题，人们总是将企业视为环境保护的大敌，而将政府视为环境保护的卫士，似乎公民在其中只是一个无所事事的旁观者。其实不然，较之于政府、企业等主体而言，个人对环境的影响极大，而且随着生活水平的提高，这种影响的范围和程度都在一步步提升。本书认为，当前环保监管收效不著，除了来自监管者与企业这一主要被监管者制度设计不合理之外，缺乏对个人行为行之有效的规制措施也是一个重要原因。

一　生态文明背景下公民个人环境行为透视

个人的环境影响一方面体现于个人是造成环境问题的重要原因，另一方面体现在个人是环境保护措施的实践者或作用对象。一项环保监管政策的实施，离不开公民的自发遵守、积极监督。同时，一项环保产品的成功也离不开分散的公民对产品的认可和购买。毫无疑问，生态环境的保护不可能单纯借助企业和政府就能实现其目的，个人在环境保护中扮演着至关重要的作用。[①] 无论是环境问题的出现抑或是环境问题的治理，都离不开公民的积极作为或不作为。根据公民行为性质的不同，可以将公民的环境行为区分为公民的保护行为和危害行为两类，由于本章主题所限，下文将重点对公民个人的环境危害行为进行论述。

（一）公民个人行为对环境的危害方式

1. 公民个人在生产方面的环境危害行为

公民个人行为对环境的影响主要体现在生产和消费两个方面。在社会运行过程中，虽然企业似乎是生产的主体，但实际上个人才是真正实施生

① 李文娟：《影响个人环境保护行为的多因素分析》，硕士学位论文，厦门大学，2006 年。

产的行为人，其主要形式有两种。其一，个人作为生产组织的成员。在这种情形中个人的主动性不强，其主要履行组织所要求完成的生产任务，其生产活动受到组织规范的影响，呈现出一定的被动地位。但这并不能说组织中的个人行为没有进行环保监管的需求，因为组织的运行、规范的制定、任务的安排等都是由单个的人组成的合力。有学者甚至认为公司就是无数个契约构成的集合体，因此组织的整体责任应当与个人责任相区分。其二，个人作为独立的个体生产者，此时公民的个人生产行为主要受其自身意愿所控制，其行为除了遵守法律法规和道德风俗外，显示出较强的自主性和独立性。较之于组织化程度高的企事业单位，以家庭为单位的个体经营更容易产生环境影响。

公民个人生产行为造成的环境影响问题，突出表现在农业生产领域。在农业生产活动中，个人由于缺乏有效的法律规制，在实践中大量使用农药、化肥，造成农村面源污染问题异常严重。据统计，我国化肥使用量、农药使用量都超过世界平均水平。就化肥的使用而言，由于化肥使用过度，流失率高，利用率低，导致每年大量的化肥随着雨水流入江河湖泊，使水体富营养化问题突出，导致水体缺氧、大量水生生物死亡等生态问题。①

2. 公民个人在消费方面的环境危害行为

消费一般分为广义的消费和狭义的消费。广义的消费是指企业、公民个人为实现一定目的而对资源、商品进行使用的行为，狭义的消费则仅指公民的生活消费。对于公民个人而言，其消费行为主要是指生活消费。某种程度上说，社会的运行便是围绕着公民个人生活消费而展开的。个人消费的规模虽然不及组织消费那样大，但是其数量多、频次高，已经成为影响生态文明建设的重要力量。《21 世纪议程》曾指出，全球环境不断恶化的主要原因是不可持续的消费模式以及生产模式。这一论断揭示了全球环境资源问题产生的最为根本的原因。科学技术进步、生产力提升等现象，都源自消费需求的扩张。美国学者拉尔夫便指出：人类生活水平的提高，使消费从生存型消费转向奢侈型消费，而这一转变正在成为威胁地球生命

① 苏杨：《农村现代化进程中的环境污染问题》，http//theory. people. com. cn/GB/49154/49369/3898750. html。

支撑能力的罪魁祸首。①

生存型生活消费是合理且能够被自然消解的消费行为，然而当前不断异化的奢侈生活消费正在挑战环境资源的承受能力：其一，不必要的生活消费增多。现实中，基于市场的繁荣各类商品逐渐增多，然而这些商品大多没有实际意义，人们购置商品的目的不再是满足生活必需而是追赶潮流或者新奇，这些商品在轻度使用之后便被闲置或抛弃。其二，过度包装问题越发严重。食品、服装、家电等消费品的包装越来越精致，然而实际上并无利用价值，既浪费了宝贵的自然资源，也加重了废弃物处置的数量和难度。调查显示，城市生活垃圾中体积的80%、重量的17%是商品包装物。② 其三，“一次性”消费品造成的环境资源问题。一次性消费品在日常生活中随处可见，从医疗器械到家庭常用的纸巾、水杯、餐盒等，都构成对资源利用的极大浪费，而且“用过即扔”的消费也使环境治理问题越发困难。

（二）公民个人环境危害行为的特点

公民个人的环境危害行为种类众多，上文只是根据生产和消费两个环节进行了论述，详细列举难免会出现挂一漏万的问题，揭露公民个人环境危害行为具有的整体性特征将更有利于个人行为环保监管的制度设计。

1. 共同性与差异性同在

共同性与差异性同在是指公民个人的消费行为共同影响着地球的生态环境，但是从微观来看，个人行为又表现出明显的差异。虽然全球诸多国家人口进入负增长，但由于人口基数及部分国家生育率较高的缘故，地球的人口数量仍然达到了迄今为止的峰值。这些人口中，无论是富足还是贫穷，都对地球环境产生着影响。在贫穷者看来，自然资源虽然具有生态属性，但也具有对他们来说的资源属性，为了生存他们需要砍伐、开荒，充分利用一切可能的自然资源。而富足者在消费过程中，也会提高资源的消耗和环境的压力。两者都对当前的生态环境破坏和资源短缺负有责任。但相比较而言，富足者似乎应该承担更多的责任。因为富足者的生活方式明

① ［美］斯里达斯·拉尔夫：《我们的家园——地球》，夏堡译，中国环境科学出版社1993年版，第13页。

② 《垃圾是放错了位置的资源》，http：//news.xinhuanet.com/theory/2009-07/24/content_11763052.htm。

显超出环境承受能力，而贫困者虽然也因为砍伐、开荒等行为影响生态环境，但从数千年的历史中可以看出，贫困者对自然的使用属于生存型消费，其对自然的影响基本控制在自然可承受范围之内。意即对生态环境产生实质影响的并非那些正常的生活行为，而是因为消费观念异化而造成的奢侈性消费。

2. 分散性与累积性同在

由于公民个人的分散性布局，个人行为对环境的影响也呈现出分散特征，而这与企业行为对环境影响的集中性特点相区别。就单个影响而论，公民个人对环境的影响几乎可以说是微不足道的，但企业的单个污染行为却可以引发重大环境污染事故。然而，当无数个人行为同时对环境造成作用力，其影响亦不可低估，西方环境法学界将这种单个公民行为引发的重大环境危害称为“微小行为的暴行”。[①] 由此可知，虽然公民个人行为对环境造成的影响有限，但是当这些分散的行为形成累积性影响，也构成不可忽视的环境破坏因素。以水污染为例，虽然单个公民的污染能力有限，但在城镇化越发成熟的当下，城镇生活污水处理问题丝毫不亚于企业的水污染治理。可以认为，公民个人行为的分散性使我们忽视了对个人行为的环保监管，但个人行为的累积性却促使我们必须对其予以规制。

3. 直接性与间接性同在

公民个人对环境造成的影响可以根据阶段的不同区分为直接性影响和间接性影响。直接性影响是指公民个人在消费企业产品、不合理利用自然资源等过程中，对环境造成的直接影响。与此相对，公民的价值偏好、消费习惯也将间接地影响企业生产，从而起到间接影响环境的作用。间接性影响的要旨在于，公民个人的生活消费行为决定企业的生产行为，而企业的生产行为又最终导致具体的环境资源问题。[②] 随着人类给养资源从短缺走向丰裕，消费和生产的关系也随之变化，在生产力较低的时代生产决定着消费的类型和数量，然而当生产力高度发展，消费便引导着生产。[③] 在

① 戴星翼：《环境与发展经济学》，立信会计出版社 1995 年版，第 122 页。

② ［美］芭芭拉·沃德、勒内·杜博斯：《只有一个地球》，吉林人民出版社 1997 年版，第 30—32 页；转引自常纪文、［日］奥田进一《日本环境友好型生活方式的立法培育经验及对我国的启示》，《环球法律评论》2007 年第 2 期。

③ 孙玉霞、张筱薏：《消费主义背景下生产与消费关系的历史透视》，《学术研究》2008 年第 6 期。

环境治理的过程中，我们应当充分利用消费在影响生产中的作用，通过树立绿色消费观念，引导企业在技术革新、产品生产的过程中更加关爱资源与环境，防止因为病态、异化消费而助长企业违背生态规律的生产行为。

二　对公民个人行为环保监管的立法缺失

从我国历来颁布的环境保护法律法规中可以看出，我国环保监管模式的完善逻辑是，当出现环境问题则赋予监管部门更强、更有力的监管职权，同时进一步压缩、控制企业的生产经营行为。也就是说，自 1979 年制定《环境保护法（试行）》开始，我国的环保监管模式构建都围绕着政府授权以及企业限权而展开。然而放眼当下，这一环保监管模式并未使环境问题得到根本遏制。究其原因，在于当前环境立法所确立的环保监管模式是一种单向度的管理模式，一方面，其并未对公民个人行为进行应有的规制；另一方面，公民个人的环境治理能力亦未付诸实践。

（一）法律规范的条文解读

检视现行法律可以发现，我国环保监管模式并未将公民个人行为纳入监管范围，即使部分法律有原则性的规定，也因为缺乏可操作性而难以弥补监管模式的弊病。例如，《宪法》第 14 条规定，“国家厉行节约，反对浪费”。宪法作为国家的根本大法，在其条文中树立正确的消费理念无疑在社会治理中有着非常积极的作用。然而，关于如何鼓励节约以及如何治理浪费的问题上，包括宪法在内的诸多法律都未涉及。又如，《环境保护法》第 6 条规定了个人的环境保护义务，要求采取低碳、节俭的生活方式。但该条位于《环境保护法》的总则部分，从法律效力上来看它更多的是充当一种倡导性建议，尚无法根据该条的内容转化为强制性的规范。

从环境保护单行法来看，《固体废物污染环境防治法》规定的公民个人环保义务较为丰富，除了环境相关法律都普遍规定个人享有检举控告权利之外，还规定公民个人对农用薄膜的回收义务，禁止随意倾倒、堆放固体废弃物。较为遗憾的是，该法第二章“固体废物污染环境防治的监督管理”仍然延续了之前的环境治理策略，即赋予环保监管部门行政权力，却未对公民个人的监管作任何规定。此外，《固体废物污染环境防治法》中还规定了公民个人随意倾倒固体废弃物的法律责任，该法第 74 条规定，县级环保监管部门有权对公民个人随意倾倒固体废弃物的行为处以 200 元以下罚款。然而，行政资源的有限性决定环保监管部门无法对公民个人的违法行为进行及时的查处，同时这一罚款数额设定方式也并不合理，因为受经济水平的提高、通货膨胀等因素影响，固定罚款数额的威慑力将越来越低。其他环保单行法也对公民个人的环境义务有所规定，例如《环境噪声污染防治法》对家庭娱乐生活产生的噪声进行了规制；《节约能源法》则对个人浪费能源的行为设置了举报权。通过检视现行环保立法关于公民个人行为的环境规制可以发现，这些法律对这一事项的规定多是原则性的宣示，缺乏可操作性。同时，这些法律规定的责任惩罚力度与环境保护的紧迫性并不协调。

（二）监管绩效的实证分析

1. 个人消费失控。随着我国居民生活水平的提高，公民个人的消费行为已经从生存性消费向奢侈性消费转变。奢侈性消费的程度一般与公民所处的社会地位与所拥有的财富正相关。换言之，身份越高、财富越多，其奢侈性消费越明显，甚至部分消费呈现出一定程度的病态。[①] 据统计，我国平均每年的奢侈品消费占到全世界近1/4，有咨询公司预计，我国的奢侈品消费还将继续攀升，并将在近年取代日本成为全球最大的奢侈品消费国。[②] 不可否认，奢侈品消费对社会来说具有一定的合理性，例如通过奢侈性消费的引导，可以激发社会创造财富的能力，然而奢侈性消费与生态危机也有着极为紧密的联系，奢侈性消费既是环境问题产生的重要原因，也是加重环境问题的主要动力。为此，对奢侈性消费进行规制便成为生态文明建设的现实需求。[③]

2. 资源浪费严重。中央电视台曾对北京等地的空置房进行调查，结果发现北京周边的“卫星城”入住率极低，多数楼盘处于空置状态，一边是无房可住的居民，一边是无人在住的住房，这明显构成资源的不合理配置。也有课题组通过对城市住宅小区的用电量进行统计的方式计算北京主城的商品房入住率，结果显示电表几乎不走（推测为无人居住）的比

---

① 王艳：《试析我国病态消费行为的形式、实质和危害——兼论科学消费模式的构建》，《湖北经济学院学报》（人文社会科学版）2009年第8期。

② 姜文君：《浅谈中国奢侈品消费现状及探析》，《商场现代化》2010年第16期。

③ 陈贻健：《生态马克思主义的异化消费观与环境法的反思》，《行政与法》2009年第12期。

例高达总额的1/4。[1] 空置房仅是资源浪费的一个方面，另一方面则是日渐增大的生活消费品需求。据统计，我国的生活垃圾生产速度与我国的GDP增速比肩，保持每年8%左右的增长速度，北京市一年所产生的生活垃圾体积，甚至比景山还要大，[2] 但是由于邻避效应等原因，垃圾焚烧厂等建设步履维艰，在广大农村地区垃圾的处理更是原始，简单填埋不仅造成固体废物污染，还引起不可忽视的地下水污染。由此可见，生活垃圾的治理已经成为生态文明建设的重要议题。

3. 环境污染已然严峻。就以对公民影响较大的空气和水污染为例，《2017年中国生态环境状况公报》显示，全国338个地级市仅有99个城市环境空气质量达标，仅占全部城市数的29.3%。又以水污染为例，全国现有5100个地下水水质监测点，2017年水质为优的只有8.8%。这些污染一方面来自企业生产，另一方面则与公民个人的生产生活行为有关。例如，全国废水排放量近一半来自生活污水。由此可见，公民个人的环境影响较之于企业行为的环境影响毫不逊色，而这与当前针对企业行为设计的环保监管模式形成悖逆。

三　对公民个人行为环保监管的法理探究

本书认为，对公民个人行为进行环保监管的法理主要来自两个方面：其一，法律有行为调整功能；其二，法律存在的价值追求。

（一）环保监管法制的和谐价值

法具有诸多价值，和谐应当成为法的重要价值。和谐价值与秩序价值既有区别又有联系，本书认为，秩序价值是和谐价值的基础，和谐价值则是秩序价值的高阶形态。孙国华教授曾指出，法乃社会调整之公器，其最大的价值便在于实现社会的和谐。法具有协调不同主体的利益，调整主体的行为，实现人与自然和谐的功能。[3]

环保监管模式的构建以环保监管法治为基础，在环保监管法治的建构中，应当始终以法的和谐价值为追求。换言之，环保监管法治不仅追求对公

---

① 《“住房空置率”不应被空置》，http://news.xinhuanet.com/house/2010-08/04/c_12408450.htm。

② 《中国垃圾处理市场前景诱人》，http://www.68cne.cn/new_view.asp?id=1613。

③ 孙国华：《再论法的和谐价值》，《中共中央党校学报》2010年第1期。

民个人的权利和诉求进行满足，同时其应当对社会整体的利益予以回应，通过承认、协调和化解不同主体之间的利益诉求，实现社会整体的和谐。只有当社会和谐，人与自然和谐，公民的基本权利才能够得到根本性保障。要实现法的和谐价值，其首要前提是承认不同的社会主体有着不同的利益诉求，环保监管法治的完善应当围绕各方利益的满足和调和来展开。

近年来，规范环保监管的立法在数量上呈现出前所未有的繁荣，据统计，全国正式施行的近 300 部法律中，有将近 30 部是规范环境问题的法律，占法律总数的 1/10。但问题在于，环保监管法律数量的提升并未转化为环保监管效果的改善，很多地方仍然面临着较大的环境压力，部分地区甚至呈现出环境恶化的趋势。最为重要的原因是定向思维限制了政府、企业和个人的行为。具体而言，企业作为主要的环境问题制造者，其一直受到管理公共事务的政府的直接规制，环境保护“最好”或者“唯一”的方法便是赋予政府尽可能多的处罚权力来限制企业的环境污染或生态破坏行为。有学者将这一现象称为“企业原罪倾向”。也就是说，从传统的环境治理角度来看，企业是环境保护的天然大敌，环境污染和生态破坏都源自企业对不道德高额利润的追求，环保监管的唯一对象是企业的行为，而实现这一目的的手段便是赋予政府尽可能多的行政权力。“企业原罪倾向”在我国环境立法和环境执法中都有所体现。例如，我国的环境立法与环保监管模式都以规制企业行为为核心；在环境执法过程中，重视对企业的惩罚，而忽视对企业的环境治理贡献；在环境法治宣传中，企业总是作为负有原罪的主体而出现。①

这一思维定式带来如下问题：其一，基于社会形成的“企业原罪倾向”观念，会加重企业对社会、对公权力的仇视情绪，加深企业将环境视为共用物的观念，为了实现规制对自身影响的最小化，企业通常会通过规制俘获的方式减小环保监管的强度。其二，政府成为环保监管的唯一力量，企业没有治污动力，只有被迫遵守的动力，而公众个人的环境责任也被弱化，同时由于政府对经济创造过程的过度干预，可能出现干预企业经济自由的问题。其三，对企业的过度规制将违背宪法中关于财产权、发展权的保护宗旨。从环境问题的原因行为来看，消费尤其是奢侈性消费才是

① 陈贻健：《生态马克思主义的异化消费观与环境法的反思》，《行政与法》2009 年第 12 期。

环境问题产生的逻辑起点。消费需求是企业生产的根本动力，也是环境问题产生的根本原因，将环境责任仅归咎于企业，明显夸大了企业的责任而缩小了消费者个人的责任。申言之，“企业原罪倾向”会异化环境治理的方向。由于环境问题产生的复杂性和系统性，仅靠规制企业并不能产生良好的社会实效，“企业原罪倾向”夸大企业责任的同时，弱化了公民个人的环境责任，而这正是环保监管模式创新需要纠正的问题。

（二）环保监管法制的生态效率

效率亦是法律所追求的核心价值之一。生态效率作为衡量经济发展的环境效用，逐渐从生态经济学领域向环境法学领域拓展。[①] 生态效率的计算方式是用社会生产总量除以资源和环境消耗量，实际上表现的是地区经济发展对环境影响的水平。[②] 具体而言，生态效率包含两层含义，即在生态保护投入合理的前提下保障经济的可持续，以及经济的进一步发展对环境的影响逐渐降低。

从生态效率的角度来看，环保监管模式的构建与创新，其本质并非是限制经济发展，而是在生态环境得到保护的前提下实现经济和社会的可持续发展。依靠资源优势发展经济具有成本低、收效快的优势，然而这一不可持续发展方式却容易带来诸多副作用。为了实现经济效益与环境效益的双赢，就必须将生态效率的实现作为环保监管的价值追求。就现实来看，我国当前的环保监管模式建构都基于经济效率的最大限度实现，忽视了生态效率的实现。

传统的经济分析认为，当收益大于成本时行动才具有效用。行政资源极为有限，如果将个人行为纳入环保监管范围之内，则立法、执法和司法都将增加环保监管成本，即使对个人行为的环保监管能够产生一定的收益，但在传统忽视生态效率的人眼中，这些收益也是无足轻重的。这种思维容易产生如下两方面的问题：其一，这一经济分析是在环境无价的基础上形成的，导致结论的失真；其二，在环境道德成为人类主流道德的背景下，将经济效益的提升作为人类唯一的价值追求，无疑贬低了人的意义，构成对人自身的降格。

不可否认，我国仍然处于社会主义发展的初级阶段，经济水平较发达

---

① 陶伦康、鄢本凤：《节能减排立法的价值诉求》，《前沿》2009 年第 7 期。

② 诸大建、朱远：《生态效率与循环经济》，《复旦学报》（社会科学版）2005 年第 2 期。

国家仍有较大差距，物质需求的满足也仍然是政府行政的核心。然而即使在这样的背景下，生态效率的追求也已经成为迫在眉睫的必行之事。毕竟环保监管模式的建构与立法相似，不仅要反映现实需求，也需具有一定的前瞻性，对生态效率的追求是将来社会的核心议题，在当前的环保监管模式建构中，应当对这种需求予以未雨绸缪的重视。①

（三）环保监管法制的社会本位

强化对公民个人的环保监管符合以社会为本位的立法理念。社会为本位的立法理念是指法律的制定以满足社会整体利益为原则。在这种立法模式下，立法的目的是实现公共利益的最大化，其假定社会成员彼此关联、互相影响，而法律可以作为调和剂，减少各方的对立，增强各方的关联。环保监管作为解决环境保护与经济发展矛盾的产物，其核心价值便是维护社会整体的秩序、效率、公平和正义，弱化个人与个人之见存在的对立关系，而强化在寻求统一目标之间的可能性与方式。

生态系统的整体性特征使生态危机具有极强的关联性，无论是穷人、富人，还是内陆、沿海，所有的人都会受到环境问题的影响。丁仲礼院士曾指出：“地球并不需要人类拯救，因为地球的承受能力是极强的，无论是温度的骤增还是骤降，或者二氧化硫等污染物的含量有多高，地球都曾经历。相反，忍受不了这些变化的是人类，我们拯救的不是地球，而是我们自己。”人类只有自觉地联合为整体，通过作为整体的力量去因应环境问题。贯彻社会本位或者整体优先原则，便要求法律的制度设计以围绕整体的利益实现为准则，法律的制定以对整体利益的保护以及对个人利益的限制为方法。需要注意的是，整体优先或者社会本位的立法观念并不是要抑制私益，因为对私益的保护无疑是社会持续发展的不竭动力，我们所要限制的是那些损害公共利益而实现的私益。② 徐祥民教授便指出，环境权是一项“自得权”，即在追求物质利益的过程中，对公民个人行为设定边界，让所有人都承担保护环境的义务。在开发、利用自然资源的过程中，考量环境的承载能力，从而才能彻底解决环境问题，消除人类对环境造成

---

① 徐本鑫：《中国环保监管措施的价值偏失与因应策略》，《创新》2013 年第 2 期。

② 徐祥民、张红杰：《生态文明时代的法理》，《南京大学法律评论》2010 年春季卷。

的压力。[①]

从法理来看，公民个人行为无疑是一种具有自由属性的生活习惯问题。然而，个人的存在以社会为基础，个人的行为将会在群体中产生“蝴蝶效应”，此时个人的行为便具有了社会性。以财产权为例，个人如何消费本是民法所赋予自然人的“私权”，但是资源是有限的，个人行为会造成社会影响，个人行为具有社会性。[②] 虽然公民的个人消费行为以自主、自愿为特征，但由于消费行为会产生一定的社会影响，且公民个人又依赖于社会而生存，因此个人行为便具有了社会责任。[③] 从这一角度看，个人的行为应当遵循一定的社会准则，个人自由应当根据社会整体利益而适当地克制或让步。在德国魏玛宪法中便规定，所有权具有社会性，个人权利的行使不得影响社会整体利益。[④] 在现代社会，虽然理论上法的最高价值是人的自由，但当出现整体性危机时个人的自由将受到整体利益的左右，因为当社会的整体利益受到威胁，个人自由、价值都将没有任何利益，因此规范社会行为的法律，理应体现对社会整体利益的反映，要求国家承担整体利益维护职责的同时，规定公民个人行为的环境责任。[⑤]

（四）环保监管法制的公平价值

我国现行的环保监管模式主张强化环保监管机关的义务和责任，而弱化其他主体的监管权利与义务，这一倾向并不违背法治政府的建设目标。然而问题在于，环保监管立法忽视对公民个人行为的环保监管，其既无法达到环保监管目标的实质改善，也构成对法律公平价值的违背。

其一，在强调由政府和公众规制企业的环境行为同时，应当意识到政府和公民个人行为都对环境问题的产生负有责任，而设计政府和公民个人行为的环保监管责任则是体现法律公平价值的重要方面。公平合理的环境法治，不仅要求对公民的环境权益予以保障，而且对公民个人行为产生不良环境影响的，也应纳入环保监管的范围。

---

① 徐祥民：《极限与分配——再论环境法的本位》，《中国人口·资源与环境》2003 年第 4 期。

② 黄锡生、峥嵘：《论资源的社会性理念及其立法实现》，《法学评论》2011 年第 3 期。

③ 黄曦、周利刚：《消费的自由与社会责任》，《求索》2009 年第 9 期。

④ ［美］罗纳德·德沃金：《认真对待权利》，信春鹰、吴玉章译，中国大百科全书出版社 1998 年版，第 177—202 页。

⑤ 秦鹏：《消费者环境义务的法律确立》，《法学论坛》2010 年第 1 期。

其二，立法调整公民个人的环境行为，将更大程度地实现社会公平，提升环境治理成效。无论是贫穷者还是富足者，他们都在生活中以不同的方式影响着生态环境。由于社会主体之间贫富不均，为了防止“富人搭穷人的便车”或者“对穷人自然权利的剥夺”，在设计个人行为的环保监管模式时，应当坚持“共同但有区别的责任原则”来推动环境问题的解决，也促进社会公平的实现。

从上文的分析中可以看出，对公民个人行为进行环保监管具有坚实的法理支撑，而个人行为的环保监管也为当前的环保监管模式创新提供了视角和突破口。需要注意的是，公民个人行为的环保监管并非对传统企业行为和政府行为环保监管模式的否定，而是要求进一步科学配置社会主体的权利义务，实现更为客观、理性的环境正义。罗斯科·庞德便在著作中指出，正义意味着一种制度，在这种制度中，将以最少的阻碍和浪费换得尽可能多的人类整体利益的满足。①

四 公民个人消费行为环保监管制度设计

在社会运行过程中公民个人是重要的生产者，其行为主要表现为对资源的利用；公民个人也是重要的消费者，其消费行为也深深影响着我国生态文明建设的进程。然而从根本上说，公民个人的生产行为，实际上也可以视为对环境资源的消费行为。因此，规制个人行为的核心，实际上就是规制个人的消费行为。根据消费行为学的观点，消费者的消费行为主要分为购买、使用、处置三个环节，为此本书拟从这三个方面进行个人行为的环保监管制度设计。

（一）通过对购买消费品的监管，培育生态消费的观念

根据传统的物权观念，如何使用财产完全是私人化的自主之事。正是消费观念在指导人们行为上的决定性，使个人行为环保监管的制度设计应当尽可能从源头上进行规制，即从影响个人消费观念的角度来实现对个人行为的规制。

为了遏制奢侈性的异化消费引导绿色消费，西方国家一般通过确立环境税费制度来实现。例如在20世纪末，欧盟成员方为了减少燃油消耗所

---

① ［美］罗斯科·庞德：《通过法律的社会控制》，沈宗灵译，商务印书馆2008年版，第32—33页。

造成的空气污染，将燃油税的最低标准进行了大幅提升。[①] 通过这一手段，欧洲的小排量汽车销售量得到大幅提升，不仅缓解了欧盟能源稀缺问题，也对改善大气质量、转变公民消费观念起到积极作用。再如，美国颁布的《废弃物处理预收费法》规定，商品保障的处理费用由消费者承担，这就使消费者在选购商品时更加注重处置费较低、回收利用率较高的商品，不仅减少了资源的浪费，也提升了公众健康消费的习惯。[②]

税收制度还能够抑制异化消费。如法国、意大利等国通过立法对高档奢侈品及夜总会、高尔夫等奢侈消费行为征收高额税收，从而抑制富人阶层的消费欲望。美国也较为重视通过税收制度来调节和促进绿色消费行为。1990年美国政府对会引起臭氧层破坏的含氟利昂的商品征收消费税，从而对该种化学品的生产和消费起到了约束作用。与欧盟相似，美国也积极采用征收燃油税的方式保护环境，与此同时，美国政府鼓励消费者使用新能源汽车，并通过税收减免和财政补贴的方式帮助消费者降低使用成本，对空气质量的改善具有促进作用。[③] 此外，美国将燃油税的税款专款专用于治理环境污染，从而实现取之于民、用之于民的收税目的。总的来说，税收制度不仅能够提高人们的环保意识，而且能够通过经济利益的掺入调节消费者的行为，从而保障社会整体利益，是一种共赢的制度设计。[④]

我国于1993年颁布《消费税暂行条例》，并于2008年进行修订，该条例一定程度上体现了对公民个人消费行为的引导和对绿色消费的保障。为了更好地发挥税收制度在调节消费行为中的作用，我国对消费税的税目、税率进行了一些调整。例如：将游艇、高档手表等纳入奢侈税税目；为了保护森林资源，防止木材的过度浪费，对木制筷子、地板开征消费税；同时，为了调节消费解构，约束能源消耗，扩大了对石油制品的征税力度。此外，该次消费税修改还对汽车税率根据排放量的大小进行了相应调整，大排量的汽车税率进一步提高，而对混合动力、清洁能源汽车等符

---

① 胡元聪：《论消费领域外部性的经济法解决——基于公民环境权法制保障》，《现代经济探讨》2009年第9期。

② 姚雨：《国外相关绿色包装的法律调控》，《中国包装报》2003年12月2日。

③ 胡元聪：《论消费领域外部性的经济法解决——基于公民环境权法制保障》，《现代经济探讨》2009年第9期。

④ 秦鹏：《生态消费的法律保障：应然抉择与实然存在的研究》，《河北法学》2007年第11期。

合环保、节能特点的汽车进行税收优惠。此次消费税调整主要突出两个重点：其一，促进资源的节约和生态环境的保护，从而推进生态文明建设；其二，通过利益机制引导绿色消费模式的形成。[①] 但是此次消费税的调整也留有遗憾，例如占地面积过大的豪宅并未列入消费税税目，资源浪费严重的高档家具、豪华电器等也未列入其中。这就使得消费税的调整机制留有缺口，无法体现抑制异化消费的原则。[②]

我国人口基数大，人均资源占有量低，生态环境逐步恶化，这样的国情决定我们应当加大对资源不节约、环境不友好的商品和服务进行征税的力度和范围。同时，税收制度的设计应当遵循“不同情况不同对待的原则”，确保税目的确定和税率的提高不会对普通民众的生活水平带来不利影响，也就是说，消费税的设计需要在引导消费和保障民生之间找到平衡点，不得以保护环境为挡箭牌，侵害公民的合法的生存权利。具体而言，对于奢侈品消费项目，法律可以规定征收较普通商品更为高昂的税收，而民生用品则能不征的不征，能少征的尽量少征，从而体现“实质正义”。

综上，我国需要在借鉴发达国家经验和吸取其教训的基础上，进一步制定和完善相关法律法规，将公民个人的消费行为纳入环保监管体系，并通过对价格法、税法的细化和更新，辅之以环境标志制度、环境教育制度，来鼓励绿色消费，限制异化消费。

（二）通过对使用消费品的监管，促进资源的节约利用

公民个人的购买行为能够引导企业生产，而公民的使用和消费行为也蕴含着环境保护的功能。公民在消费过程中应当遵循节约原则，“节约”一词是“节省”和“集约”的概括统一，“节省”是相对于浪费而言的，“集约”则要求在生产和消费的过程中，用尽可能少的资源获得相同的财富，最大限度地回收利用废弃物。[③]

具体而言，公民个人消费过程中的节约可以分为两类，一类是量上的适度消费，另一类是方式上的循环消费。适度消费是对前文所属的异化消费的矫正，而循环消费则是对“用过即扔”一次性消费观念的纠正和消

① 秦鹏：《生态消费的法律保障：应然抉择与实然存在的研究》，《河北法学》2007 年第 11 期。

② 秦鹏：《生态消费税收制度研究》，《法律科学》2006 年第 6 期。

③ 侯华：《发展循环经济是建设资源节约型环境友好型社会的必然选择》，《工业技术经济》2007 年第 7 期。

解。我国于2008年审议通过《循环经济促进法》，循环消费是循环经济的重要组成部分，循环消费通过对资源的再利用，一方面减少了废弃物的排放，实现了环境保护的目的；另一方面实现了资源节约的目的，对于实现可持续发展，推动生态文明建设具有重要意义。①

节约如同消费，虽是一种偏个人的行为或习惯，但是从社会整体来看节约具有明显的社会性。有学者便明确地指出，消费者在消费活动中的节约行为，不仅仅应当是根据道德感召的偶尔行为，而应当是法律所明确规定的法律义务。② 例如英国政府要求，闲置的房屋不仅影响经济和房地产市场发展，而且构成对社会资源的极大浪费，为此针对闲置房创设了新的税种，即“第二处住房税”。③ 无独有偶，法国也针对超过法定期限未予利用的闲置房征收空置税。④

实际上，我国环境保护与自然资源法律法规都存在正确消费的规定，⑤然而在现实中由于国家对个人行为的监管乏力，导致这些规定形同虚设，尤其是富人阶层的浪费行为已经成为重要的社会问题。⑥ 不可否认，商品使用和消费环节承担的环境义务与私法上的财产权存在一定的冲突，即环境义务的规定限制了私权的行使，似乎有违“私权神圣原则”。其实不然，古罗马确立的民法三大原则是私权神圣、意思自由和过错责任，但随着社会的发展这三个原则都已有了新的内涵，私权神圣已被权利不得滥用所取代，意思自由则为公序良俗原则所限制，而过错责任则被诸多严格责任所替代，因此环境法作为公法和私法融合的部门法，是可以为了维护社会的公共利益而限制私人权利的行使的。需要注意，私权的限制必须遵循一定的原则，即应当充分考虑和协调消费的社会性与消费的自主性之间的

① 秦鹏：《消费者环境义务的法律确立》，《法学论坛》2010年第1期。

② 同上。

③ 马建国：《英国法律如何规定“空置税”》，《民主与法制时报》2007年1月29日。

④ 刘成璧、张晓蕴：《法国住宅类税收及其对中国的借鉴》，《北京工商大学学报》（社会科学版）2007年第3期。

⑤ 1998年施行的《节约能源法》第7条规定，“任何单位和个人都应当履行节能义务，有权检举浪费能源的行为”。2002年实施的《水法》第8条规定，“国家厉行节约用水……单位和个人有节约用水的义务”；第49条规定，“用水应当计量，并按照批准的用水计划用水。用水实行计量收费和超定额累进加价制度”。

⑥ 樊夫：《涨价要防止“富人搭穷人车”》，《中国检验检疫》2008年第1期。

矛盾和冲突。

（三）通过对处置废弃物的监管，实现资源的循环利用

公民个人在日常生活中产生的固体废物一般被定义为生活垃圾。倘若废弃家电中的金属原料能够得到回收利用，那么我们不仅可以更好地保护紧缺的自然资源，还能减少在开采以及运输过程中产生新的污染，而且更为关键的是回收的金属与新冶炼的金属在性能上并无本质区别。[①] 为了促进废弃物的回收利用以及加大对废弃物处理的监管，许多发达国家都对生活垃圾的分类投放和回收进行了严格的法律规定。例如，日本于 2000 年前后颁布了严格的垃圾减量和回收法律，规定以个人或家庭为单位对垃圾进行分类处理。[②] 发展至今，日本的垃圾分类与回收已经形成了良好的社会秩序和文化，在减少固体废物的同时也为日本的环境保护贡献了力量。垃圾分类是资源回收的前置环节，也是资源回收的关键，我国政府正致力于效仿国外的垃圾分类及回收经验，治理我国越发严重的生活垃圾问题。

由于垃圾分类回收和收集需要投入一定的成本，完全靠民众自觉意识尚不现实，因此许多国家都通过法律规定公众承担垃圾分类的义务，并采取收费、罚款或奖励的措施对消费者合理处置垃圾进行刺激和引导。它们在垃圾处理方面形成一套强化政府收集责任，明确民众的分类义务，并通过垃圾按量收费的方式实现垃圾的减量化和资源化作法，值得我国借鉴。例如，瑞典的大部分超市都设有易拉罐、玻璃瓶的自动回收机，消费者只要将指定的废弃物投入其中，自动回收机就会根据数量和类别吐出收据，消费者凭收据可以到超市领取一小笔钱。[③] 在美国，倘若有住户未严格遵守垃圾分类的法律义务，则环卫部门根据具体情节处以 25—500 美元的罚款。[④] 在德国，消费者购买塑料制品或易拉罐制品时，需要缴纳容器的押金，在退还空罐时可以领回押金。[⑤] 通过这样的经济制裁或激励手段，消费者基于“理性”考虑，一般会遵从法律所倡导的行为规范。

然而，我国废弃物回收的法律规范不健全，导致回收市场秩序混乱。

---

① 王怀栋、查实、陈群：《我国电子废弃物回收体系建设的思路与保障措施》，《再生资源与循环经济》2010 年第 3 期。

② 《聚焦外国垃圾处理》，http：//shehui. ditan360. com/gj/23959. html。

③ 《国外垃圾如何分类》，《开封日报》2010 年 7 月 9 日。

④ 《聚焦外国垃圾处理》，http：//shehui. ditan360. com/gj/23959. html。

⑤ 刘志捷：《德国如何分类回收垃圾》，《中国经济周刊》2005 年第 35 期。

当前，我国废弃物回收市场绝大部分被个体商贩占据，而废弃物的回收一般依靠非法的生产作坊，这些无照经营的商贩私自拆解废弃物，不仅浪费了资源、破坏了环境，还留下了诸多安全隐患。2008 年施行的《电子废物污染环境防治管理办法》规定，禁止个人从事拆解、利用和处置电子废物的活动。然而法律的完善并不能立即转化为现实，包括电子废弃物在内的废弃物回收利用还需相关行政部门的严格监管。

总的来说，通过环保监管法制建设来强制施行垃圾分类回收和利用是我国环保监管模式创新的必然选择。我们应当制定严格的垃圾回收利用制度，通过环境教育向公民个人宣传垃圾分类的做法和意义，促成公民养成垃圾分类的良好习惯。此外，应当落实“原因者负担原则”，规定城市卫生行政管理部门根据垃圾的种类和数量分别征收垃圾处理费用，从而为垃圾的资源化处理筹措资金，也从侧面激励公民减少垃圾的排放。

（四）加强环境教育

环境保护的根本出路是社会树立“人人为我、我为人人”的环保观念，而这一环境观念的实现，离不开环境教育的开展。在发达国家，环境科学知识与环境保护教育已经成为调动公众积极参与环境保护、发挥公众力量保护环境的重要举措。那么，我国的环境教育处于怎样的状态，又面临怎样的教育问题，如何因应？在本部分的最后拟就这些问题进行讨论。

1. 环境教育立法的意义解读

自 1972 年起，每隔十年会召开一次全球性的人类环境会议。1992 年人类环境会议在巴西召开，此次会议取得了历史性的成就，尤其是《21 世纪议程》等五个国际文件的签署，为全球环境共治奠定了基础。尤其需要强调的是，《21 世纪议程》除了倡导开展可持续发展战略外，还提出环境教育对于环境保护和可持续发展战略实施的重要作用。① 特别是在我国，由于长期的粗放型经济增长，以及教育体制本身存在的不健全，导致从执政官员到普通百姓，环境教育知识都极度缺乏，并已成为我国实现可持续发展、推动生态文明建设不可忽视的制约因素。

提升国民的环境教育，增强环境科学研究和应用能力，无疑对于解决环境问题有着重要意义。因此，国民的环境教育也就成为环保监管模式创新的重要手段。环境教育的作用在于，一方面能够使环境保护、生态正义

① 姜明、蔡守秋：《论可持续发展视野下的环境教育立法》，《中州学刊》2009 年第 4 期。

的观念深入人心，促使民众不继续恶化环境问题；另一方面环境教育知识的普及可以增强社会公众因应环境问题的能力，对于已经出现的环境问题，社会公众将通过环境教育中获得的知识对其进行科学化、专业化的治理。①

科教兴国是我国的基本国策之一，而依法治国是我国治国理政的基本原则，为此环境教育若想实现规范化、制度化发展，便离不开国家法律对环境教育进行支撑。通过法律保障环境教育，可以在物质保障、社会导向等方面推动环境教育的落实。然而就目前来看，我国的环境教育仍然处于可有可无的阶段，社会也缺乏专业的环节教育人才，更未形成制度化的环境教育考核标准体系。环境教育的缺位既会使我国国民环保意识提升受阻，也会使当前政府与社会所期望建立的生态文明成为空中楼阁。② 为此，国家应当尽快出台规范环境教育的专门法律，并明确政府以及学校在环境教育中的作用，实现环境教育的制度化。

2. 我国环境教育立法的现状分析

虽然国家并未出台专门的环境教育法律，但是地方政府却做出了诸多尝试。例如，宁夏 2011 年颁布《宁夏回族自治区环境教育条例》，天津 2012 年颁布《天津市环境教育条例》，南京市 2015 年颁布《南京市环境教育促进办法》，厦门市 2016 年出台《厦门市环境教育规定》。自党的十八大提出建设生态文明以来，环境教育有了新的指导思想，生态文明建设也为环境教育提出了更高的制度要求。检视各地方出台的条例或办法可以发现，我国的环境教育制度仍然存在诸多问题。

（1）我国现有的环境教育法律法规系统化不强。我国缺乏统摄环境教育的立法，然而提及环境教育的环保法律却众多，据统计，法律法规层面直接对环境教育进行规定的有 10 种，然而这些法律法规的对于环境教育的规定往往只是一笔带过，缺乏系统性。例如，2014 年修订的《环境保护法》第 9 条对环境教育进行了总括性的规定，其要求地方政府负责环保宣传和普及工作，并鼓励社会组织或者环保志愿者开展环境教育；同时提出新闻媒体有义务对环保法律法规进行宣传，教育行政部门则应当将环

① 姜明、蔡守秋：《论可持续发展视野下的环境教育立法》，《中州学刊》2009 年第 4 期。

② 熊缨、苏志刚：《对于我国环境教育立法的思考》，《环境保护与循环经济》2010 年第 8 期。

境教育纳入教学内容。这样的总括性规定并不能指导复杂、多变的现实生活。

（2）我国环境教育管理体制不完善。根据国家及各省市出台的关于环境教育的立法可知，我国负责环境教育的部门主要有两个，即教育行政部门与环保监管主管部门。这一分配比较容易理解，因为前者是环境教育中“教育”的主管部门，而后者则是环境教育中“环境”的主管部门。具体而言，根据法律法规的安排，学校的环境教育由教育行政主管部门进行管理，社会环境教育则由环保监管主管部门进行统筹管理。[①]《全国环境宣传教育行动纲要（2016—2020）》指出，当前，我国的环境教育面临着诸多挑战，例如新媒体的迅猛发展，使环境信息的传播方式日益复杂化，先前通过政府单向度的环保知识普及教育在新媒体主导的社交网络下，已经作用有限，需要通过新的手段对社会环境教育进行深化。同时，作为环境教育主管部门的教育与环保两个部门也存在权限划分不明确、职责不清晰的问题，而两者的沟通协调机制却迟迟未建立，导致环境教育管理体制混乱，亟待完善。

（3）规范不具体，可操作性不强。通过对各省市出台的环境教育立法进行文本分析发现，现行法律对于环境教育的规定不够具体，可操作性不强，或者欠缺时效性。例如，《全国环境宣传教育行动纲要》要求，学校的环境教育经费纳入国民经济和社会发展规划，由财政统一拨付。社会环境教育经费由各级环保部门从排污费中划出部分资金，同时通过环境保护工程项目中的资金进行社会环境保护的宣传教育。然而，这些规定既无具体数额的要求，也无支付比例的说明，尤其是在《环境保护税法》出台后，排污费的征收已经成为历史，这一部分资金空缺如何处理，上位法并未给出明确回复，给实践中的环境教育经费落实留下巨大的可操作空间。

（4）法律责任缺失。环境教育的相关规定并未设置详细的法律责任条款，在没有法律责任威慑下，环境教育的实施效果可能会大打折扣，使环境教育规范缺乏硬性约束和强制力。从实践中亦可看出，中小学教育本是最为重要的环境教育阶段，然而由于缺乏具体的责任条款设计，中小学教育仍然以升学为本位，环境课程的设置也多是应景之作，适逢上级检查

① 胡红玲：《完善中国环境教育立法的思考》，硕士学位论文，湖南师范大学，2008 年。

时，通过弄虚作假或者汇报中简单地叙述任务安排就草草了事。本书认为，这些问题产生的原因，都根源于环境教育责任的缺失，导致最终的制度流于形式，缺乏威慑力。

3. 完善我国环境教育立法的几点构想

本书认为，为了系统解决环境教育存在的问题，应当以宪法为统摄，以《中华人民共和国教育法》为指导，以《环境保护法》为依据，制定一部规制环境教育的、可操作性强的、责任明晰的《环境宣传教育法》，为我国的环境教育提供法律指导。

（1）学校环境教育的完善。首先，加强幼儿环节教育。教育一般分为两个阶段，即共识性教育阶段和差别性教育阶段，这一划分最为明显的就是高考之前的统一教育，与高考之后的差别教育。在共识教育之中，又可以分为幼儿教育和中小学教育。环境教育与其他知识型教育一样，应当奉行终身教育政策，即在幼儿教育阶段开展环境教育。这是因为，启蒙幼儿的环境意识具有“固本”之用，在幼儿阶段进行的环境情感培养和环境意识形塑，能够在幼儿成长过程中逐渐内化，使环境保护成为其自觉行为。其次，强化中小学环境教育。教育部于2003年颁布的《中小学环境教育专题教育大纲》要求，各地区教育行政部门应当开展中小学“绿色学校”的创建工作，制定“绿色学校”的评定标准与实施办法，并逐渐加大对中小学的环境教育投入。为了在各中小学开展切实可行的环境教育，文件要求各中小学引进适当比例的环境科学人才，以保证环境教育质量。最后，抓好高校环境教育。大学是培养人才的主战场，高校环境教育的好坏直接影响可持续发展与生态文明建设战略的成败。高校的环境教育应当围绕环境资源保护的意义、现状及其生活中的保护方式为主。① 环境教学的形式应当多样化，而不局限于传统的课堂讲授。例如，可以通过课外学习和社会实践的方式，组织高校学生到污染严重的地区参观，或者到环境绩效较好的企业学习，从而培养或增强大学生的环境意识。

（2）社会环境教育的完善。根据职责划分，社会环境教育的职责归属于环境保护主管部门。具体而言，社会环境教育一般又分为大众环境教育和在职环境教育。大众环境教育是指公民个人，无论是工人、农民，还

① 段永蕙：《对高校开展环境教育的思考》，《山西财经大学学报》（高等教育版）2002年第3期。

是知识分子等社会各阶层人士，都应当将环境教育作为终身教育的组成部分，在社会中不断学习环境保护相关知识。也就是说，大众环境教育的教学平台不再是课堂，而是以社会为教学平台，教育方式既可以是电视上的环境保护知识传播，也可以聘请环境保护专家进行讲座，甚至是通过环保宣传单进行环境知识的普及。相比之下，在职环境教育比大众环境教育规范和专业很多。在职环境教育一般被视为学校环境教育的延伸，其教育对象多是环保系统或相关职能部门的工作人员或者部门领导，因为这部分人群的环境意识高低将直接影响环保监管的成效，因此，加强对这部分人的环境教育能够使其在环境执法过程中更加负责、规范。环境教育立法应当围绕学校教育、社会教育建立一套规则体系，不仅重视对在校生的知识传授，也重视对普通民众以及政府相关工作人员的知识增补。

（3）环境教育主管部门的权利与职责划分。美国环保署下设环境教育处（Office of Environment Education），旨在推行全联邦的环境教育工作。其主要职责包括：沟通联邦相关行政部门制订环境教育发展计划，并监督各联邦对环境教育计划的执行情况。[①] 前文已述，我国的环境教育在学校教育阶段由教育行政主管部门负责，在社会教育阶段由环境保护主管部门负责，也就是说同一事项由两个不同的主体进行规制。根据我国环境教育匮乏、环境意识薄弱的问题，本书认为，应当在环境保护主管部门设立专门的环境教育机构，负责制定环境教育中长期发展规划，协调教育行政主管部门开展的学校环境教育与环保部门开展的社会环境教育，并制定环境教育发展规划考评机制，从而推动环境教育的规模化和规范化。

（4）环境教育的资金和师资保障。资金保障方面，应当形成以财政拨款为主、多种筹资途径并存的资金保障制度，以满足环境教育的理论研究和方法推广。《全国环境宣传教育行动纲要》指出，环境教育的资金主要来自中央和地方的财政拨款，各级环保部门从排污费中提取部分资金予以支持；同时，建立国家和省、市环境宣传教育基金，并拓展市场化的资金筹集渠道，例如社会捐助、慈善捐款等。从该纲要可以看出，环境教育资金主要来自三个方面，即财政拨款、环境教育宣传基金和慈善机构的捐赠。由于环境教育如同环境问题一样，是个世界性的课题，我们应当与

① 魏宁：《生态文明视野下的环境教育立法研究》，硕士学位论文，山东师范大学，2009年。

其他国家通力合作，争取尽量多的国际资金来推动我国的环境教育事业发展。

师资保障方面，一方面要培养专业的环境教育人才，另一方面应当对不同地区进行均衡配置，防止教育资源失衡。环境教育开展的前提是环境教育师资的供给，环境教育属于专业化教育，因此便要求教师具有专业的环境知识。环境教育具有跨学科的特点，例如环境保护涉及环境伦理学和环境哲学的知识，环境认识涉及环境科学，环境意识涉及环境心理学，而环境治理则涉及环境法学教育，因此，应当将诸学科进行有机统合，建立跨学科的环境知识体系，方能真正承担起环境教育的重任。政府应当建立和完善环境教师的评估体系，培养具有深厚环境知识的师资力量。

（5）环境教育的法律责任。环境教育的法律责任主要是指对违反环境教育相关法律法规的行为进行的处罚，其目的是通过责任条款威慑作用推动环境教育的规范运行。实践表明，缺乏法律责任的制度设计是难以获得实践效果的。法律责任预示着行为主体在不履行、怠于履行或者不适当履行法律义务时所应承担的不利后果。[①] 法律责任条款的规定是保障环境教育活动正常开展的必要构成。对于国家机关、社会团体、企事业单位拒不开展环境教育活动的，由有关部门应当责令限期改正，拒不改正的，对直接负责的主管人员和责任人员给予行政处分。对挪用、侵占或克扣环境教育经费的行为，应当根据刑法相关规定承担刑事责任。

① 魏宁：《生态文明视野下的环境教育立法研究》，硕士学位论文，山东师范大学，2009年。

第七章

我国环保监管的模式创新

第一节　环保监管机构设置的完善

一　建立环境保护综合协调决策机构

根据《环境保护法》的安排，我国的环保监管职权由环保部门统一承担，其他部门分工负责。部门协调、分工负责是考虑到我国现实情况的应对之策，但是目前来看现行环保监管机构的设置模式与生态文明建设的要求尚有差距，具有环境保护职权的部门在生态文明建设中的职责定位不明确，任务不清晰，各自为战现象突出，往往从自身角度提出有关环境保护和生态文明建设的指导意见及措施，缺乏统一和协调。另外，面对日趋严峻的区域、流域复合污染，区域、流域环境管理体制还没有理顺，污染防治区域联动机制刚刚起步，区域、流域环境合作缺乏法律依据，致使解决跨区域环境问题困难很大。由此可见，依照旧有模式不可能解决好中国的环境问题，加强部门间的协调合作极为必要。

然而，由于各行政部门都是有着自己的行为逻辑和利益诉求的团体，“促使部门利益服从社会整体利益”的想法并不总是会实现。一方面，环境保护部门能够部分协调解决综合决策问题；另一方面，由于部门间利益冲突，要实现我国的综合决策，还需建立更高级别的综合协调机构。因此，综合决策机构的建立便被提上了环保监管模式创新的议事日程。本书建议，建立生态文明建设的跨部门协调机构，其主要职责是协调国务院各部委的环境保护和生态建设工作，牵头组织生态文明建设部际联席会议。

同时在此基础上进一步发挥环境保护部际联席会议制度的统筹协调作用，不断深化部门协作，持续推进区域、流域联防联控联治机制。根据我国行政体制改革的传统，这样的体制创新一般从顶层开始，而从目前的实际来看，全国人大环资委并不具备这样的权威，全国政协环资委更无此职权。亟待建立的部门应当是一个更具权威性和稳定性，而非部门间的联席会议或办公会议，而是建立一个职权广泛的综合机构，能够协调、纠正部门间的职权重叠与冲突，更有高于各部门的裁决权力以解决环境治理中出现的各种矛盾问题。[①] 这样的综合决策机构有相关决策的参与权，其下设的专家委员会能够独立、客观地不偏不倚提出决策咨询意见，从而使其建议能够代表最大范围的公共利益。

对于具体的制度设计，不同的学者提出了不同的建议。常纪文教授指出，应当考虑成立“国家生态文明建设委员会”和“国家自然资源委员会”，国家生态文明建设委员会主管环境污染防治，而国家自然资源委员会则替代先前分散的渔业部门、矿产资源部门和水资源部门等职权，行使统一的资源监管职权。[②] 其制度设计的优势在于，我国当前已经形成了污染防治与资源管理不同的职责分工，二者的整合具有改革阻力小的优势，其弊端在于，改革依旧算不上彻底。但是我们应该看到，世界各国都不存在完整意义上的大部制环境行政改革，因为环境资源具有系统性，如果希望囊括所有与环境相关的职能来提升环保效能，既不现实，也无可能。就以资源部门为例，我国正处于工业化时期，将资源相关部门撤销或合并，至少在目前来说并不现实，如水资源、国土资源和矿产资源的开发与保护的内在张力极为突出，为防止资源问题成为我国工业化进程的障碍，资源的分工管理仍然具有重要意义。因此，相对较小的职能整合机构更具可行性，2018 年的机构改革其实就反映了这种思路。

目前，建立部门间的综合协调决策机构的地方探索已经展开，例如，贵州省成立“生态文明委员会”对相关的职能部门进行统筹管理，协调经济发展与环境保护的关系，将环境保护纳入国民经济和社会发展规划之中，同时将环境保护与自然资源部门、水利部门、林业部门等部门进行

---

① 铁燕：《中国环保监管体制改革研究》，博士学位论文，武汉大学，2010 年。

② 常纪文：《新常态下我国生态环保监管体制改革的问题与建议——国际借鉴与国内创新》，《中国环保监管》2015 年第 5 期。

统筹。

总之，建立环境保护综合协调决策机构的核心在于处理好具有生态功能的资源部门与环境保护部门、经济发展部门的关系。这是因为诸如水污染、沙尘暴等问题如果仅靠环境保护部门来解决无疑不太现实，从长期来看需要建立相关问题的协调机构，健全环境问题综合决策机制。

二　建立乡镇一级环保监管机构

近年来，我国农村地区社会、经济快速发展，农村建设取得了可喜的成就。但是我们也必须看到，农村环境污染问题日益严重：污染物排放增多，畜禽养殖污染，生活垃圾堆积，农村环境污染呈现点源面源结合的特点。导致农村环境问题加剧的原因是多方面的，主要包括地方政府对农村环境保护管理不当、农民环境意识淡薄、农村环境保护监管体制不健全等。[①] 其中，农村环保监管机构的缺失是环保监管体制不健全的重要表现，但是长期以来我国并未在行政组织上设置乡镇一级的环保监管机构，基层环保机构呈现缺位状态，这经常被形容为“环保链条断在了最后一公里”，成为生态文明建设中亟须补上的一环。

建立乡镇环保监管机构同时也是法律、政策的要求。2014 年《环境保护法》第三章明确提出了农村环境保障和治理的要求。2016 年出台的中央办公厅、国务院印发的《关于省以下环保机构监测监察执法垂直管理制度改革试点工作的指导意见》明确指出，乡镇（街道）要落实环境保护职责，明确承担环境保护责任的机构和人员，确保责有人负、事有人干；有关地方要建立健全农村环境治理体制机制，提高农村环境保护公共服务水平。2017 年中央一号文件《中共中央、国务院关于深入推进农业供给侧结构性改革加快培育农业农村发展新动能的若干意见》提出要建立健全环境保护监管规范，集中治理农业环境突出问题，深入开展农村人居环境治理和美丽宜居乡村建设。所有这些法律、文件都为设立农村环保监管机构奠定了基础，农村环保监管机构建设迎来了良好形势。

鉴于目前尚没有国家层面统一的办法或指导意见出台，各地结合自身实践展开农村环保监管机构建设的实践探索，取得了一定的成绩，总体上来说可以将各地的做法归纳为以下两种模式。

---

① 陈婉馨：《农村环境污染问题及其治理途径研究》，《农业经济》2013 年第 8 期。

第一种模式是由乡镇设立自己的环保监管机构，通常采取的做法是在乡镇政府内部设立环境保护办公室，由专人负责环保工作。在这种模式下监管机构是乡镇政府的内设部门，其党政关系归属乡镇，在具体业务上要接受乡镇政府的管理，在乡镇政府的领导下展开环保监管工作，同时也要接受上级区、县环保局的指导。同时，机构的经费列入乡镇财政预算，人员编制也归属乡镇，对主要领导干部实行双重管理，在任免前需征求区、县环保局的意见。

第二种模式是由县环保局设置派出机构，通常是采取类似公安机关在乡镇设置派出所的形式，在农村设置乡镇环保所，或者将数个乡镇划为片区设置环保分局或中队。在这种模式下具体业务接受县环保局的领导，工作人员的党政关系隶属县环保局，人员编制归属县环保局，工作经费列入县环保局预算，这实质上就是垂直管理模式。

以上两种模式各有利弊。对于乡镇内设环保办公室来说，其优势是工作人员熟悉当地环境状况，能够结合实际采取有针对性的防治方法，从而取得更好的环境问题治理实效。其弊端是人员编制、经费、业务都要受所属乡镇政府管辖，不能独立开展环境污染防治工作，尤其是当乡镇政府成为污染企业的保护伞时，具体执法工作的开展要受到巨大的掣肘。此外，工作人员的工作环境和条件也和乡镇政府的重视程度密切相关。如果所属乡镇政府重视环境保护工作，那么工作人员的办公环境和执法设备就会得到保障。反之，如果乡镇政府不重视环保工作，尤其是将环境保护视为阻碍经济发展的因素时，那么工作人员的工作条件也就必然十分简陋，很难有效地开展具体工作。对于由县环保局设置派出机构的模式来说，其最大、最明显的优势就是不受乡镇政府的制约，可以独立开展环境执法工作，同时工作人员的经费、设备等基本问题也都有所保障。当然，这种模式也存在一些弊端，比如会加大县环保局的经费开支，对于经济不发达地区而言这是一个十分重要的问题。此外，工作人员在开展工作时可能会受到地方政府的阻挠，不能有效开展执法工作。

从实践中来看，以上两种模式在地方上都有广泛应用，具体模式的选择是由地方的财力、人力、物力和实际环境状况决定的。本书认为，对于那些经济发达、环境问题严重的地区，可以采取设置派出机构的方式，以加强环境监管力量解决环境问题；对于那些工业企业少、农业污染小、生态环境良好的地区，可以采取第一种模式，注重对现有环境的保护。最后必须注意的是，环保监管机构的设置只是解决了具体事务由谁负责的问题，并不意味着农村环境问题得到解决。在完善了乡镇环保监管机构的设置之后，我们还应当通过多种方式加强环保监管机构的能力建设，具体包括加强人员培训、完善设施配备、明确职责等，以使农村环境问题真正得到控制和解决，进而服务生态文明建设的需要。

第二节　环保监管职权配置的优化

2008 年中央出台《关于深化行政管理体制改革的意见》，这成为我国行政管理体制改革的指导性文件。该意见要求，优化政府组织结构，规范机构设置，探索大部门体制改革，完善行政运行机制。2011 年《国民经济和社会发展第十二个五年规划》指出："优化政府结构、行政层级、职能责任，推进大部制改革，解决机构重叠、职责交叉政出多门的问题。"2016 年出台的《国民经济和社会发展第十三个五年规划纲要》进一步指出："深化简政放权，提高监管效能。创新监管机制和监管方式，运用市场、信用、法治等手段协同监管，强化社会监管。"前文已述，我国的环境行政机关有责无权，环境行政权力扩张的小气候与中央简政放权的大背景形成悖逆。为了解决环保监管存在的这一问题，2015 年 9 月出台的《生态文明体制改革总体方案》提出，要建立和完善严格监管所有污染物的环保监管制度，将分散在各部门的环境保护职权调整到一个部门，并逐步实现城乡环保职权统一由一个部门行使的监管体制。同时，《生态文明体制改革总体方案》还要求有序整合不同领域、部门和层次的监管力量，建立统一且权威的执法体系，赋予执法机构更多的强制执行权力。最后，《生态文明体制改革总体方案》还要求，完善环境行政执法和环境司法的衔接机制。上述措施为当前环保监管模式改革提供了完善的方向。

本节拟从两个方面论述环保监管体制方面的改革路径：其一，从职权纵向配置的角度，厘清环保监管部门与地方政府的关系，提出环保部门省以下垂直领导的相关制度设计；其二，从职权横向配置的角度，解决地方政府和环境保护主管部门之间，以及主管部门各分管部门之间职权以及行政区域之间环保职责的交叉和重叠问题。

一 环保部门省以下垂直管理制度

党的十八届五中全会指出："实行省以下环保机构监测监察执法垂直管理制度。"2016年，中央印发《关于省以下环保机构监测监察执法垂直管理制度改革试点工作的指导意见》。环保系统垂直管理改革将环境保护主管部门的"人、财、物"控制权由地方政府收归到上级环境保护主管部门，建立和强化了环保系统的上下级垂直管理体系，不仅破除了地方政府对环保工作施加的不良影响，也进一步缓解或解决了我国环保监管模式中长期存在的执法难、阻力大和权责不匹配等弊病。由此可以看出，正在推行的省以下环保机构监测监察执法垂直管理改革的实质，是通过监管体制的调整，重新定义地方政府与下属环保部门，以及地方政府与上级环保部门之间的关系，从而缓解我国当前普遍存在的地方环保监管执法困境。[①] 需要说明的是，当前的省以下环保系统垂直管理仅限于监测监察执法机构，这当然是基于改革的阻力和"摸着石头过河"的试错逻辑决定的。但是，省以下环保系统垂直管理将不限于此，本书认为，更大范围的环保系统垂直管理将在未来施行，为了体现学术研究的前瞻性，本书将重点探讨宏观层面的省以下环保系统垂直管理体制。

（一）环保部门省以下垂直领导的原因及意义

环保部门省以下垂直领导的原因在于：其一，基层环保机关执法阻力大。基于经济发展与人民生活改善的直接关联性，发展经济是当代政治国家除保护人权之外获得政治统治正当性的重要一环。中国作为世界上最大的发展中国家，自改革开放之后，便以"发展才是硬道理"为行动指南。各级政府存在严重的GDP主义倾向，而且越到基层经济发展的责任目标越是明确。然而，我国作为以粗放型增长为主要特征的制造大国，GDP的增长一般都隐含着对资源和环境的消耗性、破坏性使用。在这样的背景下，与国土、工商、税务等职能部门相比，环保部门似乎成了所有政府部门中，唯一与经济发展为敌的部门。然而，当前的环保监管模式受制于地方政府对环保和经济的态度，正如前文所述，地方环保部门在业务上受上级环保部门指导，而在人员编制、财政拨款等方面却受地方政府管理。在

① 李萱、沈晓悦：《我国地方环保垂直管理体制改革的经验与启示——基于地方环保行政体制改革效果的调查》，《环境保护》2011年第21期。

“官帽子”和“钱袋子”均受制于地方政府的情况下，环保部门便不得不受制于地方政府发展经济的冲动，环保部门难以对受政府庇护的污染企业行使其合法的环保监管权力。正是在这一背景之下，环保理论界和实务界纷纷呼吁，环保部门应当施行垂直管理，增强环保监管的有效性。本书认为，分级管理体制在我国极其常见，在地方政府与分管部门的意志相同时，此种管理体制极具效率。但是，在地方政府与分管部门存在某种意志冲突时，分管部门的职责则形同虚设，现行的环保管理体制便是如此。当地方政府有意愿进行环境综合管制时，分管部门便能得到地方政府的人、财、物等政策支持。但是当地方政府的环保意愿被经济发展意愿所超越时，环保分级管理体制便会阻碍中央环保政令执行。正是基于上述原因，质监和药监部门才在2000年前后逐渐开展省以下垂直领导。

其二，破解“政令不出中南海”的尴尬现实。为了激发地方政府的活力和潜能，20世纪80年代中央不断下放权力，使地方政府获得了更多的自主性，这一举措在改革开放初期起到了促进经济高速增长的效果。然而，权力下放的弊端正不断显现。由于地方的自主权越来越大，财政税收越来越多，中央的宏观调控能力不断被削弱，地方保护主义对公共事务的管理带来一系列的消极影响，逐渐形成地方强势中央弱势的尴尬局面。为了破解这一局面，我国于1995年开展了分税制改革，税务部门实现垂直管理，国土、海关、工商等部门也逐渐完成分级管理向垂直管理的过渡。

其三，解决环保领域权责不统一的问题。《环境保护法》第6条明确要求，地方各级人民政府对本行政区域的环境质量负责。然而，这一规定却缺乏细化指导，当辖区内的环境质量出现问题时地方政府如何担责，现行法律法规均未做明确和详细的规定。实践中，当出现重大环境污染事故时，一般会确定一个直接管理的职能部门代表地方政府承担失职责任。在这样的传统下，环保部门作为环保监管的直接责任人，又是地方政府的职能部门，当环境问题出现时，其理所当然成为众矢之的，即环境问题的第一顺位责任人。然而前已述及，地方环保部门在执法过程中常常受到地方政府的意志左右，引起环境污染或破坏事故并非环保部门怠于履行职责，而是其监管权力受到地方政府的影响，此时便产生了监管职权与责任承担的不匹配现象。也就是说，环保部门一方面因职权配置不当而缺乏环保监管的独立话语权，另一方面却要承担本应由政府承担的因重经济轻环保而诱发的环境责任。不难发现，这样的分级管理体制既阻碍中央环保政策的施行，也同时异化了环境责任的承担主体。如何在环保监管模式中摒弃地方政府的不良干预，并根本改善环保监管主管部门权责不一的问题，便成为环保监管模式创新的突破点。环保部门省以下垂直管理无疑是破解这一难题的重要手段，其制度改革成本低、收益大，因此得到了学界和实务界的普遍推崇。

从环保部门省以下垂直领导的原因可以看出，其建立的意义主要在于：垂直管理可以弱化地方政府在人事、财务等事项上对环保部门的影响和控制，进而形成一个相对封闭的环保监管行政管理系统，其一方面便于中央环境政策的执行，纠正当前普遍存在的环保监管“上有政策，下有对策”，以变通手段虚假执行中央政策的不法行为；另一方面能够使环保部门的环保监管职权更具权威性，使环境保护内化为企业的自觉行为。此外，对于西部经济落后地区，环保部门省以下垂直领导有助于提升其环保监管能力，健全地方环境应急、监测和监察能力。①

（二）环保部门省以下垂直领导可能存在的问题

学者研究认为环保部门省以下垂直管理存在三点弊端：首先，环保部门与地方政府关系密切，无论在生活上还是工作上都无法形成真正意义上的独立；其次，环保监管职能分散，垂直管理成本太高，工作难度太大；最后，环保部门垂直管理之后，会因为与地方政府失去合作关系而造成信息不对称，从而使决策的科学性、全面性和合理性面临挑战。②

此外，有学者指出，环保部门省以下垂直管理会架空地方政府的行政管理职权。一方面，由于当前已有食药监、税务等诸多政府部门实行垂直管理，环保部门省以下垂直管理无疑会影响地方政府在社会管理事务上的职能完整性，当地方政府的职权变得不完整甚至残缺时，其管理职能和权威也将受到根本性的不良影响，此时环保部门省以下垂直管理不但无法提升行政效能，反而降低了地方政府的管理效率。另一方面，环保部门采取省以下垂直领导之后，将失去地方政府及其职能部门对环保部门的有效监督，因为上级环保部门难以准确了解地方的实际工作，而了解地方实际的地方政府和相关职能部门却失去了监督和制约权力，这不仅会影响地方环

① 鞠昌华：《环境保护垂直管理的探讨》，《环境保护》2013 年第 8 期。

② 戴维基、何强：《环保监管体制困境的破解对策探讨》，《环境科学与管理》2012 年第 S1 期。

保监管的效果，而且更容易造成环保系统的权力寻租现象。从当前已经开展的环保系统垂直管理试点来看，环保部门的执法效果也未如预期那样得到实质性的改观和增强，分级管理存在的问题变换着形式仍然存在于环保监管系统之内。

（三）环保部门省以下垂直领导的试点

党的十八届五中全会首次提出，实行省以下环保机构监测监察执法垂直管理制度。《国民经济和社会发展第十三个五年规划》进一步强调，实行省以下环保机构监测、监察、执法垂直管理制度，探索建立跨地区环保机构，推行全流域、跨区域联防联控和城乡协同治理模式。垂直管理主要是指地市级环保监测监察机构由省级环保部门垂直管理，人事、财权从地方政府转归上一级职能部门。改革之后，县级环保局不再单设，而是作为地市级环保局的派出机构而存在。

实际上，我国环保部门省以下垂直管理的试点早已开始。2006 年环保部建成华东、华南、西北、西南和东北五个环保部直属的环境保护督察中心，同时还建成上海、广东等六个核与辐射安全监督站。2008 年又成立了华北环境保护督察中心，标志着我国区域环保垂直管理体系的初步建成。地方上，江苏、浙江、广东等省份也在各自的辖区内开展环保部门省以下垂直管理的改革试点。据统计，我国已经有近 200 个基层环保机构完成了垂直管理的改革。在《关于省以下环保机构监测监察执法垂直管理制度改革试点工作的指导意见》印发之前，各省市环保部门省以下垂直管理的改革主要是市级环保部门对县级环保部门的垂直管理改革，具体表现为地市级环保部门通过设立地区环保分局的形式，改造现有的县级环保系统，从而实现垂直监管的目的。在《关于省以下环保机构监测监察执法垂直管理制度改革试点工作的指导意见》印发之后，垂直管理的主体从市县两级拓展到省市县三级，并逐步探索乡镇及农村的环保监管体制建设，而垂直管理的事项则限缩于环境监测和监察，垂直管理的内容则主要表现在人、财、物的直管上。具体而言，人员编制方面，在不突破地方现有机构限额和编制总额的前提下，省级环保部门统筹市县两级的人员编制权限，市县两级环保部门的编制统一由省级编制管理机构会同省级环保部门下发。同时，强化省级环保部门对市县两级环保部门的管理权限。最后，在经费和财务管理方面，省级环保部门根据收支两条线的原则对地方环保部门的经费进行统一监管。

（四）环保部门省以下垂直领导的体制建构

如何构建一个摆脱地方政府干预的、具有执行力和监管效率的环保垂直管理体系呢？总的来说，一靠法治，二靠公开。法治的核心含义有二，一为法律得到普遍的遵守，二为遵守的法律为良法。这一法治思想映射到环保监管领域，则是地方政府及环保监管部门以完善的法律体系作为行为依据，行政部门在思想上敬畏法律，权力臣服于法律，行为遵照法律，此时，中央与地方、政府及其职能部门方能保持一种均衡态势，也才能从根本上解决政府权力滥用的问题。同时，还需完善我国的环境信息公开制度，引入和健全环保监管外部监督制度。通过扩大公众参与的广度和深度，一方面加强社会公众对环保监管职权规范运行的监督；另一方面，通过发挥公众与政府及专家理性相对应的“相互竞争的理性”，增强政府环境决策的科学性和民主性。①

环保部门要实行省以下垂直管理体制，意味着省级、市级与县级环保部门行政权限的划分必须更加合理，特别是省级与市级环保部门的职权范围需要清晰，否则省级环保部门就会陷入事无巨细的监管困局，而基层环保部门则陷入被动执法、无事可问的另一种极端。理想的省以下环保部门垂直管理体制，应当是上级环保部门进行宏观调控和处理地方无力处理的微观事项，宏观调控包括省级环保规划、计划的制定与实施监督，区域联防联控、流域综合治理的省际协调，还包括对地方环境标准的起草和制定等市县级环保部门在技术上和能力上无法胜任的事项，如核安全管理等具有高科技背景的监管事项。除此之外，省级环境保护主管部门则应当尽量将职权下放，特别是在环保审批权限方面进行优化，让市县级环保部门发挥自身能动性进行因地制宜的环保监管。②

1. 环保部门省以下垂直管理应当处理好的三对关系

一是环保部门省以下垂直管理与环保部门统一监管的关系。2014 年《环境保护法》明确提出，地方环境保护主管部门对本行政区内的环保工作实行统一监督管理。但是，按照新的制度设计，监测、监察部门由上级

① 刘洋等：《关于我国环境保护垂直管理问题的探讨》，《环境科学与技术》2010 年第 11 期。

② 徐寅杰：《我国政府环境保护部门垂直管理的探索》，硕士学位论文，北京林业大学，2011 年。

主管，地方环保部门如何在监测监察执法权力上收后更好履行统一监管职责？本书认为，地方环保部门应当将工作重心从微观执法，转向污染治理、市场调节、责任考核等方面，通过更完善的顶层设计、制度完善和督察督办方式，推动环保工作的实质改善。[①]

二是地方经济发展与区域环境保护的关系。可持续发展理念要求经济的发展必须与环境保护相协调。垂直管理无疑会提升地方环保部门的行政效能，严格的环保政策会抵制污染项目的进驻，在短期内会对地区的经济发展构成不利影响，如何协调好环保目标与经济发展目标的关系成为制度设计者必须考虑的现实问题。毋庸置疑，应当从有利于整个社会的角度处理地方经济发展与区域环境保护的关系，通过完善政府政绩考核机制，实现绿色发展、集约发展，方能获得更大的社会实效。

三是地方行政部门属地管理与环保部门垂直领导的关系。环境问题在本质上来看，是经济社会发展的派生问题，其治理亦离不开地方政府的综合协调。同时，环保监管还离不开自然资源、水利、农业、发改等多个部门的协作。在环保部门省以下垂直管理之后，2014 年《环境保护法》确立的地方政府环境治理属地责任如何落实，地方环境污染防治的经费又如何分担，环保部门如何与其他部门协作形成合力，这些都需要新的制度予以明确。[②] 就环保部门而言，需要主动处理好其与地方政府和其他监管部门之间的关系，具体可以通过建立沟通协调机制实现合作与共赢，以加强地方环保部门的综合统筹能力，明确各方的职责分工，健全环境保护合作制度，确保环保相关监管职能的落实。

2. 环保部门省以下垂直管理的制度建构

环保部门省以下垂直管理的核心是要协调和处理好上述三对关系，而如何在现行体制、机制下，构建省以下垂直管理的博弈规则，成为当下最为紧要的任务。本书认为，环保部门省以下垂直管理的改革需要涉及以下问题。

第一，环保监管部门应以对行政区域环境保护实施统一监管为职责。该职责既来自《环境保护法》的明确规定，又由环境保护的系统性所决

① 方灿芳：《对“属地管理”与“垂直管理”环保监管改革的探讨》，《环境保护》2016 年第 1 期。

② 同上。

定。不能将环保监管简单地理解为环境行政处罚，环保监管涵盖了“统一监管”过程中诸多具体行政工作，例如对建设项目的“三同时”落实情况的监督，对环境污染纠纷的行政调解，对突发环境事件的应急处理，等等。这说明环保部门“统一监管”需要“统一监督”和“统一管理”相辅相成才能实现，两者的有机统合是实现环境管制向环境多元共治转变的关键。

第二，妥善处理不同区域执法人员的级别与工资的不均衡问题。实践中，不同省市、地区之间因为经济、财政状况差异甚大，居民生活水平不一，执法队伍参差不齐，导致执法人员工资水平有较大差异。省级环保部门承担下属环保部门人员、工资的统筹安排权力之后，应当进行适当均衡配置，以实现地区之间的实质公平。

第三，合理配置不同层级的环保监管部门职责与事权。先前的制度是以级别管辖与属地管辖相结合，并以属地管辖为主的监管体制。改革之后的监管体制应当是地方协调配合，上级统筹安排，规避多头执法、重复执法现象，并根据地区实际，因地制宜，设置区域、流域综合监管机构解决跨行政区域的执法难题。

第四，规范机构建制，树立机构权威。完善的环保监管体制应当程序规范、执法尺度统一，并严格规范环境行政的自由裁量权。因此，应当对现行的环境保护法律、法规进行全面梳理，对重复、矛盾的条款进行清理，制定省级统一的行政处罚标准，保证环保监管的统一、权威和高效。

第五，以环保督察制度为突破提升环保部门垂直管理效能。环保督察的重点是监督政府及相关部门的行为，即以2014年《环境保护法》确定的各级人民政府及其相关部门为对象，以环境保护目标责任制和环境问责制为载体，以督察、挂牌监督、执法督察为方式，监督义务主体是否依法履行环保职能、实现改善环境质量的目标责任，对于不作为、乱作为造成生态环境损害的渎职行为进行问责。实际上，环境督察名为督政，实为督企。[①] 即通过规范环保监管职权的形式，形成企业合法排污的外在激励。

二 环保监管职能横向配置

环保监管职能的横向配置，在这里主要是指环保监管主管部门与其他

---

① 王树义、郑则文：《论绿色发展理念下环境执法垂直管理体制的改革与构建》，《环境保护》2015年第23期。

分管部门之间的权力分配问题。曾有学者指出，中国环境保护领域存在一种奇怪现象：一方面，领导人已意识到环境领域存在严重问题，施行的环境法律和管制令人印象深刻；但另一方面，中国在国家一级产生的大部分治理环境的动力却因分散到多个国家结构层面而消耗殆尽，产生的成效也没有多大的具体影响。① 这其实是反映了过去我国环保监管职权分配的现状，即本应统一、权威的环保监管职权被分解到多个部门、机构之中，导致环保监管职权不能有效行使，难以实现预定的环境保护目标。

我国现行环保监管职权横向分配模式是统管和分管相结合，即地方环保部门对地区环境问题进行统一管理，其他相关部门在环保部门的协调下分别履行职责。这一职权分配模式是由环境问题的复杂性、广泛性、专业性决定的。但由于我国的环保监管体制是从各部门分工管理逐步变为统一监管和分工负责相结合的，而在这种变化过程中只注意对新机构的授权，不注意对原有机构及其相关职能的撤销，导致了环保部门与相关部门之间职能交叉、责任不清，使环境的整体性被条条块块的管理分割，环境保护管理职能分散在许多部门，环保部门缺乏强有力的统一监督管理机制，造成“统管部门统而不统，分管部门分而不管”的局面，环保部门统一监督监管的职权难以落实。② 根据相关法律规定，除了生态环境部门之外，自然资源、农业、水利、交通、铁路、民航等部门均拥有一定的环保监管职权。但是这些部门的法律地位都是平等的，与环保部门并不存在隶属关系，在这种情况下环保部门很难行使所谓的统一监督管理职权，现实情况往往是有利可图的事情争着管，无利可图的事情无人管，环保部门处于尴尬境地，严重阻碍了环境保护目标的实现。

机构改革是优化横向环保监管职权配置最直接的解决方案，通过环保监管职权的重新集中分配，能够相当程度上解决环保监管职能分散分裂的问题。但是，机构改革并不能一劳永逸地解决职权分配问题，而且该方法不宜频繁使用。因此，科学配置和优化环保监管职权的横向分配还应通过完善立法和设置部门间的沟通协调机构等辅助手段来实现。前文已具体讨

---

① 李侃如、李继龙：《中国的政府管理体制及其对环境政策执行的影响》，《经济社会体制比较》2011 年第 2 期。

② 陈书全：《环境行政管理体制研究——以我国环境行政管理体制改革为中心》，博士学位论文，中国海洋大学，2008 年。

论过沟通协调机构的设置问题，这里主要从立法的角度探讨横向职权分配的革新问题。

第一，我国应该形成完善的环境行政部门职权分配立法体系。科学、合理的环境监管职权分配是各个环保机构有效发挥职权的前提条件，也是建设生态文明的基本保障。因此，我们应通过一部基本法律明确各级别环境监管机构的地位、部门组成、管理职能以及各部门间相互协调、配合和监督的程序等，然后在此基础上，再由各部门、地方将自己的职责具体化，最终形成一个系统、协调的环境监管体制立法体系。[①] 此外，我们还应在《大气污染防治法》《水污染防治法》《环境噪声污染防治法》《固体废物污染环境防治法》等环境保护单行立法中对有关部门的环保监管职权进一步具体化，改变过去笼统规定的状况，从而形成一个系统、协调的环境监管职权分配立法体系，为环保监管职权的良好运行奠定基础。

第二，我们应当通过修改现行环保法律明确环境保护行政主管部门和其他分管部门之间的关系。具体来说，应当明文规定环境保护行政主管部门的地位——综合协调，其他分管部门在环境保护事务上要服从环境保护主管部门的协调和监督。换言之，无论是环境污染防治还是生态资源的保护，所有环境保护事项都要由符合行政级别的环境主管部门牵头组织协调。同时，还应当在法律中将环境保护行政主管部门的统一监管职权具体化，明确其在环保监管中的主导地位和作用，其他分管部门职权则是在主管部门的统一协调下的补充和完善，处于从属地位。此外，为使环保监管分管部门真正担负起环境保护监督管理的职责，应当在法律中明文规定环保监管的职责部门及其职责权限，防止其在具体事项上推脱责任、争夺利益。最后，还应通过在法律中明确环保监管主管部门的职能性质，即行政执法监督，其他各相关部门则属于自我监督的性质，不同于环境保护行政主管部门的行政执法性监督。

第三，还应当在法律中理顺环保监管事项的关系，在已有改革的基础上将那些内容相近或范围雷同的事项逐步集中起来，交由一个相关部门进行管理，以减少或避免实践中职权交叉、重叠和具体事项权责归属不清的问题，进而提高环保监管的效率。另外，值得一提的是，环境保护主管部

---

① 侯佳儒：《论我国环境行政管理体制存在的问题及完善》，《行政法学研究》2013 年第 2 期。

门对所有的环境保护事项均有监管职权，是最重要的环保监管机构。

三　区域协调

区域协调是环保体制改革的又一重点，根据污染物种类的不同，区域协调可以分为大气污染区域协调和水污染区域协调。水污染区域协调是指国家以流域为单元对水资源实行的统一管理，包括对水资源的开发、利用、治理、配置、节约、保护以及水土保持等活动的管理。目前，中国按水系相继成立了7大流域管理机构，即长委、黄委、淮委、海委、珠委、松辽委、太湖局。流域协调机构已初具雏形。相较而言，大气污染区域协调则正在探索之中。实践表明，区域污染的联防联控能够起到良好的环境治理目的。因此，探索区域协调的对策机制便具有某种紧迫性。本书拟就大气污染联防联控为研究对象，对当前的区域协调进行研究，揭示其原因、问题及对策。

所谓区域大气污染联防联控，是指以解决地区性的、复合型的大气污染为目标，通过协调区域间地方政府的利益达成治理共识，运用统一的方法和制度打破行政区域划分，以大气环境生态功能区为单元，共同规划和实施跨区域的污染控制方案，统筹安排、互相监督，最终实现控制跨地区、复合型的大气污染以及改善环境质量的目标。① 为了对区域大气污染联防联控进行系统化梳理，本部分拟从区域大气污染联防联控的原因、现状及对策三个方面出发进行论述。

1. 区域大气污染联防联控的原因

生态环境由诸多环境要素组成，环境要素具有流动性的特征，各环境要素的流动构成了地区生态系统，但是这种流动与人为的行政区划并不统一，一般来说环境要素的流动并不会在行政区划前止步。习近平总书记指出“山水林田湖草是一个生命共同体”。基于生态系统的整体性、系统性和综合性，环保监管模式的构建必须遵循这些生态系统的内在规律，统筹考虑环境要素的整体保护、系统修复和综合治理，以增强生态功能区的活力，维持区域间的生态平衡。区域大气污染联防联控便是根据某一地区生态系统的客观情况而定的、突破现有行政区划的环保监管制度设计。

① 宁淼、孙亚美、杨金田：《国内外区域大气污染联防联控管理模式分析》，《环境与可持续发展》2012年第5期。

2. 区域大气污染联防联控的实施现状

区域大气污染联防联控并非一个新生事物，早在1979年欧盟数个成员国便签订了《控制长距离越境空气污染公约》。该公约于1987年生效，其宗旨是形成一个政府间合作的正式框架，对二氧化硫、氮氧化物、挥发性有机物进行统一协调治理。我国也出台了大气污染联防联控的相关规范，例如《关于推进大气污染联防联控工作改善区域空气质量指导意见的通知（2010）》《重点区域大气污染防治“十二五”规划（2012）》《大气污染防治行动计划（2013）》《京津冀及周边地区落实大气污染防治行动计划实施细则（2013）》等，这些规范构成了我国区域大气污染联防联控的指导文件。

实践中，“APEC蓝”“奥运蓝”“两会蓝”等都是区域联防联控的结果。然而，由于我国对区域大气污染联防联控的基础研究不足，联防联控机制暂时缺乏相应的理论和科学作支撑。以美国为例，其以科学技术为基础，测算出区域大气污染物的容纳总量，再根据这一容量设计不同的区域大气污染防治策略；同时，美国结合其联邦制的特点，妥善解决联邦和自治州之间的环保监管权限划分。其经验表明，有效的大气污染联防联控必须基于科学的污染物测算以及合宪的制度安排。然而，我国针对大气污染跨区域的污染检测、环境影响评估等科学技术尚不健全，对于污染治理的法制保障亦不成熟，使得我国区域大气污染联防联控的实施效果大打折扣。

3. 完善区域大气污染联防联控机制的对策建议

导言指出，我国环保监管存在的悖论二——以行政区划为边界的监管体制与环境污染的流动性之间存有矛盾，这既是实践中环保监管收效不大的重要原因，又是各地频繁上演“以邻为壑”闹剧的根源。针对这一问题，我国的因应之策便是区域协调机制。针对最具典型的大气污染联防联控机制，其完善的方向可以包括以下几个方面。

其一，完善联防联控法律体系。2014年《环境保护法》第20条规定，国家建立跨行政区域的重点区域、流域环境污染和生态破坏联合防治协调机制，实行统一规划、统一标准、统一监测、统一防治的措施。具体而言，在立法过程中，应当根据不同地区的经济发展差异、污染形态的不同、地区环境自净能力、综合环境管理体制来进行具体的联防联控工作安排，方能避免因为法律的滞后性而造成的制度执行困难。[①] 此外，应当成立大气污染联防联控委员会，从而打破在联防联控制度推行过程中，各部门、各行政区域以自身利益为导向而造成各自为政的情形。为此，建议由国务院牵头，组织生态环境部、自然资源部、水利部以及重点区域的政府成立大气污染联防联控委员会，赋予委员会统一制定、监督全国联防联控的政策制定和制度施行权力。在全国联防联控委员会之下，应当根据地区实际在各重点区域建立联防联控区域办公室，负责本行政区域的联防联控工作。同时，还应当构建国家级、区域级以及地方级相区分的三级联防联控体制，国家级联防联控办公室主要解决涉及跨国或全国性的大气污染问题；区域级联防联控办公室负责解决跨省的区域性大气污染问题；地方级联防联控办公室则以落实、强化前两级工作目标而设立，同时兼有对较小区域的大气污染防治职能。大气污染联防联控重点区域的设置一般以生态规律和社会发展规律为标准，如京津冀地区、长三角地区、珠三角地区、成渝地区等区域性大气污染联防联控办公室。

其二，完善排污总量控制制度。在确定了区域大气污染联防联控监管机构之后，应当根据科学测算的结果核定该区域的大气污染物排放总量控制目标，地区总量控制目标较国家规定的目标应当更为严格，然后再将总目标根据各地的功能进行统筹分配，分配时综合考虑不同地区承载力的差异、经济发展职能的不同等因素。同时，污染物总量控制目标必须有所保留，以应对突发环境事件、二次污染或恶劣天气等极端情况。在大气污染的数据获取上，可以在当前以地区行政区划为基础的空气质量检测网络上，构建跨区域的大气环境质量实时监控、实时更新、信息共享机制。在技术研究方面，应当针对区域间的大气污染测算、消解等项目投入更多的资金支持，可以通过加强政府与高校、科研机构合作，或通过委托研究的方式，提高区域大气污染治理能力。[②]

其三，建立区域大气污染联合执法制度。排放总量控制制度作为一项有法律约束力的控制指标，必须配备相应的强制执行措施予以保障。在区

① 柴发合等：《我国大气污染联防联控环保监管模式的战略转型》，《环境保护》2013 年第 5 期。

② 张欣忻、杨帆：《美国、欧盟大气污染联防联控机制及启示》，《环境保护》2015 年第 13 期。

域大气污染联防联控机制的实施过程中，因为涉及不同区域和不同的执法部门，联合执法便成为常态。为保证联合执法能够发挥出最大效能，应当建立常态化的联合执法沟通协调机制。需要注意的是，此处提到的区域大气污染联防联控机制并不产生新的执法权，其执法权仍然来源于各行政部门根据现有法律授权而获得的法定权力。[①] 此外，与区域大气污染联防联控相关的监测、考核、评估、处罚等制度亦应建立和完善。

第三节 环保监管职权运行的规范

一 丰富职权运行手段

（一）环境监察制度改革

实证研究表明，单纯的环境保护立法并不能有效地抑制地方的污染排放；相反，只有在环保监管力度严格的省份，通过环境保护立法才能起到明显改善环境的效果。[②] 也就是说，环保监管执法对环境保护立法的效果起到关键作用，有效的环境保护立法同时有赖于“有法可依”和“执法必严”，这是因为中国企业在与当地环保部门的污染治理博弈中拥有极强的谈判能力，[③] 因此，书面的环境保护立法无法取得应有的社会实效，而只有借助“执法”的完善方能破解监管困局。

1989年《环境保护法》并未规定环境监察制度，我国的环境监察长期面临着“合法性”不足的尴尬。2014年《环境保护法》加重了地方政

① 陈贻健：《治霾之道：构建区域联防联控机制》，《中国社会科学报》2013年2月20日。

② 包群、邵敏、杨大利：《环境管制抑制了污染排放吗?》，《经济研究》2013年第12期。

③ 需要说明的是，据笔者向基层环保部门调研，地方企业的谈判能力并非我们设想的企业与环保部门的直接谈判，因为环保部门作为国家行政机关，与其职能相关的行政处罚是不容谈判的，其单方面便可做出符合法律规定的行政处罚。那么，企业强势的谈判能力表现在何处呢？环保部门工作人员提到，企业与环保部门的谈判是通过地方政府这个第三方来实现的。排污企业在地方既是污染源又是税源，再加之企业在解决就业、带动经济发展等方面做出的贡献，地方政府一般对其“构不成污染事故”的排污行为往往有极强的容忍能力。因此，在环保部门拟对企业做出处罚，并提前告知（《行政处罚法》规定行政相对人拥有申辩权）相关企业之后，地方政府便会出面与环保部门协商“罚与不罚”“罚多少”等问题，这其实可以理解为企业通过政府与环境保护部门的谈判过程。

府的环境责任，环境治理也成为地方政府的重要任务。在此情形下，环保监管部门的工作重心便逐渐由“综合管理”向“环境执法”倾斜。此时，环境监察职能便处于核心位置。① 为此，2014 年《环境保护法》第 24 条规定，环境监察机构有权对排放污染物的企事业单位进行现场检查。从而解决了环境监察的“合法性”问题。那么，2014 年《环境保护法》为环境监察制度带来了何种改善，其又面临着何种问题及如何因应，本书拟对这些问题做出探讨，以作引玉之用。

1. 2014 年《环境保护法》对环境监察制度的创新

环境监察制度设计层面的创新。其一，2014 年《环境保护法》明确赋予了环境监察部门执法权力，从而解决了长期困扰监察部门的“身份危机”，为环境监察独立执法提供了法律依据。其二，2014 年《环境保护法》为环境监察部门创设了“按日计罚”“查封、扣押”等职权，使环境监察部门的行政权力较之以前有所增强。为了保障上述职权的运行，环保部陆续出台《环境保护主管部门实施按日连续处罚办法》《环境保护主管部门实施查封、扣押办法》等文件，为环境监察部门执法提供了可操作的规范依据。其三，针对地方政府在环境保护中的负面作用，2014 年《环境保护法》明确规定“地方政府对本行政区域的环境质量负责”，并积极探索党政同责等新的责任追究机制，以实现环境行政权力的规范运行。特别是 2014 年《环境保护法》明确了环境行政问责的条件和处罚形式，对矫正地方政府和环保部门“不作为”“乱作为”等问题起到了重要作用。

环境监察制度实施层面的创新。其一，2014 年《环境保护法》规定，省级以上环保部门有权对无法达到污染物排放总量控制指标的地区实施区域限批。这实质上是一种针对地方政府的督政机制，客观上提升了环境监察部门的执法权威。其二，新法要求，针对生态环境的流动性与行政区划固定性之间的矛盾，建立区域协调机制，通过联合执法、交叉执法等形式，加强区域间的环境监察协作，通过区域间的联防联控回应生态环境整体性的特征。此时，环境监察部门不再以行政区划为边界，从而提升了环境监察的执法能力，增强了环境监察的实效。其三，探索环保部门与公安、监察和法院的联动协调机制，推进行政执法与刑事司法的衔接。实践中，环保监察部门、公安机关、检察部门和法院基本实现了互相协作、共

① 巩固：《政府激励视角下的〈环境保护法〉修改》，《法学》2013 年第 1 期。

同治理的良好互动。2017年1月，环保部、公安部和最高人民检察院联合下发《环境保护行政执法与刑事司法衔接工作办法》，为环保部门联合执法提供了规范支撑。环保监察机关借助公安机关的治安监管能力遏制其检查执法时遭遇的暴力抗法行为；同时，公安部门也可通过环保监察部门的合作收集排污企业的违法证据；检察机关作为法律的监督机关，其提前介入有效地提升了环境监察机关的执法水平和能力，同时能够对环境污染犯罪进行提前规制；最后，法院作为法治的最后一道屏障，起到了环境保护的兜底功能，其通过诉讼机制有效地解决了企业的法律责任问题。其四，引用社会化机制减轻监察压力。2014年《环境保护法》规定，环境监察部门能够公开企业的污染排放信息、行政处罚信息，通过影响企业的社会声誉和诚信指数，减轻了环境监察机关的执法压力，客观上也提升了企业治污的内在动力。其五，丰富环境监察职权，威慑违法排污者。新法增加的“按日计罚”“行政拘留”等严厉的监察手段，大大提升了环境监察部门的执法能力。此外，环境保护主管部门还定期公布环境违法典型案例，通过示范效应来规范各地的监管行为，形成监察执法的一体化。同时，通过环境公益诉讼机制，调动公民治理环境的积极性，在客观上减轻了监察部门的压力，公益诉讼可以理解为一种“私人执法”，其优势、不足和实现将在“私人执法”一节详细论述。

2. 环境监察制度存在的问题

（1）环境监察执法的体制问题。环境监察是环保监管的重要组成，环保监管存在的“统一监管”和各部门“分工负责”的难题在环境监察中也有所体现，部门权责不明、职能交叉的现象亟待破解。2014年《环境保护法》第10条基本继承了1989年《环境保护法》第7条的内容，其从中央和地方两个层面明确了我国环保监管体制，即纵向的职能部门管控和横向的地方政府管控体系。这一表述并未破解当前存在的环保部门有统一监管之责却无统一监管之权的难题，统一监督管理的核心是监督、管理抑或协调也未给出明确说明。

（2）环境监察执法的执行问题。建设生态文明需要对我国的环境监察执法能力进行提升。与我国当前环境监察执法的法律体系不断完善形成反差的是，我国基层环境监察执法能力严重不足。一方面，基层环境监察执法队伍专业化程度低，大多是复转军人，其环境监察执法的能力不足，加之执法经费有限和监察装备难以保证等问题，导致基层监察执法难以为生态文明建设的实现提供执法力量保障。另一方面，环境保护职能的实现离不开地方政府的支持，然而，地方政府在“稳增长、保就业”的压力下，强化环境监察职能的积极性不高，甚至形成消解环境监察权力的内在动力。缺乏地方政府支持的环境监察机关面临着执法地位不明、执法权威不足的窘境。为了弥补以上不足，环境监察机构不得不通过钓鱼执法、选择性执法等形式完成自身的监管任务，这显然无法实现“建设生态文明，打造美丽中国”的初衷。

（3）环境监察执法的模式问题。充分调动政府、企业、公众和各种社会组织的活力，拓宽公众参与渠道，形成环境问题的多元共治是生态文明建设背景下不可回避的模式选择问题。从西方各国环保监管的经验来看，环境治理不能仅依靠行政制裁和刑事处罚，还应当创新监管模式，将治理主体从政府拓展到企业、公民乃至全社会，寻求政府强力之外的替代性机制。当前，我国的环境监察执法是根据科层制的模式进行的制度构建，其强调的是政府的职权和行政相对人的义务，却忽视了企业的自主治理能力以及社会主体在环境治理中的重要意义。前文已述，环境行政权力需要扩张的小气候与国家简政放权的大背景形成悖逆。因此，充分向市场和社会配置权力，通过公众积极参与监督、提起诉讼等方式，弥补环境监察执法的不足，成为环保监察模式转型的关键。

3. 环境监察制度的完善路径

首先，完善环境监察制度的法律体系。2014 年《环境保护法》的若干规定与《水污染防治法》《大气污染防治法》《环境影响评价法》等法律法规存在冲突，造成了环境监察执法适用法律的窘境，在制定《土壤污染防治法》以及其他法律修法的过程中，应当消除新旧法之间的冲突，从而弥补监察执法体系中的漏洞。同时，在环境监察执法的实施细则方面，地方政府与环保部门应当充分根据地区实际，出台具有可操作性的实施细则，在尊重国家强制性规定的前提下，进行适度的因地制宜的制度创新，从而提升监察执法能力与社会效果。

其次，转变监察模式，建立政府、企业、公众合作的环境监察合作平台。一方面，环境监察部门应当按照党的十八届五中全会的安排，探索建立环境监察省以下垂直领导机制；另一方面，环境监察部门需要逐步与横向的地方政府职能部门在不同区域开展沟通协作，从而减少环境监察职权交叉重叠冲突的问题。此外，还应当在保证体制内的监管职权有效发挥的前提下，探索市场机制和社会力量的参与。通过经济激励机制、环境保护协议、企业自愿监管等新型治理模式，塑造企业环境治理的主人翁意识，并通过环境信息公开、畅通环境公益诉讼、明确公民环境检举权等方式实现环境问题的多元共治。环境监察合作平台既能实现资源的共享，又能实现监管效能的提升，反映了当前环保监管模式转型的方向。

再次，加强环境监察执法与环境司法部门的沟通机制。2013 年，最高人民法院与最高人民检察院下发《关于办理环境污染刑事案件适用法律若干问题的解释》；2014 年，最高人民法院、民政部、环境保护部出台《关于贯彻实施环境民事公益诉讼制度的通知》；2015 年，最高人民法院出台《关于审理环境民事公益诉讼案件适用法律若干问题的解释》；这些文件的出台标志着环境行政与环境司法的有效衔接。当然，这只是一个开始，接下来还需积极探索通过联席会议、重大案件会商督办机制来实现环保监察机构、公安机关、检察机关的合作机制。通过信息共享、联合调查和案件移送方面的程序创新，来实现环境行政执法与环境刑事司法方面的有效衔接。

复次，转变执法理念，倡导软性规制。环境监察执法作为行政执法的有机组成，是环境治理的重要手段，但是当前我国过于注重这一执法手段。不可否认，严格的监察执法可以减少企业偷排、漏排等违法行为。然而在一些特殊情况下，硬性执法并不能起到环境治理的实效。环境监察执法的目的在于督促企业履行法定义务，从而保护生态环境，维护公众利益。因此，环境监察执法的目的不是处罚，处罚仅是促进守法的手段。2014 年《环境保护法》也明确规定，应当充分利用“限制生产”“停产整顿”等方式督促企业守法，环境监察机关应当转变执法理念，创新执法手段，积极通过利用市场激励措施进行软性规制，利用排污权交易制度、碳汇交易制度等市场化环保监管模式调动企业的积极性，从而实现从源头上遏制违法行为的目的。

最后，强化环境监察队伍建设，提升环境监察执法能力。前文已述，环境监察队伍中缺乏受过专业环境法学教育的工作人员，这就容易导致执法过程中不规范行为的滋生。为了解决执法队伍薄弱问题，应当通过环境法律培训制度、工作人员考核制度等加强执法人员的思想政治素质、业务工作能力和职业道德水平。[①] 此外，还需要财政部门给予充分的物质保障，通过设置环境监察专项经费等方式，解决环境监察过程中的财力不足问题。

（二）按日计罚法律完善

1. 2014 年《环境保护法》设立按日计罚制度的缘由

环境行政罚款作为我国环境保护领域使用频次最多、适用范围最广的环境行政责任方式，在我国环境保护过程中发挥着重要作用。根据环保部 2009 年下发的《法律、行政法规和部门规章设定的环保部门行政处罚目录》可知，我国适用环境行政处罚的环境违法行为一共 304 项，其中环境行政罚款占了 253 项。可见环境行政罚款在我国环境行政处罚中的重要地位，然而，环境行政罚款却面临着诸多问题。

其一，罚款数额的设定不合理。据学者统计，我国法律、法规规定的环境罚款数额在 10 万元以下的占到 70%，最高额在 50 万元以上的不足 20%，这一罚款数额设定较之于企业的违法收益，明显偏低。根据犯罪经济学原理，行为人实施违法行为一般遵循犯罪决策模型：

$$E(U) = PU(Y-F) + (1-P)U(Y)$$ [②]

其中，$E(U)$ 代表罪犯的预期效用，Y 代表罪犯从犯罪活动中获得的预期收益，F 代表惩罚给罪犯所造成的损失，P 代表受到惩罚的概率。当 $E(U)>0$ 时，犯罪的预期收益将大于成本，此时，潜在的罪犯就会选择犯罪。从这一模型可以看出，违法的成本应当大于收益才能规避可能出现的环境犯罪。[③] 现行环境法律中的罚款数额设定以数值数距式和数值封顶式为主，容易导致罚款数额的设定不合理，难以保证应有的惩罚力度。

其二，对连续性的环境违法行为缺乏制裁。环境侵权行为具有持续性的特征，例如超标排污、擅自闲置环保设施等违法行为持续时间一般都比较长，而环保部门执法却只能将这些持续行为按照一次进行处罚，加之我国环境行政处罚的周期长达 3 个月，这就导致连续性的违法行为难以得到法律的否定性评价。

---

① 周珂、汪小娟：《新常态下环境监察执法的难点和重点》，《环境保护》2015 年第 12 期。

② Cary Becker, "Crime and Punishment: An Economic Approach", *Journal of Political Economy*, Vol. 76, No. 2, 1968, pp. 169-217.

③ 徐以祥、梁忠：《论环境罚款数额的确定》，《法学评论》2014 年第 6 期。

针对环境行政罚款数额设定不合理和连续性违法行为无法得到规制的问题，地方立法开展了积极的应对之策。《重庆市环境保护条例》是全国最早规定按日计罚的地方性法规，此后，石家庄、宁夏、深圳等地也陆续规定了按日计罚制度。在总结地方立法经营的基础上，2014 年修订的《环境保护法》从国家立法层面规定了按日计罚制度。

2. 按日计罚的法律性质

针对按日计罚的性质，学界有两种观点，一为行为罚说，二为秩序罚说。行为罚说认为，按日计罚是一种行政制裁手段，在行为人违反法律规定之后，其就已经构成了环境违法行为。秩序罚说认为，按日计罚是一种对行为人不遵守行政告诫的处罚行为，即在行为人违反法律规定，行政机关予以告诫之后，行为人仍然进行违法行为，此时，行政机关便有权对行为人从其告知改正之日进行处罚。

这两种学说导致了按日计罚的不同适用方法。西方国家普遍采用行为罚说，即行为人违法排污已经构成对法律的蔑视，因此按日计罚中的“日”应当从行为人违法之日起算。而秩序罚说则认为，按日计罚是对行政机关对行为人的第一次行为做出否定性评价之后，行为人再次违反法律规定的处罚，因此按日计罚中的“日”应当是从行政机关告知行为人纠正违法行为之日起算。

我国《环境保护法》第 59 条规定，行为人违法排放污染物，受到罚款处罚，被责令改正拒不改正的，行政机关自责令改正之日起按日连续处罚。可以看出，我国采纳了秩序罚说，其优点在于适用方便，无须求证行为人第一次排污的准确时间，其弊端在于，秩序罚说下的按日计罚减轻了行为人的责任，削弱了按日计罚的威慑功能。

3. 按日计罚制度的法律完善

(1) 创新罚款数额的设定方式。根据《环境保护法》第 59 条的规定，按日计罚是按照“原处罚数额”进行按日计罚，因此按日计罚的实施效果很大程度上取决于“原处罚数额”的确定，若“原处罚数额”设定不合理，即使按日处罚，违法者的违法成本仍然小于其收益。那么如何设定“原处罚数额”？其实《环境保护法》第 59 条第 2 款已经给出了方向，即原处罚数额的确定按照防治污染设施的运行成本、违法造成的直接损失和违法所得等因素进行确定，从而突破了我国传统环境行政罚款规定的固定数额罚款方式，起到了增加惩罚威慑力的效果。此外，《环境保护法》规定的按日计罚只能适用于违法排污行为，至于未批先建的环评违法等更为严重的违法行为，暂时无法适用。为了弥补这一漏洞，《环境保护法》第59条第3款规定，地方性法规可以根据需要，增加按日计罚的适用种类。因此，地方性法规可以根据该条授权创设新的处罚种类。

（2）明确按日计罚的行政告知义务。《行政处罚法》规定，行政机关在作出处罚决定之前，负有告知义务。按日计罚作为一种更为严厉的行政处罚措施，每一日的处罚行为都构成对前一日违法的否定性评价，因此执法人员应当将行政处罚通知书按日连续送达当事人。虽然逐日送达处罚通知书会增加行政部门的工作任务，但是根据程序正义原则，执法人员负有责任履行告知义务，而不应该累计一定期限之后一并送达当事人。①

（3）规范按日处罚的行政程序。行政处罚应当遵从程序法上的行政控制要求。行政控制是指行政机关自身通过自我发现、自我纠错等机制，对其享有的自由裁量权进行控制，防止滥权。在这一理念下，行政自由裁量权成为一项有行使限度的权力，裁量过程与结果需要符合行政法中的比例原则和平等原则。比例原则是指行政主体的行政处罚行为，应当带来最小的侵害，实现最大的环境收益。平等原则是指行政机关对于持续性环境违法行为，应当遵从“相同情形相应对待”的准则，对当事人进行罪责相适应的处罚。

（三）绿色采购制度构建

国内对绿色采购进行较为深入研究的是重庆大学的秦鹏教授。② 秦鹏教授认为，绿色采购是人类面临环境危机、针对传统的采购观进行反思而形成的一种崭新的采购观。绿色采购有广义和狭义之分，广义的绿色采购是指市场主体购买和使用绿色产品的活动。而狭义的绿色采购特指行政机关购买相关产品和服务时以绿色环保为导向的购买行为。以往，人们在进行采购时只关注商品的价格和性能，而忽视了所购商品在生产和使用过程中对人类生存环境造成的损害。到了工业革命之后，人与自然之间的矛盾逐渐恶化，以“物欲”为导向的生产和消费模式造成了资源、能源的极

---

① 陈德敏、郧德奎：《按日计罚的法律性质与规范建构》，《中州学刊》2015年第6期。

② 参见秦鹏《消费者主权质疑：一种环境伦理下的人文思考》，《社会科学研究》2006年第1期；秦鹏《生态消费税收制度研究》，《法律科学》2006年第5期；秦鹏《政府绿色采购：逻辑起点、微观效应与法律制度》，《社会科学》2007年第7期；秦鹏《论环境法发展观的价值维度：面向消费主义的超越与批判》，《现代法学》2008年第4期。

大消耗，同时产生大量的生活废弃物，极大地破坏了人类的生存环境，进一步影响了人类的生活质量。在受到大自然种种无情的报复之后，人类开始关注自然环境本身的价值。绿色采购便是在这一观念指导下形成的，它既是一种有力的环境保护措施，又构成了生态消费的重要组成部分。

节约资源和保护环境是人类面临的最为紧迫的问题，政府绿色采购作为一种政府行为，其本身是为满足社会公共利益而进行的采购，通过其购买的经济和利益杠杆作用，一方面提高采购的质量，另一方面则形成节约资源保护环境的外在激励。正因如此，政府绿色采购正成为其政治统治正当性的重要一环，绿色采购行为也从侧面构成一种节约资源和保护环境的有效手段。从国际社会上看，日本和德国是施行绿色采购较早的国家，也取得了良好的社会效果。当前，越来越多的政府认识到政府绿色采购在保护环境、建设生态文明方面的重要意义，联合国、世界银行等国际组织还成立了“绿色采购联合会”，政府的绿色采购实践正在被越来越多的知名企业和非政府组织所效仿，绿色采购正在成为一种世界潮流和趋势。

1. 政府绿色采购的原因

那么，政府绿色采购的动机何在呢？这一问题的实质是政府行为的价值取向何在。个人行为受价值准则的指导，人们判断某人行为是否正当，便是根据特定的价值准则进行的。同样，政府行为也有其自身遵循的价值准则，即决定其为或不为一定行为的价值取向。政府行为的价值取向并不是简单的对错问题，而是政治学家争论不休的一个难题。亚里士多德认为，正统政体的价值取向是公共利益，只有变态政体的价值取向才是统治者个人或部分人的利益。延续这一逻辑，英国政治学家休谟进一步提出，现代政府行政的目的是谋求公共利益。这与法国自然法学派代表人物卢梭所提出的，建立在社会契约之上的国家的价值取向是“公意”，公意即人民共同的利益的观点不谋而合。

政府采购是一种以政府为主体、为满足公共治理需求而进行的采购活动，属于公共采购的性质。政府采购的公共属性决定了其需要以社会公众的利益为出发点，为社会公众享有的良好环境权利而服务。虽然个人、企业等在资源节约和保护环境方面负有不可推卸的责任，其也是市场交易的绝对主体，但由于上述主体的采购行为均以利润最大化为目标，往往会忽视社会整体利益。从公民的角度来讲，这种选择无可厚非，政府采购则面临着不一样的价值取向，其作为公共利益的委托人，自然有义务从全局的角度出发实施行政行为。因此，政府采购的公共属性决定了其必须承担环境保护方面的义务，发挥其采购所具有的价值宣示功能进行政策宣导。政府绿色采购实际上起到了引导经济发展方式和消费方式的作用。为了实现保护环境和节约资源，推动生态文明建设的目的，政府采购更加符合环境保护标准的商品或服务，不仅使绿色产品获得更为广阔的市场，而且能从侧面起到引导经济转型的目的。生产者在制造产品时会更多地关注环境保护，实现资源的节约和污染物排放的限制。普通消费者则会以政府绿色采购为榜样，调整自身的购买行为，使其符合国家倡导的消费模式。因此，对政府、企业、生态环境和公民自身而言，绿色采购都是符合各方利益的共赢选择。

2. 政府绿色采购的作用

其一，政府绿色采购具有示范效应。从工业革命以来形成的生产消费模式，均是一种“人与自然对立”的模式，其以人类的“物欲”满足为目标，不顾自然环境的价值，造成了大量资源消耗和环境破坏。在生产方面，仅注重产品量的增长而忽视生产过程的生态化，同时对产品进入流通领域和消费领域后的回收利用也予以忽略。这种粗放型的经济增长方式同时带来浪费型消费。即使在生态文明建设的今天，不合理的消费模式也比比皆是，铺张浪费、穷奢极欲的生活方式造成大量废弃物的产生，并形成漠视自然、漠视生态的错误观念。政府绿色采购不仅能够给消费者带来正确的示范效应，也有助于激励生产者的转型。政府绿色采购的示范效应是指政府通过绿色采购对个人的消费行为进行诱导。原因在于，政府作为公共利益的代理人，往往隐含着理性决策的含义。因此，政府的购买行为在民众看来往往是最佳选择，政府通过绿色采购便可诱导社会公众效仿，在消费中学习政府的采购行为进行产品的选择。[①] 这种示范效应可以引导人们逐渐改变不合理的消费行为和习惯，减少对自然资源和生态环境造成的压力，从而在全社会塑造生态消费理念。

其二，政府绿色采购具有扶持效应。政府的绿色采购行为能够帮助和促进环保产业的发展，实现清洁生产机制的转型。政府若决定扶持某一产业或具体企业，往往会采取一系列行政手段和经济手段，行政手段包括强制性的许可制度、环境税费制度等，其特点在于以国家强制力为后盾，缺

① 秦鹏：《政府绿色采购：逻辑起点、微观效应与法律制度》，《社会科学》2007 年第 7 期。

陷在于缺乏灵活性。经济手段较为典型的便是政府采购行为，通过绿色采购，可以为环保产业或实施清洁生产机制的企业带来广阔的市场。前文已述，政府绿色采购具有示范效应，因此，此处的市场不仅是政府本身的市场，还可能包括整个消费市场。为了实现采购的绿色化，政府往往会建立权威的信息系统，对绿色产品和服务进行归纳、整理和公布，现实中还存在第三方机构或者政府本身对环保产品或服务进行认证的机制。这就形成了产业激励和技术调整激励，那些采取清洁生产机制的企业将获得更多的市场，某种意义上说，这也体现出市场主体具有“用脚投票的权利”。需要指出的是，由于绿色产品在生产过程中投入了更多的环保成本，因而在价格方面，绿色产品难以与以传统生产方式生产的产品进行平等竞争。因此，许多国家在进行绿色采购时，往往会对绿色产品或服务进行必要的扶持和倾斜。这一理念已在西方国家施行，美国联邦政府规定，面对具有同样功能的产品，需要优先采购具有再生性质的产品；欧盟则规定，政府采购时以最低价为原则，但是还应符合最具环境价值准则，这在侧面起到了倡导政府绿色采购的目的。

3. 政府绿色采购制度构建

首先，明确政府在绿色采购中的主体职责。政府绿色采购的主体职责是指政府及相关部门在绿色采购中应当承担的义务和责任。政府在采购物品或服务时，为促进消费理念的转型，需要在预算允许的情况下，优先采购具有环保特性的商品或服务。政府以身作则固然重要，但还应主动通过宣传活动，向企业或国民宣扬消费生态化的重要意义。同时，政府应当采取行政、经济手段，通过博弈规则的优化，促进地方政府、企业和公民自发购买生态产品。政府正式的采购行为应当有计划地展开，例如可以通过制定绿色采购的基本方针、政策，发布政府绿色采购清单或绿色采购标准，来引导各级政府的绿色采购行为。政府采购主体在编制年度采购方案时，应当将上述绿色采购清单和采购标准作为重要依据，根据财政预算进行购买，并将结果及时公布。当然，即使采购的是生态产品，也应遵循合理使用的原则，不能因为采购了生态产品，就刻意增加采购量。

其次，建立政府绿色采购清单制度。政府绿色采购清单制度是指政府及相关部门在采购商品或服务时，应当根据政府或第三方组织认证的环境标准所编制的采购清单进行商品或服务的购买。当前，政府绿色采购清单制度已经成为践行环境保护原则的国家的通行制度。例如，日本国政府根据本国环境保护部门的建议，编制了采购商品的建议清单，清单中详细记录了同类商品中符合或者严于国家环境标准的商品目录。韩国也由环境保护等部门联合制定了政府绿色采购清单。美国环保署也编制了绿色采购指导性清单，联邦和州政府原则上应当优先购买清单中的推荐商品。绿色清单根据性质的不同，可以分为政府绿色采购正面清单和政府绿色采购负面清单，正面清单是指政府应当采购的商品目录，而负面清单则是因为生产企业违背生态文明建设宗旨，而不被国家提倡购买的商品目录。绿色清单根据推荐强度的不同，又可以具体分为两种情况：其一，绿色采购指导性清单。指导性清单是指，政府在采购商品时，采购指导性清单中的商品客观上能够促进"建设生态文明，打造美丽中国"的实现，因此，在预算允许的前提下，政府原则上应该购买此类商品。其二，绿色采购强制性清单。强制性清单是指，政府在采购商品时，负有根据强制性清单内容进行采购的法定义务。二者的区分依据在于，当商品呈现出相对绿色时，政府就倡导相关主体对此类商品进行购买；当商品较之于其他类似替代品，更具环境友好、资源节约特征时，此类商品便成为政府强制性采购的对象。

再次，健全政府绿色采购标准制度。政府绿色采购标准制度较之于政府绿色采购清单制度是一种补足，因为政府绿色采购清单制度对商品进行详细列举的方式难免出现挂一漏万的现象，而且对于无法及时纳入清单的新增绿色商品也缺乏公平性。因此，制定具有普适性的绿色采购标准更具实践可行性。综上，政府绿色采购标准制度可以界定为国家标准制定部门根据生态保护需要，对常用商品制定的适用于政府及其职能部门的采购标准。政府绿色采购标准注重技术标准的规定，而非具体的商品，采购人员仅需根据特定的技术标准便能判断所购商品或服务是否符合国家要求。因此，政府绿色采购标准制度会更具实用性。具体而言，技术标准应当包含以下两方面的内容：其一，商品的生产过程达到了"资源节约、环境友好"的标准；其二，商品的回收利用具有可行性，符合循环经济和清洁生产的目标。按照标准的强制程度不同，政府绿色采购标准仍然可以进行分类。根据国内外的经验，一般可分为强制性标准、硬性标准和弹性标准。强制性标准即政府绿色采购时必须执行的标准，禁止购买标准以下的商品或服务；硬性标准是指在财政预算允许且市场供应正常的情况下，优先遵照标准进行的绿色采购；弹性标准是指此类标准是未来发展的方向，在目前经济水平和技术水平无法达到的情况下，并不要求马上执行的标准。

复次，完善政府绿色采购优惠制度。政府绿色采购优惠制度是指政府在采购中，对于“资源节约、环境友好”的产品和服务，政府给予优先采购或加价购买的制度。政府绿色采购优惠制度一般通过政府的相关政策来实现，例如，政策规定在进行政府采购时，政府对具有节能和环保特质的产品与服务进行优惠采购。具体的优惠措施包括同价位优先选择和价格相对较高但仍然合理的情形下的优先购买。实践中，由于绿色的产品和服务在生产过程中融入了更多的劳动力，因此其交换价值往往较为高昂。为了弥补生产者的绿色支出，政府在采购绿色的产品或服务时，应当填补生产者的这部分成本，进而形成对绿色产品的政府补贴。政府补贴也是西方发达国家推行绿色采购的通行做法。[①] 因此，政府采购时不再以传统的价格低廉为宗旨，在做政府采购预算时，应当考虑到绿色产品的补贴金额，从而保证绿色采购的顺利实施。

最后，建立政府绿色采购的监督制度。由于政府绿色采购赋予了政府极大的采购权力，因此，需要建立配套的监督体系来保证政策的施行，防止采购过程中出现权力寻租的问题。监督分为体制内监督和体制外监督，由于体制内监督的天生不足，体制外监督更具实践价值。体制外监督具体可分为媒体监督与舆论监督。由于监督的基础是信息的获取，而政府与社会之间存在严重的信息不对称问题，因此，为了保证监督的效能，应当强制性规定政府采购的相关信息公开制度。同时，应当畅通监督渠道，完善行政诉讼、行政问责机制保障政府绿色采购的施行。

（四）生态补偿制度创新

经济贫困恶化与生态环境退化是我国经济不发达地区正在并将长期面临的两大困局。虽然从长远来看，经济发展与环境保护是互为表里、协调共进的；但就现实而言，经济发展与环境保护的内在矛盾与短期冲突几乎不可避免。[②] 这就使我国的生态文明建设与扶贫开发之间存在强烈的内在张力，即生态文明建设与扶贫开发形成此消彼长的“跷跷板效应”，一方的成型或推进暗含着另一方的停滞或衰退。为了扭转这样的“零和博弈”，就需要在生态文明建设与扶贫开发之间搭建“互利共荣”的接口。2015 年 11 月 27 日，习近平总书记在中央扶贫开发会议上指出：“贫困地

① 秦鹏：《政府绿色采购：逻辑起点、微观效应与法律制度》，《社会科学》2007 年第 7 期。

② 巩固：《政府激励视角下的〈环境保护法〉修改》，《法学》2013 年第 1 期。

区实施‘五个一批’工程，即发展生产脱贫一批，异地搬迁脱贫一批，生态补偿脱贫一批，发展教育脱贫一批，社会保障兜底一批。”① 总书记提及的“生态补偿”是我国的环境保护基本法律制度，倘若该制度在达到保护生态环境目的的同时起到协调贫困地区与发达地区利益的功能，就可谓实现减贫脱贫和建设生态文明“双赢”的制度设计。然而，生态补偿与扶贫开发毕竟是性质有别的两类规则体系，二者在功能定位、参与主体、运行方式等方面均存有较大差异，二者能否衔接、如何衔接构成学界遗漏的重要课题。据此，本书认为拟以生态补偿为制度“接口”，探讨生态文明建设与扶贫开发对接的理论依据与实现路径。

1. 权利冲突：生存权、发展权与环境权的内在张力

17 世纪欧洲启蒙运动提出的“天赋人权”观念，既是近代资产阶级革命的理论基石，也是现代人权思想研究的发端。第一代人权的核心权利是自由权，第二代人权的核心权利是生存权，② 随着人口、粮食、资源与环境问题的逐步凸显，引发了世界范围内关于经济发展与环境保护孰轻孰重的大讨论。经过激烈的争论之后，人类还是选择了前者，即我们仍然坚信：发展是人类的宿命，也是解决一切问题的总钥匙。但同时我们也清醒地认识到，环境保护具有毋庸置疑的正当性和紧迫性。此时，国家不仅承担着发展经济的重任，保障公民享有的环境品质不发生倒退的义务也成为其统治正当性的重要一环。是故，罗马俱乐部提倡的“增长的极限理论”被具有“中庸”色彩的“可持续发展理论”所替代和修正，作为对立双方的环境权与发展权共同构成第三代人权的核心权利，其标志性文件是《人类环境宣言》与《里约环境与发展宣言》。

然而，我国正在推行的国土空间规划制度正在打破公民自然享有的生存权、发展权和环境权的内在平衡。2010 年国务院印发《全国主体功能区规划》，该规划根据全国各区域环境资源承载力、现有开发强度及发展潜力的不同，将国土空间划分为四类，即优化开发区域、重点开发区域、限制开发区域与禁止开发区域。其中，优化开发区和重点开发区对应的是提供工业品和服务产品的城市化地区；限制开发区对应的是提供农产品的

① 习近平：《脱贫攻坚战冲锋号已经吹响，全党全国咬定目标苦干实干》，http://news.xinhuanet.com/politics/2015-11/28/c_1117292150.htm，2016-12-06。

② 徐祥民：《论环境权——人权发展历史分期的视角》，《中国社会科学》2004 年第 4 期。

农业发展区；禁止开发区则对应的是提供生态产品的生态功能区。[①] 从全国一盘棋的角度看，主体功能区的划分显然是理性考量的结果，因为并非所有的国土空间都适宜高强度的开发，因地制宜、区分功能、分类开发无疑是形成人口、经济、资源环境相协调的国土空间开发格局的核心举措。例如德国、荷兰、日本和美国早在20世纪中叶便已逐步实施国土空间规划制度。[②] 基于主体功能区规划蕴含的现实意义，党的十八届三中全会《关于全面深化改革若干重大问题的决定》重申："坚定不移实施主体功能区制度……严格按照主体功能区定位推动发展。"从当前主体功能区划的区域分布特点来看，国务院划定的以提供生态产品为主的限制和禁止开发区恰恰是目前经济普遍落后、相当部分处于贫困状态的西部地区，倘若缺乏制度干预，这一理想考量的结果将会人为地加剧人域间和地域间的利益冲突，导致生存权、发展权与环境权的非均衡配置。

其一，自然资源的二元属性导致贫困地区生存权受到挑战。在人的所有欲望中，生存的欲望具有绝对的优先地位，由此生存权成为人类最基本的权利形态。[③] 生存离不开供养资源，而最基本的供养资源便是自然资源。自然资源具有非典型的二元属性，即在同一自然资源之上，既承载着资源利益，也承载着生态利益。[④] 以森林资源为例，一方面，《森林法》第27条规定，森林资源可以为农民个人所有；另一方面，森林资源涵养水源、净化空气的价值却为社会所共享。这就导致同一自然资源之上承载着两种均有保护价值的利益形态。我国划定的重点生态功能区多处于西部贫困地区，在这些区域内民众面临的首要问题便是生存问题。为了生存，民众需要垦荒、砍伐，需要利用一切能够保障其生存的自然资源。[⑤] 然而此时便出现了一个悖论，即对自然资源经济价值的充分挖掘是生存权的应有之义，却构成对自然资源生态价值的破坏；同理，对自然资源的充分维护是环境保护的核心内涵，却构成对贫困地区居民生存权的侵害。如果我

---

① 任世丹：《重点生态功能区生态补偿法律关系研究》，《湖北大学学报》（哲学社会科学版）2013年第5期。

② 代明、刘燕妮、江思莹：《主体功能区划下的生态补偿标准》，《中国人口·资源与环境》2013年第2期。

③ 徐显明：《生存权论》，《中国社会科学》1992年第5期。

④ 史玉成：《环境利益、环境权利与环境权力的分层建构》，《法商研究》2013年第5期。

⑤ 王清军、蔡守秋：《生态补偿机制的法律研究》，《南京社会科学》2006年第2期。

们不反对“让挣扎在生存边缘的民众关注和保护自然环境是异想天开”的论述，那么我们也就能够深刻体会联合国人类环境会议关于“贫困是最大的污染”这一结论的深层含义。在重点生态功能区，基于严格的环境管制措施，自然资源作为财产权的客体，其民法上的任意处分权受到严格的限制，从全社会的角度看这种限制对权利人而言应当是一种社会义务。[①]然而，当这种义务对权利人达到“特别牺牲”的程度时，便需要某种制度化的路径合理填补权利人的损失，使建基于自然资源之上的经济价值与生态价值达致和谐与衡平。

其二，限制和禁止开发区的划定构成对区域内民众独立发展权的限制。发展权是关于发展机会均等和发展利益共享的权利。[②] 生态功能区域与贫困区域的重叠，预示着这些贫困地区将以提供生态产品、保障生态安全为己任。但是，当贫困地区以环境保护为第一要务，便会带来以下两方面的问题：第一，缩小地区间发展差距本是政府的天职，然而中央政府主导的主体功能区划实际上构成对贫困地区独立发展权的限制，这明显不利于地区间的均衡和公平发展；第二，如果说对生存权的限制主要体现为一种既得利益的损失，那么对发展权的限制便构成了对贫困地区可得利益的侵害。过重的生态环境保护义务将迫使贫困地区不可能再走上一条传统的、便捷的工业致富之路，其根据资源优势发展经济、摆脱贫困的可得利益便被人为地阻隔了。此时，通过制度化的路径合理补偿，便构成对贫困地区基于发展权限制而丧失的可得利益的必要填补。

其三，环境权的正外部性与发展权的负外部性产生严重失衡。外部性理论源自英国经济学家马歇尔，它是指经济主体之活动对与该活动无直接关系的他人或社会所产生的影响，[③] 其中积极、有益的影响被称为正外部性，而消极、有害的影响被称为负外部性。从这一视角来看，环境权的强化在服务于生态功能区民众的同时，还具有明显的正外部性，因为生态效益具有典型的“外溢效应”，环境保护所产生的生态利益并不具有排他性，而为社会所共享。与此相反，发展权所附带的排放污染物的权利，其

---

① 张建伟：《生态补偿制度构建的若干法律问题研究》，《甘肃政法学院学报》2006 年第 5 期。

② 汪习根：《发展权含义的法哲学分析》，《现代法学》2004 年第 6 期。

③ 刘笑平、雷定安：《论外部性理论的内涵及意义》，《西北师大学报》2002 年第 3 期。

“外溢效应”构成对生态效益“外溢效应”的消解，即发展权具有明显的负外部性。此时，无论是基于环境权的正外部性而应当获得的补偿，抑或基于发展权的负外部性而应当获得的“赔偿”，享有发展权的地区都有充足的理由对因保护具有共享性的环境权而损失发展机会的西部地区进行合理补偿。

一言以蔽之，无论是生存权对于自然资源经济价值的本能需求，还是发展权对于发展机会均等的渴望，抑或环境权与发展权在外部性方面的严重失衡，都需要制度性的补偿机制对创造生态利益且丧失发展机会的民众进行利益衡平，这也是生态补偿制度得以生成和发挥多种效用的基本法理。

2. 制度因应：生态补偿对环境保护与扶贫开发的调适

前文通过论述生存权、发展权与环境权存在的内在张力，得出合理补偿的必要性。那么，借助生态补偿制度，又能否缓解上述权利的冲突局面，使环境保护与扶贫开发通过这种制度化的利益协调机制实现互利共荣的目的呢？另外，自2007年国家环保总局下发《关于开展生态补偿试点工作的指导意见》之后，我国的生态补偿实践已逐步开展。值得一提的是，各省市出台的农村扶贫开发条例中，均明确将生态补偿作为环境保护与扶贫开发的“共享”制度，那么实践中的生态补偿制度又呈现出何种样态呢？

各省市出台的农村扶贫开发条例均明确了生态补偿在环境保护与扶贫开发中的重要地位。为了明晰现实中生态补偿的真实样态，了解各省市在扶贫开发中对生态补偿的不同期待，就有必要对这些省市正在试点的生态补偿制度进行实证研究。本书认为，一方面，各省市出台的农村扶贫开发条例中关于“生态补偿”的规定，是对实践中的生态补偿进行的抽象、概括和升华；另一方面，作为有强制执行力的地方性法规，各省市的农村扶贫开发条例将进一步指导生态补偿的地方实践。因此，本书认为拟以各省市出台的农村扶贫开发条例文本为实证研究样本，探究生态补偿制度作为扶贫开发与环境保护“接口”的真实样态。本书认为，这也许不是最好的方法，但至少也抓住了该制度在实践运行中的内核所在。通过对18

个省市的农村扶贫开发条例的文本进行实证分析，[①] 本书将梳理出生态补偿在扶贫开发中的三种表述模式。

第一种表述模式是将生态补偿作为环境保护的主要制度，而将环境保护视为扶贫开发的重要内涵。例如《湖南省农村扶贫开发条例》第 23 条规定："完善生态补偿机制，加强贫困地区生态建设和保护。"此种表述模式的优势在于，一方面其赋予"扶贫"以新的内涵，即扶贫不再局限于物质上的贫困，环境的贫困亦成为亟待解决的公平问题；另一方面，其抓住了生态补偿的核心要义，即生态补偿本质上仍是一种环境保护举措，只有在特定情形下方能发挥扶贫功能。但问题在于，此时的生态补偿对扶贫而言仅具有间接效力。

第二种表述模式是将生态移民作为生态补偿的具体情形，进而连接环境保护与精准扶贫两项职能。例如《重庆市农村扶贫条例》第 24 条规定："市、区县人民政府应当组织有关部门对生态保护区、生存条件恶劣地区的贫困人口有计划地实施扶贫移民和生态移民，改善贫困人口的生存发展环境。"采用此种表述模式的还有湖北、贵州和吉林三个省份。此种模式无论是对环境保护还是精准扶贫，都具有较之于其他两种表述方式更强的实效性。但问题在于，其过度压缩了生态补偿的适用情形，属于对制度的不完整表述。

第三种表述模式是将生态补偿作为扶贫的方式之一，环境保护仅是生态扶贫的附带效果。例如《四川省农村扶贫开发条例》第 15 条规定："组织实施财政专项扶贫资金投入的基础扶贫、产业扶贫、新村扶贫、能力扶贫、生态扶贫等财政专项扶贫项目。"该条例所称"生态扶贫"，其实质仍然是生态价值的货币化。此时生态补偿已经成为一种专项扶贫举措，其核心要义在于，贫困地区因限制发展而获得的生态效益具有经济价值，根据等价交换原则，共享生态效益的地区有义务对生态效益的创造者进行合理补偿。

通过梳理法律文本对生态补偿制度的不同表述，可以看出生态补偿的实践样态和地方政府对生态补偿的不同期待。虽然表述方式不一，但有一点可以确信，即生态补偿制度能够作为西部扶贫开发和生态文明建设互利

---

① 出台农村扶贫开发条例的省份具体包括贵州、吉林、湖北、黑龙江、宁夏、湖南、青海、四川、江苏、云南、内蒙古、甘肃、陕西、广东、重庆、湖北、广西、河北。

共荣的“接口”。据此，当前的主要任务便从理论证成过渡到制度建构，即建构怎样的生态补偿制度，能够既发挥其生态环境保护功能，又能起到精准扶贫的制度目的。

3. 立法供给：生态补偿制度扶贫功能的阻却与实现

前文已述，主体功能区划的制度设计必须辅之以生态补偿政策，但现实情形是，由于我国的生态补偿制度尚处于初创期，实践中的生态补偿数量少、标准低的影响，产生了功能和操作上的偏失。基于对实践中生态补偿政策的不信任，各地争相挤入优化开发区或重点开发区，而拒绝被纳入限制开发区或禁止开发区。即使被纳入后者，也不甘“寂寞”变相开发。① 按此趋势，缺乏生态补偿有力支撑的主体功能区划制度恐有被“架空”之虞。破解生态补偿实践困境的首要方法便是由国家出台规范制度运行的专门法律。其实早在2011年，国务院便将《生态补偿条例》的制定纳入了年度立法工作计划之中。针对现实中阻却生态补偿扶贫功能发挥的事由，本书认为，《生态补偿条例》应当围绕生态补偿法律关系主体的确定性、补偿客体的合理性、补偿标准的公允性以及补偿方式的可行性四个方面展开具体的制度设计。

（1）生态补偿法律关系主体的确定。传统的人域法是围绕主体这一核心观念而生成的规则体系。② 根据所处地位的不同，我们可以将生态补偿法律关系的主体区分为补偿主体和受偿主体。生态补偿法律关系主体不能设计得过于宽泛和模糊，否则只会导致制度沦为没有实践意义的“花瓶”。也就是说，并非所有创造生态效益的主体都适宜纳入受偿主体的范畴，也并非所有享受生态效益的主体都应当成为补偿主体。否则，前者可能使生态补偿囊括所有的生态建设活动，而后者便可能陷入生态受偿主体与生态补偿主体同一的矛盾境地。本书认为，就补偿主体而言，因为生态效益的受益主体极为宽泛且不易确定，让作为公共利益代理人的政府充当生态补偿主体是明智且可行的。但是，在流域、自然保护区等容易确定受益主体的区域，逐步探索横向的财政转移支付亦是现实所需。相较而言，受偿主体的确定相对容易，例如，生态公益林的维护者，因保护重要湿

① 代明、刘燕妮、江思莹：《主体功能区划下的生态补偿标准》，《中国人口·资源与环境》2013年第2期。

② 江山：《法律革命：从传统到超现代》，《比较法研究》2000年第1期。

地、饮用水水源地、风景名胜区而进行生态移民的损失者，均具备纳入受偿主体的资格。此外，因为经营权受限的企业、发展权受限的地方政府也具备成为受偿主体的资格。

（2）生态补偿法律关系客体的确定。通过检视实践运行情况，本书发现，现实中的生态补偿正在演化为一般的扶贫措施，而生态意义正在被严重淡化。具体而言，实践中的生态补偿主要考虑的是“受偿人因保护环境而牺牲的财产和人身利益”，但本书认为，生态补偿法律关系客体的核心应当是“生态环境”。以退耕还林工程为例，如果补偿的客体是因国家退耕还林工程而对当地民众改变其生活地域和方式的补偿，那么这一补偿实际上与民法中的征地拆迁补偿并无二致。其问题在于，这样的补偿类似于“一锤子买卖”，其关注了对贫困居民眼前利益的补偿，却忽视了对当地生态价值与居民发展权的补偿，实际上误解了生态补偿的本质含义。不难想象，仅凭根据财产损失多寡而采取的“对价补偿”将无力实现贫困人口的自我救赎。生态补偿的应然客体应当是退耕还林后产生的生态效益，生态价值货币化的目的，是使付出护林管理成本的农民基于林木长期产出的生态效益转化为长期的经济效益。习近平总书记在中央扶贫会议中强调的“让有劳动能力的贫困人口就地转成护林员等生态保护人员”，也包含了将林木产生的生态效益作为补偿客体的含义。总之，对保护生态而牺牲的财产利益的补偿与传统的民事补偿并无本质差异，生态价值的补偿才是生态补偿法律关系的唯一客体，各级政府需要转变将生态补偿视为单纯的“扶贫”或“恩赐”手段的陈旧观念，而应当将其作为一种社会分工和利益互补的基本形式，[①] 这也是生态补偿发挥长效扶贫功能之前提。

（3）生态补偿标准的确定。为了减少制度的运行成本，增强制度的普适性，有学者提出，生态补偿的标准应当通过地区的生态价值评估来确定。但是，这一补偿标准确定方式的可行性受到普遍质疑。举例来说，在自然禀赋相对优越的西南地区，减少人为破坏环境的行为，某种程度上就能够使生态环境恢复到一个较为理想的状态；而在自然环境相对恶劣的西北地区，要达到同等水平的生态环境水平，不仅需要减少或杜绝人为的环境破坏行为，还需付出大量的人力或财力成本。此时，倘若依照统一的生态价值评估来确定生态补偿标准，成本较低的受偿主体发了“横财”，而

① 朱谦：《环境权问题：一种新的探讨路径》，《法律科学》2004 年第 5 期。

成本较高的受偿主体将因为成本大于收益而失去环境治理的动力。也就是说，通过生态价值评估来确定生态补偿标准，虽然具有普遍适用的统一性，但却缺乏一事一议的灵活性，生态价值评估确定的补偿标准看似公允，实则有违法律所追求的实质公平。本书认为，生态补偿标准的确定应当考虑以下三方面内容：其一，受偿人因环境保护遭受的实际损害；其二，受偿人营造的生态环境的生态效益价值；其三，生态受益方所获利益。只有综合衡量上述三方面因素，生态补偿标准才能使限制或禁止开发区“甘心”放弃工业发展，并致力于生态环境的长期维护。

二 环保监管责任追究机制的建立

（一）环保督察巡视制度

1. 环保督察巡视制度建立的原因

尽管中国建成了较为完善的污染防治法律体系，但是环保监管的成效却无法体现在环境质量的提高上。诸多原因中，环境监测和执法能力弱被认为是最为核心的因素。

由于环保监管机构外部和内部障碍的掣肘，导致地方环保监管普遍存在“软执行”的问题，特别是在形成“财政联邦制”之后，地方政府为增强竞争优势，不断突破中央政府的政策底线，弱化环保监管职能。[①] 为了破解环保部门行政执法的外部和内部阻力，原环保部在全国设立了六个区域派出机构，分别是华东、华南、华北、东北、西北和西南环境保护督察中心，作为原环保部的直属机构，对地方的环境行政进行监督。通过垂直监管的模式，来促使环保监管机构摆脱地方政府利益动机的干扰，从而达到强化中央政令的目的。

2. 环保督察巡视制度的理论基础

环保督察制度是垄断者政府论与责任政府论共同作用的结果，其要旨在于减少地方政府寻租和环境保护部门行政“不作为”或“乱作为”问题。垄断者政府论认为政府是行政权力的垄断者，因权力天生具有扩张性，因此容易产生权力寻租行为；而责任政府论认为政府是公共利益的代理人，责任政府有义务对公共管理产生的问题负责。环保督察巡视制度便是在这样的背景下产生的，其目的是对我国地方政府忽视环保，或者环保

① 周适：《环保监管的他国镜鉴与对策选择》，《改革》2015 年第 4 期。

部门本身的不作为、乱作为进行常态化和规范化监督，通过上级政府在科层制上的绝对权威破解政府部门“责任天平”失衡的问题，从而形成对环境保护相关责任主体的硬性约束。

政府作为公共产品的服务者，其在权力方面的垄断地位使其产生寻租倾向，公共问题虽然是市场失灵的结果，但也存在行政不作为和乱作为的问题，开展对政府的综合性和专项性督察便成为解决政府失灵的有效途径。公共选择学派认为，垄断者政府作为权力的垄断供给者，容易在政治权力输出过程中出现腐败和寻租行为，寻租行为是对经济利益的再分配，而其本身并不会增加任何社会财富和福利，因此其收益归于寻租主体而成本却由社会均摊。同时，政府在政治权力输出的过程中，可能由于缺乏外在压力而产生缺乏效率的问题，从防止权力寻租和激励政府积极作为的角度来看，都应对政府行为进行监督。

我国日益突出的环境问题既有经济发展的阶段性因素，也有历史累积性的影响，为了治理环境问题，我国长期以来以企业为“靶”，行政权力为“箭”，而经过多年的实践表明，这样的“以靶射箭”式的环保监管模式过于强调了企业的责任，而忽视了行政机关对环境保护的责任。[①] 较之于一般的侵权行为，环境侵权具有一项显著的特征，即环境侵权并不具有道德上的可非难性，因为企业的排污行为往往推动了社会的发展，而且公众本身也是排污的受益主体，在传统的环保监管模式之中，片面强调企业责任，企业是环保监管的唯一对象，而忽视了政府在环保监管“不作为”“乱作为”所产生的影响，从而导致环境保护责任天平的“失衡”。[②] 公共管理理论从责任政府的角度提出，责任政府是现代民主国家的基本理论，对政府行为进行监督控制是责任政府的应有之义。[③] 责任政府的实现有两条途径：其一，通过激励机制保证政府履行职责，提高公共部门运行效率；其二，通过问责机制保证政府规范行使行政职权。同时还应通过公众参与公共事务，使公众对行政决策的制定产生约束性影响，进而提升政府行政的合法性和决策的科学性。透过责任政府理论，可以得知政府在环境

---

① 翁智雄、葛察忠、王金南：《环境保护督察：推动建立环保长效机制》，《环境保护》2016 年第 Z1 期。

② 同上。

③ 张成福：《责任政府论》，《中国人民大学学报》2000 年第 2 期。

保护中承担的行政责任，设计相应的权力约束机制便成为现实所需。

3. 完善环保督察巡视制度的建议

首先，健全"党政同责"和"一岗双责"，落实权力清单制度。在规范行政权力运行之前，需要厘清党委和地方政府的环境保护职责，建立党委和政府在环保决策、监察、执法、信息披露上的职责划分和责任追究机制，使"责任清单"成为党政领导干部追责和晋升的重要参考依据。长期以来，我国的政府问责都指行政问责，而实践中的政府行为往往来自地方党委的决定或明确指示，如果将问责局限于行政机关，显然是治标不治本之策，因为地方党委相对地方政府有着更强的政策影响力，即使每次出现环境污染事故后都对行政机关主要领导进行了追责，但党委领导的过错程度更高却无须担责，这无疑会形成权责不对等的状况出现，进而产生党委的"乱作为"和政府的"怠政行为"。国家提出的"党政同责"和"一岗双责"无疑有效地解决了这一问题，促使行政权力在法制的轨道上运行。同时，应当厘清环境审计、绿色考核、环保约谈、环保监察与环保督察巡视制度之间的关系。当前，《环境保护法》新设立的诸多制度如何平衡和协调并未厘清，为了协同推进生态文明建设，应当形成一套互相配合的制度体系。

其次，完善环保督察巡视制度的实施细则。2014 年《环境保护法》并未写入环保督察的相关规定，但 2015 年中央深化改革小组十四次会议审议通过了《环境保护督察方案（试行）》，成为当前环保督察巡视制度的指导性文件，但该文件仍然属于规范性文件的范畴，并不具有强制执行力。本书认为，应当妥善用好区域限批、挂牌督办、约谈等制度，提升环保督察制度的实效。同时，建议国务院出台环保督察专门的管理办法，由国务院授权生态环境部代表中央政府对省级政府的环保职权行使情况进行监督，并在生态环境部成立统领六大环保督察派出机构的办公室，统一协调环保督察巡视工作。[①] 此外，还应当进一步健全公众参与环保督察的渠道，充分发挥社会力量进行环保监管。

最后，健全环境保护目标责任制和考核评价制，为环保督察巡视制度提供技术支撑。环保督察巡视制度离不开对地方政府进行的环境绩效评估，因此，应当探索第三方机构对政府的环境绩效进行客观评估，从而为

---

① 尚宏博：《论我国环保督查制度的完善》，《中国人口·资源与环境》2014 年第 3 期。

环保督察巡视制度的开展提供技术支持。环境绩效评估应当以地区环境容量和承载力为基础，依托国家环境标准，在充分考虑地区资源禀赋和经济发展状况的前提下，对地区环境保护指标的完成情况进行评估。同时，有学者指出，应当委托第三方机构对全国所有省市环境状况进行评估，以获知当前环境状况的大致情况，通过前后对比得出环境绩效的变化情况。[①]此外，还应当建立对环保督察部门本身的监督机制，因为环保督察的结果往往会使地方党政领导承担行政责任或法律责任，为了防止权力滥用，应当探索建立对环保督察本身的监督机制。

（二）环保行政问责

习近平总书记曾指出："保护生态环境必须依靠制度、依靠法治"，"对那些不顾生态环境盲目决策、造成严重后果的人，必须追究其责任"。学者同样认为，从长期来看仅仅加重对企业污染行为的处罚不能从根本上改善环境质量；相反，倘若加大对环保监管失职的处罚力度将获得更大的社会实效。因为对企业的污染处罚仅能在短期内产生效果，而从长远来看，处罚并不能抑制企业逃避环境治理责任的机会主义倾向。[②] 诚如刑法学家贝卡利亚所言："犯罪与刑罚之间的时间隔得越短，在人们心中，犯罪与刑罚这两个概念的联系就越突出、越持续。"[③] 也就是说，刑罚的有效性不在于刑罚的残酷性，而在于刑罚的及时性和不可避免性。刑罚的及时性的保障则来自监管机关的积极作为。同理，完善行政问责无疑能起到比加重行政相对人刑罚责任更好的社会效果。

尽管我国的环保相关法律法规已经加强了环境问责的规定，但是问责程序仍然缺乏可操作性，问责制度也流于形式。例如，2006 年出台的《环境保护违法违纪行为处分暂行规定》是首个针对环境问责的专门规定，其规定国家行政机关工作人员拒不执行环保相关法律法规及政策，将受到警告、记过、降级和撤职等行政处分。2014 年《环境保护法》进一步规定："行政机关工作人员违法行为造成严重后果的，给予撤职或者开除处分，主要负责人应当引咎辞职。"然而，对于谁来问责、问责程序、

---

① 翁智雄、葛察忠、王金南：《环境保护督察：推动建立环保长效机制》，《环境保护》2016 年第 Z1 期。

② 熊鹰、徐翔：《政府环保监管与企业污染治理的博弈分析及对策研究》，《云南社会科学》2007 年第 4 期。

③ ［意］贝卡利亚：《论犯罪与刑罚》，黄风译，中国法制出版社 2005 年版，第 70 页。

问责标准等问题，法律法规尚未明确规定，本节拟就这些问题做出探讨。

1. 环境行政问责的概念

为提高交流的效率，避免无益的争论，一项讨论的展开应该首先明确其讨论的对象。① 截至目前，尚未有法律对环境行政问责进行明确的规定，该制度的建立依据主要来源于党委和政府联合下发的规范性文件。中央出台的直接涉及环境行政问责的规范性文件有两部：一部是 2009 年出台的《关于实行党政领导干部问责的暂行规定》，另一部是 2015 年出台的《党政领导干部生态环境损害责任追究办法（试行）》。其区别在于，前者是中央对环境问责在内的各类问责的一般性规定，后者则是针对环境领域的行政问责的特别规定，其中既包括一般的行政问责，② 也包括党纪处分等责任追究方式。③ 为了响应国家关于加强环境问责的制度号召，督促官员在环保领域积极履行自身职责，各省份先后出台多部规范地区环境问责的规范性文件，例如《贵州省生态环境损害党政领导干部问责暂行办法》《云南省环境保护行政问责暂行办法》和《广西壮族自治区党政领导干部环境保护过错问责暂行办法》等。

通过文本分析发现，实践中关于“环境行政问责”这一概念的表述并不统一，其不同的表述包括“环境问责”“环境行政法律责任的追究”等。从法理上讲，“环境行政问责”基本等同于“环境问责”，而“环境行政问责”与“行政问责”构成种属关系，“环境行政问责”与“环境行政法律责任的追究”则存在交叉关系。这是因为：首先，从语义学上讲，“环境问责”是一个内涵和外延都极其丰富的概念，也就是说，但凡涉及环境责任的追究，理论上都可以称为“环境问责”。然而，实践中的“环境问责”却与“环境行政问责”基本等同，虽然“环境行政问责”看似限定了“环境问责”的领域，即非“环境民事问责”或者“环境刑事问责”，但实际上实践中的“环境问责”就是指代环境领域中的行政责任。

---

① 尹田：《民法思维之展开——尹田民法学演讲集》（修订版），北京大学出版社 2014 年版，第 7 页。

② 《党政领导干部生态环境损害责任追究办法（试行）》中并未直接使用“问责”这一概念，但是采用了责令公开道歉、引咎辞职、责令辞职、免职等问责的主要责任方式，是对问责的间接性规定。参见《党政领导干部生态环境损害责任追究办法（试行）》第 10 条以及《关于实行党政领导干部问责的暂行规定》第 7 条。

③ 参见《党政领导干部生态环境损害责任追究办法（试行）》第 10 条。

其次，“行政问责”与“环境行政问责”构成种属关系，因为“环境行政问责”特指环境保护领域中适用的行政问责。因此，“行政问责”构成“环境行政问责”的属概念，而“环境行政问责”构成“行政问责”的种概念。最后，“环境行政问责”之所以与“环境行政法律责任的追究”构成交叉关系，是因为“行政”二字在不同的场域存在不一样的含义。“行政问责”中的“行政”是指问责的主体或者对象是行政部门，而“环境行政问责”中的“行政”是指环境责任的属性是行政责任。环境行政问责的对象主要是党政机关领导干部，问责的主体主要是政府监察部门或者党委纪检部门，问责的事由主要是党政机关领导人职权的不规范行使，责任的承担主要包括对职位或声誉的制裁，问责的程序主要参考传统的行政责任内部追究程序。由此可见，环境问责主要是指党政机关在系统内部对环境行政官员的职位和声誉进行制裁，以使其承担职权不规范行使的否定性后果的制度。①

从学者给出的这一定义可以看出，环境行政问责具有如下特征：其一，从我国环境行政问责的规范性文件由党委和政府联合颁布可以看出，环境行政问责不仅包括传统的行政问责，还包括党纪处分等党委问责；其二，环境行政问责的对象是党政机关的行政人员，是一种内部追责方式，环境行政相对人无法成为问责对象；其三，环境行政问责的事由主要是职权的不规范行使，具体而言，可以分为不作为的职权不规范行使和乱作为的职权不规范行使；其四，环境行政问责的责任承担形式主要是对行为人的职位或者声誉进行制裁；其五，环境行政问责是一种独立的责任承担方式，并不替代环境民事责任或者环境刑事责任的承担。

2. 环境行政问责存在的问题

其一，轻部门主管责任，重基层直接责任。实践中，环境行政问责主要针对在一线进行环境执法的工作人员，而忽视了环保部门的负责人。例如，2011 年浙江省台州市曝光村民血铅超标事件，调查显示该事件与当地蓄电池生产厂违法排放污染物有关。此次事件最终导致台州市环保局的一位副局长和监察中队队长被问责。② 这一问责结果并不尽如人意。首

① 梁忠：《论环境问责的归责原则》，硕士学位论文，西南政法大学，2016 年。

② 杨朝霞、赵晓宁：《论我国政府环境问责的乱象及其应对——写在新〈环境保护法〉实施之初》，《吉首大学学报》2015 年第 4 期。

先，没有当地环保局局长同意，该厂如何通过环评审批或“三同时”验收。其次，即使环保局局长不存在直接责任，但是当地出现环境污染事故，其下属承担主要责任，那是否也显示出其管理职责并未实现。前文已经指出，企业在环境执法中拥有极强的谈判能力，其可以通过地方政府影响环保部门的决策，基层执法者的执法行为一般遵循部门领导的决定或者来自部门领导的直接示意，因此，仅处罚直接的执法者并不能从根本上解决环保职权滥用的问题，因为这不能避免部门领导错误决策而执法人员担责的不正义现象。

其二，轻环保分管部门责任，重环保主管部门责任。由于生态环境的系统性，环保监管不可能依靠环保部门独立完成，自然资源管理部门、水利与发改、建设、工商等综合管理部门都兼有环境保护的职权。实践中，环境行政问责的对象多是地方环保部门，而其他分管部门的责任则较少提及。前已述及，在许多分管领域，分管部门的职权大于环保部门，对环保部门无权却担责的问题若不加以处理，将无法产生分管部门合理使用职权的激励，进而会造成环保监管系统性的破坏，环保部门小修小补的监管模式无法因应现实需求。因此，环保行政问责应当将分管部门职责纳入其中。

其三，轻党政领导责任，重环保监管责任。实践中，鲜见由于环境事件而追究地区党委或政府领导的责任的情形，环境保护主管部门领导往往成为环境污染事件的直接负责人。实践中，环保主管部门领导多是根据地区的党委指示或政府的授权进行相应的环保监管，一般认为，违法行为的执行者与决策者都应当承担法律责任，而在现行法律体制下，对环保主管部门领导的责任追究，却容易导致违法行为决策者责任的缺失，这也违背了“权责一致”的法治原则。众所周知，我国环境问题多是由产业引进不合理、企业违法立项等因素造成的，环保监管部门的监管行为只能是尽最大努力将损害降到最小。也就是说，政府引进的企业本身便存在重大环境风险，这些风险极易造成民众的生命安全、财产受损，环保部门的末端治理明显不能达到环境治理的目的。因此，探索建立党政同责的法律机制成为现实之所需。

3. 环境行政问责产生问题的原因

首先，环境行政问责的法律体系不健全。当前，我国对追究行政人员环境法律责任规定较少，即使有也大都存在文件层级过低、内容过于抽象等问题，这就导致实践中环境行政问责随意化的倾向。其次，“有权必有责，用权受监督”作为法治的共识，却未在环境行政问责中得以体现。我国至今未形成完整、健全的环境行政监督体系，尤其是社会监督阙如。具体而言，环境信息公开不完善、环境教育不健全、环保组织缺乏专业化等问题，共同导致我国难以形成有影响力的监督机制。再次，由于环境问题成因复杂，环境污染事件的发生往往是环保、水利、林业、工商、发改等部门职权运行不当而共同作用的结果，然而由于我国当前对各分管部门和统管部门之间的职权分割不清晰，导致追责出现统管负责、分管旁观的窘境。最后，环境行政问责的制度设计本身就存在诸多问题，一方面，上级政府部门追责下级政府部门的做法会导致最高政府部门的责任无法追究；另一方面，上下级部门之间有着密切的联系，二者之间的问责可能导致关系的异化，同时，由于利益的牵扯，也可能导致上级政府碍于情面不问责或者通过权力造成环境行政问责中产生“替罪羊”。

4. 完善环境行政问责的策略

我国的环保监管体制长期停留在监管行政相对人的模式上，由于规制俘获或者行政权力怠责，都无法实现良好的监管实效。因此有学者提出，需要进行制度重构来“监管环保监管者”。[①] 环境行政问责便是“监管环保监管者”的有力途径，为了解决环境行政问责乱象，可以从以下几方面着手。

（1）完善环境行政问责法律法规。问责的前提是法制的健全，为使依法问责规范化、制度化，应当完善环境行政问责相关立法。2014 年《环境保护法》虽然写入了环境行政问责，但是规定抽象、简单，仅规定“引咎辞职”这一政治责任形式，对于分管部门的责任追究、党政领导的责任追究都缺乏详细规定。为此，应当出台环境行政问责的规范性指导文件，明确环境行政问责是环保监管模式转型的重要制度，并规范问责程序，明确问责标准，完善被处罚行为人的复任机制，实现各地问责的统一化和规范化。

（2）改进环境监测制度。环境行政问责离不开全方位地反映地区环境质量的监测数据，因此，完善环境监测是及时发现、控制污染、落实责任的重要前提。我国的环境监测可以分为区域监测、行业监测和自我监

---

① 吕忠梅：《监管环保监管者：立法缺失及制度构建》，《法商研究》2009 年第 5 期。

测。前文已述，为克服各地区、各行业在环境监测上的各自为政问题，党的十八届五中全会要求实行环境监测部门的省以下垂直领导。中央深化改革领导小组第十四次会议也审议通过了《生态环境监测网络建设方案》，为建成我国统一的环境监测网络，实现环境行政问责的大数据支撑奠定了良好的基础。

（3）完善环境审计制度。环境审计能够对不同部门和不同届的领导的环境职责进行细化，从而实现环境行政问责的客观化、精细化和公正化。通过编制自然资源资产负债表，推行领导干部自然资源离任审计，将林地、饮用水、湿地、古树名木等资源进行汇总，通过对比行政领导在执政初和离任时的资产存量，判断其环保监管的成效大小，从而激励地方行政官员积极履行环境保护职责，达到环境保护的目的。此外，通过环境审计制度，能够实现对行政人员任职期间的环境行为进行评价，从而使问责有了数据支持，能够有效避免上一届和下一届政府负责人互相推卸责任的情形。为此，中央深化改革领导小组第十四次会议审议通过《关于开展领导干部自然资源资产离任审计的试点方案》，为环境行政问责奠定了良好的基础。

（4）强化公众参与机制。多元化的监督机制是实现环境行政问责的重要前提。如果将环境行政问责界定为行政机关内部的处罚程序，将无法避免上级包庇下级或者上级在下级找“替罪羊”的随意问责问题。为此，应当建立多元化的监督机制，问责启动程序除了政府或党委之外，还应充分发挥地方人大和司法机关的参与，行政人员违法行使职权导致舆论激愤时，地方人大或司法机关可以启动问责机制。①

（5）明确环境行政问责的例外情形。倘若行政人员行使职权动辄得咎，将不利于环境行政发挥应有的作用，应当问责的是行政人员“不作为”或“乱作为”，而对于已经尽职但无法预见或无法避免的情形，应当赋予相关责任人员免责权，方能体现“过罚相当”的法治精神。具体的例外情形设定，可以参照环境民事责任的免责条款。目前，不可抗力即不能预见、不能避免并不能克服的客观情况可以构成免责事由。② 具体而

① 杨朝霞、赵晓宁：《论我国政府环境问责的乱象及其应对——写在新〈环境保护法〉实施之初》，《吉首大学学报》2015 年第 4 期。

② 张梓太：《环境法律责任研究》，商务印书馆 2005 年版，第 107 页。

言，不可抗力可以划分为两类，一类是不可抗力的自然灾害，另一类是不可抗力的社会现象。

三　多元共治的实现——私人执法

构建多元参与共治的环保监管模式，关键在于提高公民、企业等其他社会主体的积极性，同时搭建合理的制度框架，使这些社会主体能够在环保监管中发挥应有的作用。公众参与度低一直是我国环保监管的痛点和难点，关于如何提高公众参与度理论界和实务界已有诸多论述，本书创新地提出私人执法，以增强公民参与环保监管实效。

根据奥尔森的理论，环保监管集体行动的困境可以通过两种方式予以解决：一是使用强制性机制，通过行政处罚的方式迫使地方政府参与环境治理的集体行动；二是使用激励性机制，通过市场主体的利己动机激励各方参与。鉴于单一行政管制手段的弊端，应积极探索利用市场机制来激励企业，将环境保护内化为企业的自觉行为。在此需要说明的是，多元共治的环保监管模式并非要抵制传统的环境行政手段，相反，基于环境问题强烈的公共属性，由政府主导的集体行动仍然是环境治理最具效率的手段。

对于私人执法，实现多元共治，增进公民参与环保监管之效所面临的前提性问题之一是以权利为基石。我国对于私人执法的权利并未予以明确阐释，学界倡导已久的环境权在我国的立法中一直未予以正名，那么本部分仅以环境权民法表达为切入点，试图在民法中需求私法执法之权利依据，促进我国私法执法之发展，达抛砖引玉之效。

学界对中国的权利泛化现象保持着高度的警惕，认为“对民事权利的过度确认未必是权利者的福音，却可能是侵权诉讼泛滥和法官适用法律窘境的开始”①；与此同时，创造权利也被认为是近代以来人类最有价值的活动之一，而“权利泛化恰是权利的一种生长机制”②。公民环境权作为“新兴权利”与“泛化权利”的共享代表，同时受到“激进”环保主义者的推崇与“保守”法学研究者的诋毁。作为“权利宣言书”的民法，能否写入与传统私权有别的环境权，便成为这场论战的焦点。我国第四次民法典起草期间，以吕忠梅、曹明德教授为代表的环境法学者对“环境权私

---

① 于飞：《基本权利与民事权利的区分及宪法对民法的影响》，《法学研究》2008 年第 1 期。

② 汪太贤：《权利泛化与现代人的权利生存》，《法学研究》2014 年第 1 期。

权化”进行了较为深入的理论探讨，他们主张“让环境资源保护在享有环境权的主体为自己的权利而斗争的进程中开展”，进而积极倡导“民法典的生态化”。[①] 这一呼吁得到了民法学界的高度重视与积极回应。作为该次民法典编纂的重要成果，王利明教授主编的《中国民法典草案》与徐国栋教授主编的《绿色民法典草案》，均将“环境权”作为一项“新兴权利”，纳入他们各自设计的民事权利体系之中。[②] 至此，“在民法体系内完成环境权的确立、保护和救济”似乎从“荒谬”演变成“可能”。

时隔近十年，“环境权民法表达”这一议题因为党的十八届四中全会重启民法典编纂工作而“硝烟”再起。2015年10月天津大学主办的“我国应当制定一部什么样的民法典？——环境法学与民法学的对话”理论研讨会，将“自然人环境权的民法保护”作为会议五项核心议题之一进行讨论；2015年11月最高人民法院与武汉大学联合主办的“环境权益与民法典的制定”学术研讨会，索性将议题聚焦于“环境权益民法表达的理论可行性和实践必要性”问题。“环境权民法表达”的理论争鸣至今仍在持续发酵，[③] 这一未竟之课题，俨然成为中国民法典制定和环境权理论研究中一座“绕不过去的桥”。

检视此次“环境权民法表达”的理论争鸣发现，此次论辩的重点既包括第四次民法典起草期间曾经论述但尚未释明的核心议题，又涵盖诸多有待研究和阐释的新动向。但概括而言，当前的“环境权民法表达”理论争鸣总给人以“乱花渐欲迷人眼”之惑，支持“环境权民法表达”的观点，一如其反对观点一样，辩锋锐利，却似乎都未“刺”中问题的要害，究竟该不该“表达”，双方仍然是各执一端。究其根源，是因为论辩双方忽视了这一议题的初始预设，而径直向其表象做功，这便让双方的辩驳处于一种“隔靴搔痒”的状态，使这场论战注定不会产生令人信服的结果。换言之，影响或决定这场论战结果的，并非建立在初始预设之上的

---

① 参见吕忠梅《沟通与协调之途——论公民环境权的民法保护》，中国人民大学出版社2005年版；曹明德、徐以祥《中国民法法典化与生态保护》，《现代法学》2003年第4期。

② 参见王利明《中国民法典草案建议稿及说明》，中国法制出版社2004年版，第54页；徐国栋《绿色民法典草案》，社会科学文献出版社2004年版，第84页。

③ 参见代杰《论环境权的实现：从环境权入民法典说起》，《北洋法学评论》第一卷，天津大学出版社2017年版，第125页；陈海嵩《论环境法与民法典的对接》，《法学》2016年第6期；徐祥民、辛帅《民事救济的环保功能有限性》，《法律科学》2016年第4期。

表象争辩，而是取决于那些默认没有必要挑明的初始预设本身。是故，本书将通过关注和反思“环境权民法表达”这一议题中那些不为人重视却又具有关键作用的细节因素，揭开这一议题的“神秘面纱”，以期对中国民法典的制定和环境权的理论研究有所裨益。

（一）证立与证伪之间：“环境权民法表达”之争的回顾与反思

针对“环境权民法表达”这一议题，学界生成了观点截然不同的两派：一派是坚定不移地支持“环境权民法表达”的证立方，一派是旗帜鲜明地反对“环境权民法表达”的证伪方。双方的论战涉及与议题密切相关的方方面面，但欲将二者所有的论战之域铺陈于此，恐非本书所能包含。加之论战并未呈现出一边倒的态势，而是互有胜负、伯仲难分。为此，本书选取证立方与证伪方在论战中各自最具影响力的两个观点加以评析，以期能尽可能简洁、客观地展现论战双方的核心观点。根本目的则在于表明当前的“环境权民法表达”理论争鸣难谓充分，回归到这一议题的初始预设才是破题之关键。

1. 民法环境权是否构成环境民事公益诉讼的原权利

“环境权民法表达”的证立方认为，中国的环境民事公益诉讼处于“有救济无权利”的尴尬境地，亟待“环境权的民法表达”来解决环境民事公益诉讼原权利阙如的逻辑问题。原因在于：第一，《民事诉讼法》第3条关于该法调整范围的规定，与《民法总则》（或《民法通则》第2条）的调整范围规定基本吻合，表明民事诉讼显系为解决私人间纠纷而设立的程序性规范。易言之，《民事诉讼法》与《民法》有着形式与内容、手段与目的的关系，即《民法》规定实体权利，《民事诉讼法》则通过规定程序权利实现对民事实体权利的救济。第二，《民事诉讼法》第55条确立的环境民事公益诉讼所保护的显然是不可分割的社会公共利益，作为程序诉权来源的《民法》却并不存在代表环境公共利益的权利条款。于是，缺乏权利基础的中国环境民事公益诉讼制度便处于罕见的“有救济无权利”的尴尬境地。第三，英美法系有法谚指出，“救济走在权利的前面”。然而，英美并无成文法的传统，救济本身一般就宣示着权利的出现，而我国作为大陆法系国家，有着先明确权利再设定保护的传统。第四，环境权作为一项兼具公私属性的集合权利，其公共利益取向正好与环境民事公益诉权相契合。是故，证立方认为，环境权的民法确立能够有效解决环境民事公益诉讼原权利阙如的逻辑问题。[①]

本书认为，这一立论在特定的历史语境下具有真实性。然而其立论之基的《民法》与《民事诉讼法》关系是动态和发展着的，证立方截取二者关系在某一特定历史时期所呈现出来的单一面向来证成“环境权民法表达”的正当性，势必因为二者关系动态发展所派生出的多重面向而失却说服力和解释力。具体而言，国家设立民事诉讼的目的何在？对于这一问题的解答，根据历史时期的不同，分别有私权保障说、私法秩序说、纠纷解决说和程序保障说这四种理论学说。私权保障说源于自由资本主义时期，与当时“个人主义”盛行的社会背景相适应，“保障个人的实体权利”被认为是民事诉讼设立的首要目的。“环境权民法表达”的证立方在《民法》中寻找《民事诉讼法》的权利基础，便根源于这一“民法是主法，民诉法是助法”的理论学说。该学说的弊端在于，私权保障说反映到现实社会中，形成了“彻底的当事人主义”，法官成为适用法律的机器，而且诉讼片面追求客观真实而无视诉讼成本，造成程序利益的无谓损失。到垄断资本主义时期，“社会本位”逐渐取代“个人本位”观念，民事诉讼作为国家公法制度的组成部分，被认为应当以满足“公共投射”、维护私法秩序为首要目的，民事诉讼的“私法秩序说”由此而来。私法秩序说虽然试图摆脱私权羁绊，但终究摆脱不了“私法”二字，因此只是在一定程度上使民事诉讼目的与实体法目的拉开距离。[②]

到现代资本主义时期，民事交往日益频繁，民事冲突与日俱增，迫切需要民事诉讼增强其纠纷解决功能，由此形成了民事诉讼的“纠纷解决说”。该说认为，民事诉讼应当以解决纠纷为其根本目的，而不以确认原有的实体权利为出发点，即使不考虑实在法的存在，民事诉讼也可以被看作国家或社会应付自身矛盾的本能反应。[③] 纠纷解决说使民事诉讼目的与实体法目的彻底分离，此时实体法只是作为纠纷解决的资源而存在，对民

---

① 参见杨朝霞《论环保机关提起环境民事公益诉讼的正当性——以环境权理论为基础的证立》，《法学评论》2011 年第 2 期；王明远《论环境权诉讼——通过私人诉讼维护环境公益》，《比较法研究》2008 年第 3 期；刘牧晗、罗吉《环境权益的民法表达》，《人民法院报》2016 年 2 月 17 日第 8 版。

② 段厚省：《环境民事公益诉讼基本理论思考》，《中外法学》2016 年第 4 期。

③ 祁建建、王戬：《民事诉讼目的略论》，《烟台大学学报》（哲学社会科学版）2000 年第 2 期。

事诉讼已经不构成目的上的约束。[①] 随后，又有学者从“程序正义”的观念出发提出“程序保障说”，强调诉讼程序本身具有独立于实体的价值，两者并不具有价值序列上的等级区分。本书认为，随着程序独立价值的日益彰显，私权保障说的解释力已经每况愈下，相反，纠纷解决说与程序保障说所强调的实体利益与程序利益均衡保护更富生命力和现实意义。《民事诉讼法》作为公法，其确立的环境民事公益诉讼本质上属于现实环境问题的公法性解决机制，其与私法中的民事权利并不需要构成一一对应的关系，自然也就不需要在《民法》中去创设环境权来充当环境民事公益诉讼的原权利。这也就解释了，同样由《民事诉讼法》第55条确立的消费者公益诉讼，为何不需要在《民法》中去寻找代表消费者公共利益的原权利。

2. 民法环境权的确立能否从源头因应现实环境问题

证立方认为，民法环境权的确立将起到从源头上规避环境问题的功效。原因在于：其一，民法环境权的确立能够实现环境保护的自我规制。环境问题产生于“民法所规范的民事主体实施的民事行为过程中”[②]，倘若没有广大公民环境意识的觉醒与自我规制的培育，仅靠行政公权推动的生态文明建设势必因为“一条腿走路”而沦为“空中楼阁”。民法典的一个重要功能便是“价值宣示”，在民法中写入对环境的关照，无疑能够起到公民环境启蒙的功效，继而使“环境保护”内化为公民的自觉意识，促使公民在民事活动中遵循生态规律，履行环保义务，进而通过“自我规制”与“外部管制”形成的“两轮驱动”实现从源头上保护生态环境的初衷。其二，民法环境权的确立将推动环境问题的“私人执法”。“环境权民法表达”蕴含了“环境私主体治理”的双阶构造：（1）借助权利的法定性与强制力，让环境私主体有“能力”进行环境治理；（2）凭借权利的正当性与感召力，让环境私主体有“意愿”进行环境治理。“权利话语”形成的价值共识能够有效激发权利人保护环境的内在动力，继而缓解环境公益诉讼起诉主体激励不足的问题。

针对证立方提出的民法环境权促进环境保护“自我规制”的观点，本书持否定意见。原因在于：（1）宪政主义成形之后，民法典的“价值

① 段厚省：《环境民事公益诉讼基本理论思考》，《中外法学》2016年第4期。

② 朱谦：《对公民环境权私权化的思考》，《中国环境管理》2001年第4期。

宣示”功能已有相当一部分转移到更高位阶的宪法身上。因此民法典的制定应当对证立方所寄予厚望的“价值宣示”功能保持克制。而且“价值宣示”在本质上是一种道德教化，但诚如苏永钦教授所言，“无论是公法还是私法，法律条文如果只想传输道德，而不创造任何可司法的权利义务内涵，除了制造司法的混乱，不会有其他效果”[①]。（2）证立方所欲实现的环境保护“自我规制”，在性质上应当属于公民应负的社会义务。然而，证立方却通过权利的外衣来隐含其义务指向，最终导致逻辑的混乱。环境问题的一个突出特性是环境受害者与致害者同一化，这就决定了良好的生态环境既需要享有环境权的主体积极向政府“索取”这一公共产品，又需要发扬权利主体“人人为我，我为人人”的“奉献”精神。但是“环境权民法表达”的证立方借助“权利”的正当性，强化了“索取”，却弱化了“奉献”，这便与证立方所欲表达的“自我规制”这一义务指向形成悖逆。（3）“环境权的民法表达”也无法根治现实环境问题。环境问题具有“最小抵抗倾向”，即污染与破坏总是向抵抗力最弱的一方聚集，经济越不发达的地区越易出现环境问题。[②]“环境权的民法表达”一方面激发了权利主体对自身环境权进行维护和保障的热情；另一方面，基于权利观念衍生出的自我中心和对抗倾向，环境问题将从环境权保护高标准的人群或地区向环境权保护低标准的人群或地区转移。易言之，“环境权民法表达”所欲因应的环境问题，仅会改变表现的方式、时间或地点，离“根治”的初衷相距甚远。[③]（4）权利话语的张扬还可能衍生出社会冲突等新的问题。转型发展期的中国出现环境问题具有某种历史必然性。但是，环境权借助权利话语将极大地激发了权利主体不切实际的期盼，当公民日益感受到“人人都拥有环境权”的法律承诺，与“环境权难以实现”的法律实践之间存在巨大落差，不仅会造成环境权自身的贬值，而且会导致公民对社会理性与制度信任形成持续性损耗，并最终通过权利话语的极

---

① 苏永钦：《寻找新民法》，北京大学出版社2012年版，第59页。

② 钭晓东：《实践利益的衡平与反哺，实现契约到身份的回归》，《法学》2006年第2期。

③ 例如正在上演的发达国家向发展中国家、东部向中西部、城市向农村展开的污染转移，甚至近年来通过电动汽车将污染从汽车转移至发电厂，类似的环境问题解决方案虽然从效果上看于事无补，但逻辑上却是符合环境权保护的行为方式。参见徐以祥《环境权利理论、环境义务理论及其融合》，《甘肃政法学院学报》2015年第2期。

端形式加以表达。[①] 此时，“环境权民法表达”的规制策略便是“自我挫败”的，因为它恰恰恶化了自己意欲解决的社会稳定问题。

针对证立方提出的环境权促进“私人执法”的观点，本书认为：其一，违反环境保护的行为没有特定的受害者，或者受害者是一个很大的群体，相对于起诉的成本来说，群体中的每个人受到的损害都非常之小。换言之，环境公益诉讼起诉主体激励不足的问题归根结底是利益分配问题，证立方希望借助“环境权民法表达”所产生出的“价值正当性”来替代“经济人理性”，不得不说是过于乐观了。毕竟，“天塌众人承”的处世态度，国人、外国人都有这种意识。[②] 其二，环境权利与其他民事权利之间存在一种“此消彼长”的关系，即环境权与诸多已有民事权利形成重叠或对立，环境权的民法确立将无可避免地带来权利冲突和体系紊乱问题，权利主体在环境保护中不得不面临“两条战线上作战”的难题。[③]

3. “私法公法化”能否解决“环境权私权化”的逻辑问题

“环境权民法表达”的证伪方认为，“环境权私权化”将面临难以自圆其说的逻辑问题。原因在于：（1）第三代人权中的民族权、发展权、环境权是传统的个人化人权理论不敷使用之后出现的“技术补丁”，其最突出的特征便是权利主体的集合性。然而，环境权的私权化正在背离这一趋势，即将属于集体人权的“环境权”转化为作为私人权利的“环境权”，这便有违创设环境权的初衷。（2）合乎逻辑是法治的最低标准，“逻辑不对，体系就会有瑕疵，所有的演绎都会出问题”[④]。环境权具有典型的公共利益取向，民法典却以“个人本位”为圭臬，“民法典越能维持私法的纯净性，越有其持久性，硬把不同本质的公私法夹杂规定，如苏联民法典，结果反而不能适应社会较大的变化”[⑤]。是故，“环境权的民法表达”将撼动整个民法体系的理性和逻辑，如果仅换来环境法学界的一点点精神胜利，实在不值。

这一立论极具说服力，也道出了“环境权私权化”最为紧要的逻辑问题。但上述观点并非无懈可击，可能的反驳包括：（1）公私法的划分

---

① 陈海嵩：《论环境法与民法典的对接》，《法学》2016 年第 6 期。

② 徐祥民：《对“公民环境权论”的几点疑问》，《中国法学》2004 年第 2 期。

③ 徐祥民、张锋：《质疑公民环境权》，《法学》2004 年第 2 期。

④ 苏永钦：《寻找新民法》，北京大学出版社 2012 年版，第 49 页。

⑤ 同上书，第 9 页。

在现代社会已经趋于缓和，很多公法涉及私法，很多私法涉及公法。刑事违法破坏社会秩序和公共道德，但实际上，刑事犯罪的直接危害客体是社会中特定的人或组织。同理，很多反私害法例如合同法也具有反公害的一面，因为违反合同破坏了商业道德和商业交易的安全性。对这一现象可以有两方面的回答：其一，公法和私法的区分是一个度的区别，而不是质的区别；其二，违法行为危害的性质仅仅是选择执法体制的各种考量因素之一。[①]（2）随着“私法公法化”的推进，现代民法已经含蓄地表达了其对公共利益的关切，“让平等主体间的民事规范，主要地或附带地承担辅助管制政策，在现代立法已经是常见的现象”[②]。例如，传统的侵权责任机制以损害填补为主要功能，但现代社会，其功能已经由传统的损害填补转向更具公法面向的预防、威慑、制裁和激励等。《侵权责任法》第1条便开宗明义地规定，其立法目的为“保护民事主体的合法权益”与“预防并制裁侵权行为”，前者反映的是填补损害的“矫正正义”，后者则体现的是极具公法面向的“报应正义”。该法第47条规定的惩罚性赔偿也是私法责任附带公法责任的典型示例。从解读中国的《侵权责任法》出发，美国学者发现，不仅中国，世界各国的民法都在积极展现自身的公法面向。[③]（3）主流的大陆法系民法典制定于环境问题产生或爆发之前，立法者自然不会着墨于尚无社会需求和价值的环境权。在“人人享有健康环境权”理念已经达成社会共识的今天，享有“后发者优势”的中国民法典，也需承担时代使命赋予的“先行者挑战”。2003年通过的《乌克兰民法典》第270条便专门规定了私权性环境权。[④] 再者，民法典的制定，归根结底应当是手段的范畴，而不是目的本身，倘若能够充当促进社会治理的装置，牺牲逻辑强调经验和效用便是符合成本收益分析的理性选择。利益法学派便指出，“不是逻辑优先，而是生活的价值居首”[⑤]。以Forkel教授为代表的德国学者也提出：“一般环境侵权可以视为对‘一般人格权’的

---

① 李波：《公共执法与私人执法的比较经济研究》，北京大学出版社2008年版，第3页。

② 苏永钦：《寻找新民法》，北京大学出版社2012年版，第36页。

③ ［美］戴杰：《中国侵权法的普通法色彩和公法面向》，熊炳万等译，《判解研究》2014年第2辑。

④ The Civil Code of Ukraine, Law, Code on Junuary 16, 2003.

⑤ ［德］阿图尔·考夫更：《当代法哲学和法律理论导论》，郑永流译，法律出版社2002年版，第167页。

侵害来加以保护。”[①]

4. 民法环境权如何取得来自宪法统摄的正当性问题

经学者统计，截至 2014 年 193 个联合国成员国中已有 92 个国家在宪法中写入了环境权，[②] 但是在民法中写入环境权的屈指可数。据此，证伪方认为，“环境权的民法表达”存在两个问题有待解决：其一，基本人权一般由宪法规定，而在民法中写入作为基本人权的环境权存在越俎代庖的嫌疑，其不仅会挤占宪法的立法空间，而且会造成基本权利体系的紊乱；其二，在宪法环境权阙如的情况下，民法环境权的确立也无法取得来自宪法统摄的正当性。

针对第一个问题，本书认为，虽然我们在公法和私法层面都同时使用“环境权”这一概念，但是二者之间实际上没有多少共通性。可以设想，如果宪法与民法同时对一种不存在任何分歧的权利进行保护，那么我们可以肯定这样的法律规范必然存在一个多余的规定。[③] 因为对于数量有限的法律条文而言，多余而累赘的权利表述将无异于焚琴煮鹤。宪法上的环境权和民法上的环境权分别隶属于宪法权利和民法权利体系之下，沿袭宪法权利与民法权利的固有差异。详言之，民法作为市民社会内部的私人活动规则，以调整私人间的横向关系，解决个体间冲突为己任。循此逻辑，民法确立的环境权本质上是一种私权，其义务人指向的是其他平等民事主体，当其他私主体侵犯公民环境权之时，权利人得以借助侵权责任机制来制止加害人的不法行为。与此不同，宪法权利发生在个人与政治国家之间，其设置“天生以国家为假想敌”，[④] 作为公法性权利的宪法环境权，其权利内容主要包含：第一，对国家的防御权，即公民的环境权免受来自政府的侵害；第二，请求国家做出保障的权利，即要求政府维持当前环境状况不发生严重倒退的权利；第三，要求国家进行积极给付的权利，即对已经遭受损害的环境有获得改善的权利。由此可见，宪法环境权的请求权功能针对的是国家的权力及行为。也就是说，宪法环境权与民法环境权名

---

① ［德］克里斯蒂安·冯·巴尔：《大规模侵权损害责任法的改革》，贺栩栩译，中国法制出版社 2010 年版，第 81 页。

② 吴卫星：《我国环境权理论研究三十年之回顾、反思与前瞻》，《法学评论》2014 年第 5 期。

③ 马岭：《宪法权利与法律权利：区别何在?》，《环球法律评论》2008 年第 1 期。

④ 于飞：《基本权利与民事权利的区分及宪法对民法的影响》，《法学研究》2008 年第 1 期。

称相同，但有着截然不同的意涵，公权性环境权的实质是安排政治议程的考量因素，私权性环境权的实质是实现“私力救济”的诉权基础，二者分别在“国家—公民”以及“私人—私人”的范畴内发挥作用，不得逾越。[①] 基于二者在效力范围上的泾渭分明，民法环境权的确立并不会产生越俎代庖的逻辑问题。相反，同时加强宪法环境权和民法环境权保护方是现实之所需。

针对第二个问题，本书认为，宪法统摄下位法制定的观念根源于“根据宪法，制定本法”的惯常逻辑。但问题是，这一被诸多法律反复强调的立法准则实际上存在逻辑悖论。一般认为，“根据宪法，制定本法”有两层含义，即立法的权源法定和法源法定。具体而言，权源法定是指全国人大制定法律的权力来自宪法授权；法源法定则是指全国人大制定的法律，其内容渊源于宪法的事先规定。[②] 权源法定的观念缺乏解释力，因为从经济学的视角分析，宪法赋予全国人大及其常委会制定法律的授权具有“一劳永逸”的特点，只要宪法的授权条款未更改，制定法律的主体未变更，那么权源法定便不需要反反复复地在不同的法律首条中进行重申。如果说权源法定的核心是“授权”，那么法源法定的核心便是“限权”，即限制立法者的权力。世界各国普遍推行甚至推崇“依法治国”，但值得注意的是，“依法治国”的实质是“规则之治”，该概念本身并不存在价值预设，因为倘若“法”是“恶法”，“依法治国”便只能是为暴政进行正当性背书或装点门面的形式。为了保证“依法治国”的“法”是“良法”，便不得不对立法者的权力进行合理限制，而这正是“法源法定”的核心要义，即下位法的制定应当以宪法的既有规定为圭臬。现实中也多是从法源法定的角度来理解“根据宪法，制定本法”的。然而，法源法定的逻辑其实也存在问题：一方面，从历史的角度看，是先出现众多的法律权利，然后才产生抽象的宪法权利，权利体系是自下而上地形成的；而从法源法定的逻辑来看，是先存在抽象的宪法权利，再派生出众多的法律权利，权利体系是自上而下地建构的。[③] 法源法定隐含着“宪法无所不包”这一理论预设，但从逻辑上讲，法律以社会为基础，先有社会，再有与之对应的法

① 张善斌：《民法人格权和宪法人格权的独立与互动》，《法学评论》2016 年第 6 期。

② 叶海波：《“根据宪法，制定本法”的规范内涵》，《法学家》2013 年第 5 期。

③ 马岭：《宪法权利与法律权利：区别何在?》，《环球法律评论》2008 年第 1 期。

律，“无所不包的宪法”则说明社会以法律为基础，而马克思早已批判过，“社会不是以法律为基础的，那是法学家们的幻想”①。毕竟，宪法条文有限，而社会事实无穷，列举式的法条永远无法涵射所有法律现象。另一方面，“根据宪法，制定本法”的提法其实并无宪法依据。《宪法》第5条规定“一切法律、行政法规和地方性法规都不得同宪法相抵触”。“不抵触”和“根据”这两个看似相近的表述，其实隐藏着截然不同的意涵。②“不抵触”允许法律在宪法未考虑周全的情况下，新设权利、制度；③“根据”则要求任何下位法的制定都必须有宪法依据，而基于宪法条文的有限性、立法者能力的不足和社会形态的复杂多变性，这样的假设都是难以成立的。因此，无论是从逻辑还是从宪法文本分析，民法环境权的创设都不需要宪法事先规定而取得正当性。④

前文列举了证立方与证伪方最具影响力的立论或反驳观点，但通过规范法学的分析发现，二者的观点都具有诸多逻辑漏洞，“环境权民法表达”的理论可行性与实践必要性问题仍然是“未解之谜”。为此，本书拟回到这一议题的初始预设，从探究“环境权”的规范内涵，以及“环境权民法表达”的制度内涵出发，探讨此议题的原始动因及目的实现。

（二）表象与本质之间：环境权的历史演进与规范内涵

可能是人们从不同角度理解的“环境权”存在霄壤之别，又可能是因为“环境权”一词本身所包含的内容极其玄妙深奥，致使众多环境法学者苦思冥想得出的关于“环境权”的各类解说，从未有一种得到过被普遍接受或赞同的殊荣。因此，再煞费苦心地论证“环境权”的规范内涵，便成为一件“费力不讨好”的事情。本书之所以要做这一“不讨好”之事，实在是因为这件事太重要：倘若无法达成一个理性、客观且中立的关于环境权的内涵共识，环境权研究便会沦为鸡同鸭讲式的各说各话，不仅“环境权民法表达”会失却讨论之前提，而且会消解环境权本身的正当性。为此，本书拟从环境权的历史演进出发，探讨环境权所承载的规范

① 《马克思恩格斯全集》第6卷，人民出版社1961年版，第291页。

② 蒋德海：《基本权利与法律权利关系之探讨》，《政法论坛》2009年第2期。

③ 张卓明：《中国的未列举基本权利》，《法学研究》2014年第1期。

④ 也有学者指出，采用非原旨主义的宪法解释方法，宪法“人权条款”与“环境条款”的结合能够推衍出“公民环境权”。参见杜辉《挫折与修正：风险预防之下环境规制改革的进路选择》，《现代法学》2015年第1期。

内涵。

1. 环境权的历史演进

自《环境影响评价法》第11条将“环境权益”作为规划环评的内容确立以来，国务院已经制定了三个以“人权”为主题的国家规划，分别是《国家人权行动计划》（2009—2010）、《国家人权行动计划》（2012—2015）以及《国家人权行动计划》（2016—2020），这些计划均无一例外地将“环境权利”连同“生存权利”“政治权利”等视为我国人权的组成部分。从这一角度来看，“环境权是一项基本人权”的观念已经超越学界，得到了中央政府的认同。具体而言，从人权历史分期的视角看，环境权是第三代人权的核心权利。欧洲启蒙运动提出的“天赋人权”理念，既是近代资产阶级革命的理论基石，也是现代人权思想研究的发端。第一代人权的核心权利是“自由权”，其以“国家之不作为”为主要诉求目标，希望能借此形成一个“政治国家”不能插手的“市民社会”领域，进而为资本主义的自由发展提供空间。美国的《独立宣言》与法国的《人权宣言》是第一代人权的标志性文件。第二代人权的核心权利是“生存权”。“自由权”所派生出的自由放任体制极大地保障了资本家的自由，广大劳工却是“自由得一无所有”。[①] 备受现代社会推崇的财产权制度，对社会底层民众而言，也不过是维持其贫困的枷锁。在此情形下，消极的人权理念改弦易辙，要求国家积极作为或给付，力求社会平等的“生存权”由此而来。《世界人权宣言》《公民权利和政治权利公约》等是第二代人权的标志性文件。[②] 从长远来看，经济发展与环境保护是互为表里、协调共进的，但就现实而言，物质财富的与日俱增与环境利益的江河日下几乎是世界各国无法规避的一对突出矛盾。基于物质财富和环境品质之间呈现出的强烈反差，广大民众对环境利益的渴求最终演变成了权利的观念。此时，我们便迎来了第三代人权，即环境权，其标志性文件是《人类环境宣言》与《里约环境与发展宣言》。学者巧妙地将上述人权发展的三个历史时期分别概括为初创期、发展期和升华期，认为初创期的“自由权”反映的是公民与政府之间的矛盾，发展期的“生存权”反映的是社会强者与社会弱者之间的矛盾，而升华期的“环境权”反映的则是人类

① 吴卫星：《环境权研究——公法学的视角》，法律出版社2007年版，第94页。

② 李建良：《论环境保护与人权保障之关系》，《东吴大学法律学报》2000年第2期。

与自然之间的矛盾。[①]

遵循“三代人权”的划分逻辑，本书将我国的环境权研究也划分为前后两个阶段，即对环境权做“加法”的第一代环境权与对环境权做“减法”的第二代环境权。第一代环境权研究始于20世纪80年代，是指环境权理论在我国正式提出后，不断有学者在环境权的权利主体、内容和客体上做“加法”的研究进路。这一时期的代表是蔡守秋、吕忠梅和陈泉生教授。蔡守秋教授认为，环境权是指“公民有享受良好适宜的自然环境的权利”[②]。在此基础上，第一代环境权论者将环境权的主体从“公民”逐步扩展至“法人”“国家”“自然体”和“后代人”；[③] 权利内容则从“享有良好的环境”扩展至“自然资源使用权”[④]“环境知情权、参与权和请求权”[⑤]。实体性的环境权进一步细分为“清洁空气权”“清洁水权”“风景权”等具体权利。[⑥] 此外，环境权还囊括了“国家、法人和公民保护自然环境免遭污染所应尽的义务”[⑦]。这一融合了实体环境权与程序环境权、私权性环境权与公权性环境权、现实环境权与理想环境权的集合权利被学者戏称为“权利托拉斯”。[⑧]

在本书看来，第一代环境权论者构建的环境权是一个自己领域的乌托邦，其既不被传统法学界所接受，也难为立法和司法实践提供有效指导，究其根源：（1）如果说人类社会长期以来对自然的忽视或欺凌是一种错误，那么，第一代环境权论者构建的内涵模糊、主体泛化、外延不清、内容庞杂的环境权则是一种“矫枉过正”的产物；（2）第一代环境权论者采用的泛道德主义与“去法律化”的研究进路，从根本上消解了环境法与其他部门法进行平等对话的根基，其提出的极具伦理色彩的“自然体权利”“后代人权利”更是让传统法学界大跌眼镜，使这一时期的环境权研究存在“以法言法语包装道德直觉”之嫌疑；（3）借助“人权”的正当

① 徐祥民：《论环境权——人权发展历史分期的视角》，《中国社会科学》2004年第4期。

② 蔡守秋：《环境权初探》，《中国社会科学》1982年第3期。

③ 蔡守秋：《论环境权》，《金陵法律评论》2002年春季卷。

④ 陈泉生：《环境权之辨析》，《中国法学》1997年第2期。

⑤ 吕忠梅：《再论公民环境权》，《法学研究》2000年第6期。

⑥ 吕忠梅：《论公民环境权》，《法学研究》1995年第6期。

⑦ 蔡守秋：《环境权初探》，《中国社会科学》1982年第3期。

⑧ 吴卫星：《环境权研究——公法学的视角》，法律出版社2007年版，第93页。

性与巨大号召力，第一代环境权论者极大地推动了环境权的社会共识；然而，人权路径的环境权研究无可避免地使环境权空洞化，而这对于权利的司法保护极为不利。质言之，证成环境权的正当性是人权路径环境权研究最为重要的历史使命，但是到具体论证和构建环境权制度时，便亟待脱离自然法意义上的“人权”研究路径，转向更具可操作性的实证法意义上的“权利”研究路径。

为了实现纠偏的目的，21 世纪初，逐渐有学者以更为务实的态度对第一代环境权做起了“减法”。他们删繁就简，直指核心，此时的环境权理论我们称为第二代环境权。在权利主体方面，第二代环境权论者指出，法人不存在“身心”的实体，不能成为环境权的主体；① 学校、医院等法人追求“宁静环境的权利”实为生活于此的个人所享有的权利集合。“国家环境权”其实是国家对外的主权和对内的环境管理权。② 后代人的环境利益是一种最大范围的社会公共利益，权利不可能拓展到后代人身上，当代人的环境义务才是后代人权利理论的本质。③ “环境”自身亦不可能成为权利主体。不可否认，从历史来看，权利主体确实呈现出逐步扩张的趋势，奴隶、妇女、黑人等都经历了从权利客体向权利主体的资格演进。然而，（1）奴隶、妇女、黑人等主体归根到底没有超越“人”的范畴，其与“环境”仍然有着本质区别。④（2）承认自然体权利将颠覆整个人类的生活秩序，为了避免受到蚊子的轻微伤害而将其杀死甚至存在防卫过当之虞。⑤（3）“环境自身”能否成为“权利主体”的探讨，是“人类中心论”与“生态中心论”争辩的衍生品。然而，“生态中心论”所欲主张的“环境自身”享有权利，必须解决“由谁来代表环境主张权利”的问题，而此一“技术问题”的制度设计，仍然会受到“人本思想”的左右。⑥ 在权利内容方面，第二代环境权论者指出，开发和利用自然资源的“经济性权利”实质上仍然属于财产权的范畴。自然资源使用权与环境权的唯一关

---

① 吕忠梅：《沟通与协调之途——论公民环境权的民法保护》，中国人民大学出版社 2005 年版，第 253 页。

② 徐祥民：《论环境权——人权发展历史分期的视角》，《中国社会科学》2004 年第 4 期。

③ 刘卫先：《后代人权利理论批判》，《法学研究》2010 年第 6 期。

④ 曹明德、徐以祥：《中国民法法典化与生态保护》，《现代法学》2003 年第 4 期。

⑤ 吴卫星：《环境权研究——公法学的视角》，法律出版社 2007 年版。

⑥ 李建良：《论环境保护与人权保障之关系》，《东吴大学法律学报》2000 年第 2 期。

联在于，二者的权利客体均指向自然环境；但如果以客体是环境的组成部分来界定环境权，那么我国《物权法》精心构筑的自然资源物权体系都将转归环境权之下，而这显然是环境权“不能承受之重”。[①] 环境信息知情权乃知情权之一种，公众参与权则是从民主原则中推导和发展出来的一项权利。没有必要为了知悉对象和参与对象的特定化，而专门设立环境知情权、环境参与权，否则，仅一个知情权或参与权便会让立法者无暇顾及其他。[②] 环境权与环境义务一一对应的观点反映出一种典型的民法思维，其实质是想强调环境权是有限度、有界限的权利，却混淆了公法权利与私法权利的区分，并用私法权利的特征来概括作为集合性权利的环境权的特征。[③]

经过第二代环境权论者对环境权的“瘦身”，环境权完成了一种逆向运动式的权利形塑，此时的环境权再次指向“公民有享受良好适宜的自然环境的权利”。从上文的规范分析可以看出，环境权研究向初始环境权“返祖”的现象明显是一种进步，因为它剔除掉了环境权的冗余概念，勾勒出了环境权的基本轮廓。然而，第二代环境权研究仍未透彻地阐明：环境权为何会产生？环境权的实质是什么？环境权设立的意义又何在？下文将重点回答这些问题。

2. 环境权的规范内涵

环境议题的出现与环境权的诞生似乎有着某种不证自明的关联性，在诸多论者看来，几乎没有必要对这一关联性作详细论证。在本书看来，环境权之生成在相关论者眼中如此明显是一种不幸，因为这种表象掩盖了其中的复杂微妙之处。试想，如果有人提出异议，说他不相信存在什么环境权利，我们该怎么回答呢？除了说环境权是根本的、不证自明的，抑或责备那人故意捣乱、糊涂愚钝，好像就再无话可说了。换言之，学界关于环境权内涵的论辩，只有在争论双方都承认其存在的情况下才是合适的。否则，我们就需要回到初始预设本身，探究环境权产生的原始动机，并在此基础上推导出环境权的规范内涵。

---

① 参见侯怀霞《关于私法环境权问题》，《理论探索》2008 年第 2 期。

② 参见张祥伟《环境法研究的未来指向：环境行为》，《现代法学》2014 年第 3 期。

③ 徐以祥：《环境权利理论、环境义务理论及其融合》，《甘肃政法学院学报》2015 年第 2 期。

自然资源具有二元属性，即在同一自然资源之上，既承载着可以通过权属制度进行精细分割的资源利益，也承载着具有共享性和不可分割性的生态利益。资源利益与生态利益交互作用，二者的增加或减损存在“一荣俱荣、一损俱损”的整体性特征。[①] 这一特征就导致环境侵权区别于传统的民事侵权，具有自身独特的行为和时间逻辑。以污染侵权为例，当行为人将污染物排放到自然环境中，作为环境组成部分的大气、水、土壤等环境要素将通过氧化、降解等方式，降低或者消除污染物的毒性。然而，环境的这种自净能力存在一定的阈值，只有当污染物的数量或浓度控制在这一阈值之内，环境自净能力方能正常发挥；相反，一旦超出这一阈值，便会引发带来法律否定性评价的环境问题。可以看出，污染侵权隐含着两个阶段：第一阶段，排放的污染物超过环境承载能力，产生生态环境损害的阶段；第二阶段，不能被自然消解的污染因子，以环境要素为介质，向与该环境要素发生关联的人身、财产进行侵害的阶段。传统侵权理论认为，只有污染侵权发展到第二阶段，即污染因子切实影响到法律所明确保护的人身、财产权益时，环境污染才具有侵权法上的意义。不难发现，这样的保护模式对处于第一阶段的生态利益而言，实际上反映的是法律对人身、财产权利进行保护的反射利益，其弊端在于：（1）现行法律确定的环境侵权责任认定标准，已经构成生态环境损害的最糟糕形式，其实质上将建基于自然资源之上的生态利益遗漏在了法益的保护范围之外；（2）环境侵权的分阶段性，使自然因素介入污染物排放行为和社会主体所受损害之间，这便使环境侵权的原因行为与损害后果之间因果关系链条较弱，且难以证明，继而使得依赖人身、财产权利进行生态环境保护的反射利益机制也无法顺畅运行。

考虑到环境侵权特有的时间逻辑，倘若能够将责任承担的时间节点提前到侵权的第一阶段，即在污染或破坏行为损害生态利益之时、侵犯人身财产权之前便要求行为人承担侵权责任，无疑对生态环境和人类自身都更具现实意义。然而，“法律的思路是一种不同于情感和伦理的思路，它不能说‘那我们去关心环境、生态、自然好了’就解决问题，它得有相应的概念和理性工具为之承载，才可以去追求某个目的”[②]。考虑到传统的

---

① 史玉成：《环境利益、环境权利与环境权力的分层建构》，《法商研究》2013 年第 5 期。

② 江山：《法律革命：从传统到超现代》，《比较法研究》2000 年第 1 期。

人域法是围绕主体这一核心观念而生成的规则体系，而权利保护又是对重要法益的最周全保护模式，于是，学者便通过“移花接木”的方式，将对生态环境的保护“偷换”为对人的环境权利的保护。这其中隐含着一个从“事实”到“价值”的跳跃，即良好的生态环境已从客观上的物变成了人主观上的价值。换言之，生态环境不再是传统人身、财产侵权的媒介，相反，借助权利的观念，生态环境自身成为侵权的客体和损害的对象。概言之，设置公民环境权的实质，是构建一个从环境伦理观念（保护生态环境）向环境法具体制度过渡的桥梁，通过将自然资源之上的生态利益转换为人主观上的权利，从而实现法律对生态利益的关照。由此可以得出本书的一个基本结论，即环境权假“权利”之名，与其说创造了一种抽象的主观权利，毋宁说构造出一种生态利益的概括保护模式。本书认为，这便是环境权理论未经言明的初始预设。其现实意义在于：（1）较之于借助人身、财产权保护生态环境的反射利益机制，环境权“庇护”下的生态环境将拓展法益的保护范围，提前行政权力与司法权力的介入和启动时机，并降低法益侵害的证明标准。日本学者岩间昭道就指出：“作为私权的环境权，即使没有发生有损人的健康的具体被害事实，国民仍有通过诉讼要求对这种侵权行为予以停止的权利。”① 这一结论便内涵了创设环境权所欲实现的拓展法益范围、提前救济时机的初衷。（2）经过环境权的“中转”，对生态环境的保护将获得更具说服力的政治合法性和规制正当性，既可以推动生态环境保护相关制度的生成，也将减小生态环境保护制度推行的障碍或阻力。

倘若上述关于“环境权假‘权利’之名构造出生态利益的概括保护模式”这一假定成立，那么第二代环境权论者对环境权的内涵界定便并不适宜。第二代环境权论者用以修饰和限定环境权内涵之“环境”的形容词众多，例如安全的、满意的、健康的、无污染的、生态平衡的、令人向往的、干净的、纯洁的等，都是惯常使用的修饰词。论者甚至主张：“到底采用什么形容词来修饰、限定环境权中的环境，立法机关有多种选择，关键是要准确并适合国情。”② 在本书看来，修饰的目的更可能是使一个孱弱的观点看上去强有力。为了论述的方便，本书弱化上述限定词的个

① 冷罗生：《日本公害诉讼理论与案例评析》，商务印书馆 2005 年版，第 4 页。

② 蔡守秋：《从环境权到国家环境保护义务和环境公益诉讼》，《现代法学》2013 年第 6 期。

性，增强其共性，将其统称为“良好环境”。将环境权的权利内容界定为“良好环境”的弊端在于：一方面，从语义学的角度分析，“良好环境”的评断在本质上属于价值判断的范畴，其不可能通过法律语言予以精确描述。① 是故，“良好环境”的标准将因为评判者角度不同、立场不同、喜好不同，而得出千差万别的解读，这不仅无法为司法实践提供准确的指引，反而会加剧司法裁判的混乱，继而消解环境权法律化的可行性。另一方面，为了防止“良好环境”被随意解读，学界开出的“药方”是：通过国家制定的环境标准来判断环境是否“良好”。② 可问题在于，环境标准具有统一性、普适性的特征。学者所欲得出的单一、明确的“良好环境”标准，实际上构成了对“权利”与“利益”关系的误解。

学者习惯用利益来解说权利，但是常常不自觉地将利益等同于权利。其实，权利本身并不等同于利益，权利应当理解为权利主体为追求利益而可以采取的行动。这一行动能否取得利益取决于客观条件，而非法律所能明确。也就是说，平等的是权利能力，而非权利所承载的利益本身。就好比，法律对名誉权的规定当然是指权利人有权维护其现有名誉不受损害，如果理解成良好名誉本身，则法律无疑有义务为那些恶棍、流氓涂脂抹粉。③ 再以财产权为例，财产权的真正基础是占有，在法律予以明确保护时，占有的事实才具有财产权的性质。据此，可以得出一个适用于私法领域的关于“权利”不甚成熟的公式，即“权利=既得利益+法律确认”。从这一角度看，我国幅员辽阔，不同地理区域的自然禀赋存在巨大差异，因此不同区域的生态利益不可能通过“通约”的方式确定统一的、普遍适用的衡量标准，而只能表现为一种区分性的利益。④ 概言之，第二代环境权论者将环境权指向具有普适性的、愿望性的“良好环境”，虽然具有极强的道德感召力和政治意义，但这样的表述实际上突破了权利与利益的内在逻辑，其法的效果也让人怀疑。

为了弥补第二代环境权论者对环境权内涵界定的缺陷，本书将私权性环境权界定为“自然人享有对既有的环境品质不发生严重倒退的权利”。

---

① 李建良：《论环境保护与人权保障之关系》，《东吴大学法律学报》2000 年第 2 期。

② 蔡守秋：《从环境权到国家环境保护义务和环境公益诉讼》，《现代法学》2013 年第 6 期。

③ 北岳：《法律权利的定义》，《法学研究》1995 年第 3 期。

④ 史玉成：《环境利益、环境权利与环境权力的分层建构》，《法商研究》2013 年第 5 期。

具体而言：

权利主体应当是“自然人”而非“公民”。关于环境权的权利主体，前已述及，第二代环境权论者已经将法人、国家、后代人和自然体等不具备“身心”实体的主体剔除出了环境权主体的范畴，环境权的权利主体集中指向了“人”。然而，理论界对环境权主体的限定却是“公民”。[①] 根据《宪法》第33条的规定：“凡具有中华人民共和国国籍的人都是中华人民共和国公民”，可见，“公民”与“人”并不等同，只有获得“公民资格”的“人”才能称得上是“公民”。但是每个人享有的人权属性的环境权凭借的应当是人之所以为人的“道德资格”，而不是凭借“公民资格”。[②] 有论者便指出，不仅本国公民而且外国人进入中国领域内也有享用清洁、健康环境的权利。[③] 具有“道德资格”的“人”在民法中有一个特定的称谓，即“自然人”。为此，本书认为，将私权性环境权的权利主体界定为“自然人”，能够弥补“公民”环境权的逻辑不周延问题。

权利客体应当是“既有的环境品质”而非“良好环境”本身。“环境品质”是一个相对中性的词汇，其区别于“良好”等限定词的价值判断，一般通过“环境基准”数据来确定具体的数值。“既有”主要包含两层含义：一方面，从地域范围来看，“既有”表明自然人的环境权是根据其所处的环境而形成的一种区分性利益，不同区域的自然人享有的“既有”环境利益并不等同，山清水秀的江南与风沙肆虐的西北不可能享有根据统一环境标准而设立的相同环境权利。另一方面，从时间向度来看，同一地点不同时期的环境权利可能发生递增或递减的变化，“既有”表明自然人的环境权是一种现存的权利。通过“既有”的限定，自然人享有的环境权便不再指向主观性的、普适性的、愿望性的环境利益，而集中指向根据权利人所在区域的不同而形成的区分性环境利益。

权利内容应当是对既有的环境品质“不发生严重倒退”。德国学者莫姆森通过“差额假说”揭示了“权利损害”的核心内涵：“损害事件发生后某人在特定时间上的财产数量”与“如果某个损害事件不发生，该人

---

① 一些地方性法规也将环境权的主体限定为“公民”，参见《海南省环境保护条例》第11条，《福建省环境保护条例》第9条，《上海市环境保护条例》第5条。

② 夏勇：《权利哲学的基本问题》，《法学研究》2004年第3期。

③ 蔡守秋：《从环境权到国家环境保护义务和环境公益诉讼》，《现代法学》2013年第6期。

在上述时间点上的数量”之间的差额。在此基础上，莫姆森得出结论，这一差额利益“正是”损害赔偿。① 易言之，损害发生前的状态与损害发生后的状态进行比较，被害人所受的不利益便是侵害之所在。循此逻辑，环境权的权利内容则可以概括为，权利人对既有的环境品质享有不因第三人的原因发生减损的权利。“严重”作为“环境品质退化”的限定词，可以充当环境权行使的边界。环境损害在本质上是一种为社会创造财富、增进公众福祉的活动，这就使环境权的权利主体对一定限度内的环境损害负有容忍义务，这一点类似于美国确立的“微量豁免原则”和日本提出的“忍受限度理论”，容忍的限度需要根据成本效益分析，并以公共利益最大化的标准进行个案判定。

一言以蔽之，环境权理论的提出是人类深化环境保护的一种策略选择，其核心在于将以往被忽视的生态利益纳入法益的保护范畴。将私权性环境权界定为“自然人享有对既有的环境品质不发生严重倒退的权利”，将最大限度地削弱环境权的理想主义色彩，使其回归到环境权的本质含义。

（三）目的与路径之间：“环境权民法表达”的功能检视与目的实现

前文将环境权理解为一种假“权利”之名，行“生态利益”保护之实的策略选择。姑且假定这一论断是正确的，那么本书就进入了下一个议程，即以环境权的规范内涵为基础，通过功能论的视角，分析“环境权民法表达”这一议题出现的根本目的；同时，通过解释论的视角，明确功能实现之路径选择。

1. 功能论的视角：“规则+罚则”与“赋权+救济”的调适

由于行政管制成本高昂，政府非常谨慎地将可由私人自治的某类社会事务纳入已有的政治议程。但是当该类社会事务的私人自治（尤其是私人诉讼）成本高于社会所得收益之时，集体性的行政管制便成为必然的选择。全球性的环境问题“治理上移”发生在 20 世纪 70 年代，从那时起，政府主导的行政管制逐渐取代以“私人自治”为核心的侵权法机制，成为环境治理的主导范式。政府通过制定普适性的环境规划、命令或标准强迫全社会加以遵守，并对违反者施以处罚，从而在最大范围内规避可能发

---

① ［德］格哈德·瓦格拉：《损害赔偿法的未来——商业化、惩罚性赔偿、集体性损害》，王程芳译，中国法制出版社 2012 年版，第 15 页。

生的环境损害，而由私主体发动的侵权法机制则渐次退守为“查漏补缺”的角色。[①] 中国的环境立法也大多采用这样的“规则+罚则”管制模型，即法律前半部分规定行为人应当遵守的行为规则，后半部分则规定违反规则应当承担的相应罚则。涵射到现实社会中，则是由立法机关设立规则、义务人履行与行政机关执行三个方面构成的稳定组合。[②]

“规则+罚则”管制模型在其他行政领域极富效率，然而，在环境问题上却凸显出诸多不足：（1）就立法机关而言，环境法领域的规则多建基于事前的技术标准、事中的排放标准以及事后的产品标准，而环境问题具有高科技背景，“多安全才够安全”的问题在科学界亦无定论，立法者不得不在“决策于未知”的情况下确定标准；加之各地自然禀赋不一、各企业治污能力有异，标准的制定过程充满着利益衡量和博弈色彩。因此，作为一种“科学论证基础上的政治判断”，普遍适用的环境安全标准本身可能就不意味着“安全”。（2）就企业而言，强制施行的环境标准能够产生守法激励，而无法衍生出达标后企业进一步提升环境表现的动力。于是，环境安全标准便附带了阻挠技术创新、激发逆向选择的负面效应。同时，基于环境法领域“守法成本高，违法成本低”的事实，[③] 促使“理性”的企业偏爱违法，因为其最坏的结果也只是与行政机关通过行政罚款的方式，达成事实上的“合法”排污交易，更罔论现实中普遍存在的基于查处概率问题而逃脱惩罚的无限可能。（3）就行政机关而言，政府作为一个具有自身利益诉求和行为逻辑的团体，其相互冲突的规制目标（保护环境与发展经济）派生出较为模糊的规制风格，而地方政府的公司化取向则进一步使其从管理和服务社会逐渐转向对社会的掠夺，[④] 形成贝克所言的“有组织的不负责任”情形。加之缺乏公众参与的制衡而引致的规制俘获，以及行政资源匮乏而带来的公权力失效，都表明由行政机关垄断

① Marshall S. Shapo, “Tort Law and Environmental Risk”, *Pace Eevironmental Law Review*, Vol. 531, No. 14, 1997.

② 徐祥民：《环境质量目标主义：关于环境法直接规制目标的思考》，《中国法学》2015 年第 6 期。

③ 2014 年《环境保护法》确立的“按日计罚”制度，是根据“原处罚数额”进行按日连续处罚的，在“原处罚数额”设定不合理的情形下，按日计罚只能缓和却无法彻底改变违法成本低的尴尬局面。参见徐以祥、梁忠《论环境罚款数额的确定》，《法学评论》2014 年第 6 期。

④ 杜辉：《论制度逻辑框架下环境治理模式之转换》，《法商研究》2013 年第 1 期。

执法权力的“规则+罚则”管制模型存有弊病。当前不断恶化的环境现实便是“规则+罚则”管制模型效果不彰的突出表征。

“规则+罚则”管制模型的局限是结构性的，只有转变规制范式乃能解决。前文已述，公权性环境权与私权性环境权同名不同质，二者分别在“国家—公民”以及“私人—私人”的范畴内发挥作用。因此从理论上讲，破解“规则+罚则”管制模型运行困境的方式有二：其一，进一步强化环境权力，通过“部门扩权”的方式消解实践中的政府失灵；其二，赋权于公众，通过“私人执法”的方式弥补“公权行政”之不足。2014年《环境保护法》新增的“生态红线”“按日计罚”“行政拘留”等创新举措便可视为对前一种解决路径的积极落实。但是，“部门扩权”无法突破“高权行政”的先天缺陷：一方面，政府中立有限、实力有限、理性有限、灵活有限的问题不可能借助“扩权”的路径实现根治；另一方面，“部门扩权”带来的，还可能是机构的叠床架屋与行政权力失控等新的问题。当制度的内部改良无法带来理想的效果，外部修正便成为必然的选择。考虑到“规则+罚则”管制模型对环境权力的过度依赖，实际上弱化了公众对其自身生存环境进行保护的能力和神圣职责。于是，以“分权及自治”为内核的“赋权+救济”治理模型便被提上了议事日程。该模型的核心要义在于：通过“权利话语”将环境保护内化为公民的自觉意识，并借助“权利救济”形成的“私人执法”来达到环境私主体治理的目的。其实质是通过一个个自主的微系统来补足中央调控系统的不足，进而产生环境保护的规模效应。考虑到此种路径依赖于公民享有的环境权利与行政、司法机关对权利的救济，本书将其概括为“赋权+救济”治理模型，是与“规则+罚则”管制模型相对称的一种环境治理模式。

需要说明的是，“赋权+救济”治理模式是对“规则+罚则”管制模式的有益补充，而非替代。环境治理中民众与政府“联姻”的意义在于：（1）作为行政出发点的公共利益，终究是诸多单个的个人利益之综合，由利益者本人参与到环境治理无疑可以成为制约公权力滥用和化解政府“中立有限”的有效形式；（2）政府管制的优势在宏观领域，政府的劣势领域主要是大量分散的环境权益冲突，[①] 而这些分散的冲突正是“环境私主体治理”的主阵地，“赋权+救济”治理模型的补充应用能够有效解决

① 吕忠梅：《环境权力与权利的重构》，《法律科学》2000年第5期。

政府“实力有限”的难题；（3）不同的主体有着不一样的立场、知识、信息、资源和能力，在环境治理的过程中，民众的有效参与往往能与政府形成“相互竞争的理性”，进而消解政府“理性有限”的问题；（4）在环境私主体治理的过程中，民众能够借助民事磋商、私力救济等方式推动环境善治，这就从侧面弥补了政府管制“灵活有限”的问题。经济学界也证实，在已有的公共执法体制中加入私人执法制度将提高社会福利水平。[①] 美国在反垄断、环境保护、税收、证券法、就业平等等领域，分散式的私人执法机制也是整个执法体系的重要组成部分。[②] 欧盟也明确表明，准备“加强”个人和环保团体针对污染者提起赔偿和强制恢复受污染环境诉讼的权利。[③] 可见，公私协力正成为法治发达国家行政治理的主旋律。本书相信，合作治理也将演变为我国当前及今后环境治理的总趋势。这在我国的“十三五”规划纲要中也得到证实，该纲要第四十四章开宗明义地指出：“形成政府、企业、公众共治的环境治理体系”。

“赋权+救济”治理模型的正当性可以从社会契约论中进行推导。根据社会契约论的观点，当自然状态中不利于人类生存的障碍，在阻力上超过了个人为了自存所能运用的力量，自然状态便会被社会状态所取代。在这里，人民签订“社会公约”形成国家，行政官仅仅是主权者的官吏，是以主权者的名义行使着主权者所委托给他们的权力，基于利益考量，主权者可以限制、改变和收回这种权力。[④] 在这一逻辑的延长线上，我们可以作出这样的推论，即当作为委托人的政府怠于行使环保监管职权，或者职权行使之成效不符合人民预期时，作为被代理人的公众便存在两种选择：其一，对代理人重申代理权限，迫使政府规范履行代理职权，此乃公权性环境权的核心要义；其二，由被代理的人民越过作为代理人的政府，径直与污染者进行谈判，此乃私权性环境权的核心要义。前已述及，“高权行政”存在难以自我突围的内生缺陷，而且出于“自保”的本能，权利主体让渡给政府的救济权也不可能做到毫无保留。是故，当政府怠于履职或者履职不符合预期时，社会公众有权基于被代理人的地位直接向污染

① 李波：《公共执法与私人执法的比较经济研究》，北京大学出版社 2008 年版，第 21 页。

② 同上书，第 13 页。

③ Anthony G. Heyes, “Environmental Regulation by Private Contest”, *Journal of Public Economics*, Vol. 63, No. 3, 1997.

④ ［法］卢梭：《社会契约论》，何兆武译，商务印书馆 2003 年版，第 73 页。

或破坏环境的责任人行使“私人执法权”。

本书认为，环保领域的“规则+罚则”管制模型面临着“高权行政”难以自我消解的内生缺陷，鉴于对行政公权的过度依赖，实际上弱化了公众对其自身生存环境进行保护的能力和神圣职责。于是，学者便希望通过“私人执法”的方式来填补“高权行政”之不足。“环境权民法表达”的主旨，正是将这一“私人执法权”合法化、规范化和制度化，不难想象，在“环境权民法表达”所衍生出的“赋权+救济”治理模型之下，“国家和无数不特定的私人之力链接起来，形成监视、探知枉行的融贯交织的合作状态，塑造出‘天网恢恢疏而不漏’的社会精神结构，形成强烈的威慑效应”[①]。中国环境管理重心向公民环境权方向偏移的现象，被学者形象地称为“治理下移”。[②]

2. 解释论的视角：“环境权民法表达”之功能实现

不可否认，“赋权+救济”治理模型与“规则+罚则”管制模型的协调共进将成为我国环境治理的主导范式，但问题在于，“环境权的民法表达”绝非推动和实现“公私协力”治理的必由路径。原因在于：

一方面，“环境权的民法表达”将会导致如下问题：第一，民法环境权的确立将带来国家权力平衡状态的改变，即原本由立法和行政机关为中心的环境治理模式，将转变为以司法机关为主轴的保护模式，而这一转变将促使司法权突破其职权范围，损害甚至打破行政权与司法权之间的合理分工与权力平衡。[③] 第二，与公共执法的执法不足相反，民法环境权所衍生出的“私人执法”将存在执法强度失控的问题。我国禁止公民个人提起环境民事公益诉讼，其根本原因在于，一旦法律执行被私有化，政府将很难控制执法的力度。而从成本收益分析的角度看，有时降低执法强度，将提高整个社会的福利。[④] 不难想象，通过“环境权民法表达”使“私人执法”制度化之后，政府控制公共执法力度的职能将荡然无存。第三，民法环境权的确立还面临着被“赋权”主体不规范行使权利的问题。当权

---

① 吴元元：《公共执法中的私人力量》，《法学》2013 年第 9 期。

② 汪劲：《进化中的环境法上的权利类型探析——以环境享有权的核心构造为中心》，《上海大学学报》（社会科学版）2017 年第 2 期。

③ 王明远：《论我国环境公益诉讼的发展方向：基于行政权与司法权关系理论的分析》，《中国法学》2016 年第 1 期。

④ 李波：《公共执法与私人执法的比较经济研究》，北京大学出版社 2008 年版，第 7 页。

利人基于民法环境权获得“私人执法权”，其可能因为接受了企业贿赂，从而认可企业的污染行为，于是，通过“私人执法”保护生态环境的目的就会落空。即使权利人基于环境权受损提起了民事诉讼，根据侵权责任理论，在获得赔偿之后，受害人将获得对赔偿金的“处置自由”，[①] 其不一定会根据制度设计的初衷将此部分资金用于生态功能之恢复。

另一方面，也是最重要的方面，“环境权民法表达”的目的已经借由环境民事公益诉讼制度的建立而得以实现。从前文分析中可以看出，“环境权的民法表达”这一议题承载着两个期盼：其一，借助权利的观念，将“生态环境”从客观上的物变成人主观上的价值，从而证成对生态环境进行保护的必要性和可行性；其二，基于“规则+罚则”管制模型存在的内生缺陷，借助“赋权+救济”治理模型所形成的“私人执法”予以弥合。可问题在于，无须“环境权的民法表达”，上述两个期盼均已在实践中得以落实。具体而言，经过各方努力，目前我国已经初步建成了以环境民事公益诉讼为载体的“赋权+救济”治理模型，这一模型的规则体系由《侵权责任法》《环境保护法》《民事诉讼法》，以及最高人民法院与最高人民检察院相关司法解释和试点方案构成。根据上述法律文件的规定，一来，环境民事公益诉讼的诉讼对象是“对已经损害社会公共利益或者具有损害社会公共利益重大风险的污染环境、破坏生态的行为”，其已经涵盖了对生态环境损害的规制；二来，虽然相关法律及其司法解释未将公民个人纳入起诉主体的范畴，但诉权交由代表公众，且更具专业性和执行力的社会组织，仍然是符合成本收益分析的理性选择。也就是说，与其追求难以达成共识的民法“环境权”，不如将心力放在如何贯彻现有环境公益诉讼这一课题之上。因为倘若环境民事公益诉讼能够予以落实，“赋权+救济”治理模型就能够顺畅运行，届时，是否进行“环境权民法表达”的问题，将只是次要或表面问题。值得一提的是，环境权理论起源于密歇根大学萨克斯教授所著的《美国环境损害的法律救济：法院的角色》一文，[②] 实际上，该文并没有回答什么是环境权，而是借助环境权的概念引申出美国的环境公民诉讼制

① 李承亮：《侵权责任法视野中的生态损害》，《现代法学》2010年第1期。

② Sax J. L., “Legal Redress of Environmental Disruption in the United States: The Role of Courts”, *Social Science Information*, Vol. 9, No. 5, 1970, pp. 127-141.

度，其重点探讨的也是环境公民诉讼制度的合理性。

至此，可以得出本书的基本结论：有论者认为环境权研究最大的动力是学者“原教旨”式的权利崇拜，[①] 或者将其视为学者争当“环境权之父”的虚荣心在作祟。本书对这样的草率批判不以为然。在本书看来，将传统的人身、财产侵权进行扩张，使其囊括生态环境自身的损害，是环境权得以提出和发扬的主要动力。“环境权民法表达”这一议题，则是希望借助私法环境权派生出的“赋权+救济”治理模型，调动和发挥公众在生态利益保护中不可替代的作用，以弥补“规则+罚则”管制模型之不足。与大多数论者的观点相反，本书不认为环境权民法表达可欲，不可行，相反，环境权民法表达可欲、可行，只是不必要罢了。因为以环境公益诉讼制度为载体，我国已经建成了针对生态利益进行保护的“赋权+救济”治理模型。只不过，以环境公益诉讼为载体的“赋权+救济”治理模型中的“权”，并非“环境权”，而是“公益保护请求权”。[②]

上文否决了“环境权民法表达”的提议，那是否说明，民法在生态环境保护中毫无建树呢？其实不然。徐国栋教授便指出，民法典应当是“斑斑点点的‘绿’而不能实现全‘绿’”。[③] 这些斑斑点点的“绿”体现在何处呢？本书认为，民法总则中的“绿色原则”，分则物权编中的“环境物权”“动物非物”，合同编中的“环境合同”，侵权责任编中的“生态破坏侵权责任”等内容，都属于广义的“环境权民法表达”的范畴。然而，欲将上述所有问题作出细致解说，恐有离题太远之虞，其体量也非本书所能包含。是故，本书选取与“环境权民法表达”关联最为密切的“生态破坏侵权责任”进行解析，作为本文的结尾。

论者指出，生态破坏的“损害”内涵不同于民事侵权的“损害”，民事责任理论下环境侵权立法不能将生态破坏行为纳入其调整范围。[④] 本书认为，作为损害结果的“生态破坏”确实不宜成为民法规制的对象，但作为原因行为的“生态破坏”却可以并且应当成为侵权责任的原因行为。《侵权责任法》第65条规定，因污染环境造成损害的，污染者应当承担

---

① 杜维超：《在修辞与实践之间：环境权概念的贫困及其义务转向》，《求是学刊》2016年第6期。

② 段厚省：《环境民事公益诉讼基本理论思考》，《中外法学》2016年第4期。

③ 徐国栋：《认真透析〈绿色民法典〉中的“绿”》，《法商研究》2003年第6期。

④ 吕忠梅：《环境侵权的遗传与变异》，《吉林大学》（社会科学学报）2010年第1期。

侵权责任。虽然全国人大常委会法制工作委员会民法室编著的《中华人民共和国侵权责任法解读》认为，此条中的环境污染责任既包括污染生活环境，也包括破坏生态环境，[①]但是，无论是理论还是实践，都对这一解释持否定态度，因为环境污染和生态破坏毕竟是性质有别的两类行为模式，二者更适宜理解为交叉关系，而非包含与被包含的关系，因此，从污染环境中不必然推导出生态破坏。实践中，生态破坏造成的私益损害也无法通过《侵权责任法》第 65 条的规定获得救济。虽然民法无法直接对生态破坏行为进行法律规制，但是，当生态破坏行为影响到民法所切实保护的人身、财产权时，仍然符合触发侵权责任保护机制的条件。为此，2014 年《环境保护法》第 64 条通过转介条款的方式实现了立法拓展，即将生态破坏造成的损害亦纳入侵权责任之中。[②]《最高人民法院关于审理环境侵权责任纠纷案件适用法律若干问题的解释》第 18 条亦规定，该解释适用于审理因污染环境、破坏生态造成损害的民事案件。本书认为，我国的民法典制定既有“后发者优势”，又有“先行者的挑战”，民法典分则侵权责任编中应当写入破坏生态的侵权责任，从而体现环境侵权的新发展。其条款可以设计为：污染环境、破坏生态造成损害的，应当承担侵权责任。[③]

---

① 全国人大常委会法制工作委员会民法室编著：《中华人民共和国侵权责任法解读》，中国法制出版社 2010 年版，第 325 页。

② 竺效：《论环境侵权原因行为的立法拓展》，《中国法学》2015 年第 2 期。

③ 张新宝、汪榆森：《污染环境与破坏生态侵权责任的再法典化思考》，《比较法研究》2016 年第 5 期。

参考文献

一　著作类

[美] 爱德华·弗里曼、杰西卡·皮尔斯、里查德·多德：《环境保护主义与企业新逻辑》，苏勇、张慧译，中国劳动社会保障出版社 2004 年版。

[美] 芭芭拉·沃德、勒内·杜博斯：《只有一个地球》，《国外公害丛书》编委会译校，吉林人民出版社 1997 年版。

[意] 贝卡利亚：《论犯罪与刑罚》，黄风译，中国法制出版社 2005 年版。

[加] 本·阿格尔：《西方马克思主义概论》，慎之等译，中国人民大学出版社 1991 年版。

[美] 布坎南：《自由、市场和国家》，经济学院出版社 1989 年版。

曹明德、张志辽：《环境与资源保护法》，中国人民大学出版社 2008 年版。

陈汉光、朴光洙：《环境法基础》，中国环境科学出版社 1994 年版。

戴星翼：《环境与发展经济学》，立信会计出版社 1995 年版。

[德] 恩格斯：《自然辩证法》，人民出版社 1984 年版。

黄铁苗：《节约经济学》，中国金融出版社 1990 年版。

[美] 霍尔姆斯·罗尔斯顿：《环境伦理学》，杨通进译，中国社会科学出版社 2000 年版。

[美] 凯斯·R. 孙斯坦：《风险与理性——安全、法律及环境》，师帅译，中国政法大学出版社 2005 年版。

梁慧星：《民法总论》，法律出版社 1996 年版。

刘思华：《当代中国的绿色道路》，湖北人民出版社 1994 年版。

吕忠梅：《超越与保守——可持续发展视野下的环境法创新》，法律出版社 2003 年版。

［美］罗纳德·德沃金：《认真对待权利》，信春鹰、吴玉章译，中国大百科全书出版社 1998 年版。

［美］罗斯科·庞德：《通过法律的社会控制》，沈宗灵译，商务印书馆 2008 年版。

《马克思恩格斯全集》第 1 卷，人民出版社 1956 年版。

《马克思恩格斯全集》第 23 卷，人民出版社 1965 年版。

［法］孟德斯鸠：《论法的精神》，申林编译，北京出版社 2007 年版。

齐晔：《中国环保监管体制研究》，上海三联出版社 2008 年版。

秦鹏：《生态消费法研究》，法律出版社 2007 年版。

秦鹏、杜辉：《环境义务规范论：消费视界中环境公民的义务建构》，重庆大学出版社 2013 年版。

史晋川：《法经济学》，北京大学出版社 2007 年版。

世界环境与发展委员会：《我们共同的未来》，国家环保局外事办公室译，世界知识出版社 1992 年版。

［美］斯里达斯·拉尔夫：《我们的家园——地球》，夏堡译，中国环境科学出版社 1993 年版。

苏永钦：《寻找新民法》，北京大学出版社 2012 年版。

［美］唐奈德·H. 梅多斯等：《超越极限：正视全球性崩溃，展望可持续的未来》，赵旭等译，上海译文出版社 2001 年版。

陶蕾：《论生态制度文明建设的路径——以近 40 年中国环境法治发展的回顾与反思为基点》，南京大学出版社 2014 年版。

王利明：《中国民法典草案建议稿及说明》，中国法制出版社 2004 年版。

王泽鉴：《侵权行为法》（第二册），2006 年自版。

信春鹰：《中华人民共和国环境保护法释义》，法律出版社 2014 年版。

徐国栋：《绿色民法典草案》，社会科学文献出版社 2004 年版。

［古希腊］亚里士多德：《政治学》，吴寿彭译，商务印书馆 1965 年版。

叶俊荣：《环保自力救济的制度应因：解决纠纷或强化参与》，台湾月旦出版公司 1993 年版。

尹伯成：《西方经济学简明教程》，格致出版社 2008 年版。

尹田：《民法思维之展开——尹田民法学演讲集》（修订版），北京大学出版社 2014 年版。

张建伟：《政府责任论》，中国环境科学出版社 2008 年版。

张晋藩：《中国法制史》，群众出版社 1995 年版。

张文显：《法理学》，高等教育出版社 1999 年版。

张梓太：《环境法律责任研究》，商务印书馆 2005 年版。

郑少华：《生态主义法哲学》，法律出版社 2002 年版。

中国科学院可持续发展战略研究组：《2006 年中国可持续发展战略报告》，科学出版社 2006 年版。

周训芳：《环境权论》，法律出版社 2003 年版。

周训芳、吴晓芙：《生态文明视野中的环保监管模式研究》，科学出版社 2013 年版。

卓泽渊：《法的价值论》，法律出版社 1999 年版。

二　论文类

包群、邵敏、杨大利：《环境管制抑制了污染排放吗?》，《经济研究》2013 年第 12 期。

北岳：《法律权利的定义》，《法学研究》1995 年第 3 期。

蔡守秋：《环境权初探》，《中国社会科学》1982 年第 3 期。

蔡守秋：《论环境权》，《金陵法律评论》2002 年春季卷。

蔡守秋：《我国环境法治建设的指导思想与生态文明观》，《宁波大学学报》（人文科学版）2009 年第 2 期。

曹景山：《自愿协议式环保监管模式研究》，博士学位论文，大连理工大学，2007 年。

柴发合等：《我国大气污染联防联控环保监管模式的战略转型》，《环境保护》2013 年第 5 期。

常纪文：《新常态下我国生态环保监管体制改革的问题与建议——国际借鉴与国内创新》，《中国环保监管》2015 年第 5 期。

常纪文、[日] 奥田进一：《日本环境友好型生活方式的立法培育经验及对我国的启示》，《环球法律评论》2007 年第 2 期。

陈德敏、鄢德奎：《按日计罚的法律性质与规范建构》，《中州学刊》2015 年第 6 期。

陈敦：《我国矿业权抵押登记制度探析》，《晋中学院学报》2011 年第 5 期。

陈海嵩：《国家环境保护义务的溯源与展开》，《法学研究》2014 年第 3 期。

陈海嵩：《环境保护权利话语的反思——兼论中国环境法的转型》，《法商研究》2015 年第 2 期。

陈泉生：《环境权之辨析》，《中国法学》1997 年第 2 期。

陈贻健：《生态马克思主义的异化消费观与环境法的反思》，《行政与法》2009 年第 12 期。

程宗璋：《论我国环境公众参与制度的问题》，《湖南环境生物职业技术学院学报》2003 年第 2 期。

戴维基、何强：《环保监管体制困境的破解对策探讨》，《环境科学与管理》2012 年第 S1 期。

杜辉：《挫折与修正：风险预防之下环境规制改革的进路选择》，《现代法学》2015 年第 1 期。

段永蕙：《对高校开展环境教育的思考》，《山西财经大学学报》（高等教育版）2002 年第 3 期。

方灿芳：《对“属地管理”与“垂直管理”环保监管改革的探讨》，《环境保护》2016 年第 1 期。

方印：《论民法生态化的概念及基本特征》，《湖北社会科学》2012 年第 2 期。

巩固：《政府激励视角下的〈环境保护法〉修改》，《法学》2013 年第 1 期。

郝少英：《浅议增强企业环境污染防治意识》，载《2005 年全国环境资源法学研讨会论文集》。

何江：《排污权担保贷款法律问题研究》，硕士学位论文，西南政法大学，2015 年。

侯华：《发展循环经济是建设资源节约型环境友好型社会的必然选择》，《工业技术经济》2007 年第 7 期。

侯怀霞：《关于私法环境权问题》，《理论探索》2008 年第 2 期。

胡红玲：《完善中国环境教育立法的思考》，硕士学位论文，湖南师范大学，2008 年。

胡颖铭：《我国能源安全保障的国内法律问题初探》，载《2006 年全国环境资源法学研讨会论文集》。

胡元聪：《论消费领域外部性的经济法解决——基于公民环境权法制保障》，《现代经济探讨》2009 年第 9 期。

黄锡生、曹飞：《中国环保监管模式的反思与重构》，《环境保护》2009 年第 4 期。

黄锡生、何江：《核电站环评制度的困境与出路》，《郑州大学学报》（哲学社会科学版）2016 年第 1 期。

黄锡生、峥嵘：《论资源社会性理念及其立法实现》，《法学评论》2011 年第 3 期。

黄曦、周利刚：《消费的自由与社会责任》，《求索》2009 年第 9 期。

姜明、蔡守秋：《论可持续发展视野下的环境教育立法》，《中州学刊》2009 年第 4 期。

蒋德海：《基本权利与法律权利关系之探讨》，《政法论坛》2009 年第 2 期。

金自宁：《作为风险规制工具的信息交流》，《中外法学》2010 年第 3 期。

鞠昌华：《环境保护垂直管理的探讨》，《环境保护》2013 年第 8 期。

康京涛：《环保监管失灵的制度根源及法律进化——浅析新〈环境保护法〉对环保监管失灵的回应》，《理论月刊》2016 年第 1 期。

康京涛：《论区域大气污染联防联控的法律机制》，《宁夏社会科学》2016 年第 2 期。

李俊然：《论循环经济的法制障碍与制度创新》，《河北法学》2005 年第 10 期。

李启家：《中国环境立法评估：可持续发展与创新》，《中国人口·资源与环境》2001 年第 3 期。

李万新：《中国环保监管与治理——理念、承诺、能力和赋权》，《公共行政评论》2008 年第 5 期。

李文娟：《影响个人环境保护行为的多因素分析》，硕士学位论文，厦门大学，2006 年。

李萱、沈晓悦：《我国地方环保垂直管理体制改革的经验与启示——基于地方环保行政体制改革效果的调查》，《环境保护》2011 年第 21 期。

李学：《公共政策中的政府利益分析》，《行政论坛》2002 年第 2 期。

刘成璧、张晓蕴：《法国住宅类税收及其对中国的借鉴》，《北京工商大学学报》（社会科学版）2007 年第 3 期。

刘方涛：《政府环境管制的转变路径研究》，《吉首大学学报》（社会科学版）2011 年第 1 期。

刘思华：《对建设社会主义生态文明论的若干回忆——兼述我的“马克思主义生态文明观”》，《中国地质大学学报》（社会科学版）2008 年第 4 期。

刘卫先：《后代人权利理论批判》，《法学研究》2010 年第 6 期。

刘洋等：《关于我国环境保护垂直管理问题的探讨》，《环境科学与技术》2010 年第 11 期。

刘宗超、刘粤生：《全球生态文明观——地球表层信息增值范型》，《自然杂志》1993 年第 Z3 期。

吕忠梅：《监管环保监管者：立法缺失与制度构建》，《法商研究》2009 年第 5 期。

吕忠梅：《论公民环境权》，《法学研究》1995 年第 6 期。

吕忠梅：《再论公民环境权》，《法学研究》2000 年第 6 期。

吕忠梅：《中国生态法治建设的路线图》，《中国社会科学》2013 年第 5 期。

马春爱：《监管与激励并行：加强行业环保监管之道》，《中国石油和化工》2007 年第 11 期。

马岭：《宪法权利与法律权利：区别何在？》，《环球法律评论》2008 年第 1 期。

宁淼、孙亚美、杨金田：《国内外区域大气污染联防联控管理模式分析》，《环境与可持续发展》2012 年第 5 期。

潘世钦、石维斌：《我国公众参与环境执法机制的缺失与完善》，《贵州师范大学学报》2006 年第 1 期。

戚建刚：《风险规制过程合法性之证成》，《法商研究》2009 年第 5 期。

齐晔：《环境保护从监管到治理的转变》，《环境保护》2014年第13期。

乔刚：《环保监管体制若干问题探讨》，硕士学位论文，武汉大学，2005年。

秦鹏：《论环境法发展观的价值维度：面向消费主义的超越与批判》，《现代法学》2008年第4期。

秦鹏：《生态消费税收制度研究》，《法律科学》2006年第5期。

秦鹏：《消费问题：环境问题的另一种解读》，《中国·人口资源与环境》2008年第4期。

秦鹏：《消费者环境义务的法律确立》，《法学论坛》2010年第1期。

秦鹏：《消费者主权质疑：一种环境伦理下的人文思考》，《社会科学研究》2006年第1期。

秦鹏：《政府绿色采购：逻辑起点、微观效应与法律制度》，《社会科学》2007年第7期。

邱耕田：《对生态文明的再认识——兼与申曙光等人商榷》，《求索》1997年第2期。

屈振辉、周红金：《关于中国环保监管体制改革的若干构想》，《河西学院学报》2006年第6期。

任永堂：《生态社会：信息社会之后的新型社会》，《科学技术与辩证法》1994年第12期。

尚宏博：《论我国环保督查制度的完善》，《中国人口·资源与环境》2014年第3期。

申曙光：《生态文明：现代社会发展的新文明》，《学术月刊》1994年第4期。

申曙光：《生态文明构想》，《求索》1994年第2期。

申曙光：《生态文明及其理论与现实基础》，《北京大学学报》（哲学社会科学版）1994年第3期。

[美]施宏伟、汉斯·布莱瑟：《协约型环境模式的有效性及其对中国环保监管的启示》，《生态经济》2006年第11期。

史玉成：《环境利益、环境权利与环境权力的分层建构》，《法商研究》2013年第5期。

[英]斯德恩：《建构环境保护行为的连续性理论》，《社会问题》

2000年第3期。

孙国华：《再论法的和谐价值》，《中共中央党校学报》2010年第1期。

孙天胜、曹诗图、陈国忠：《历史地理学的学科属性辨析》，《人文地理》2001年第5期。

孙玉霞、张筱薏：《消费主义背景下生产与消费关系的历史透视》，《学术研究》2008年第6期。

陶伦康、鄢本凤：《节能减排立法的价值诉求》，《前沿》2009年第7期。

铁燕：《中国环保监管体制改革研究》，博士学位论文，武汉大学，2010年。

铁燕、何江：《排污权担保贷款制度实证研究》，《甘肃政法学院学报》2016年第1期。

王灿发：《论生态文明建设法律保障体系的构建》，《中国法学》2014年第3期。

王灿发：《论我国环保监管体制立法存在的问题及其完善途径》，《政法论坛》2003年第4期。

王芳：《结构转向：环境治理中的制度困境与体制创新》，《华东理工大学学报》（社会科学版）2009年第2期。

王怀栋、查实、陈群：《我国电子废弃物回收体系建设的思路与保障措施》，《再生资源与循环经济》2010年第3期。

王江：《我国环保监管模式的缺失与创新》，《中州学刊》2013年第5期。

王菁娜、陈朔：《我国房价上涨的特殊原因及对策建议》，《经济纵横》2009年第12期。

王莉、徐本鑫、陶世祥：《环保监管模式的困境与对策》，《环境保护》2010年第10期。

王清军：《文本视角下的环境保护目标责任制和考核评价制度研究》，《武汉科技大学学报》2015年第1期。

王树义：《论生态文明建设与环境司法改革》，《中国法学》2014年第3期。

王树义、郑则文：《论绿色发展理念下环境执法垂直管理体制的改革与构建》,《环境保护》2015 年第 23 期。

王艳:《试析我国病态消费行为的形式、实质和危害——兼论科学消费模式的构建》,《湖北经济学院学报》(人文社会科学版)2009 年第 8 期。

魏宁:《生态文明视野下的环境教育立法研究》,硕士学位论文,山东师范大学,2009 年。

文正邦:《论人类社会三大文明——有关生态文明和制度文明的法哲学思考》,《现代法学》1999 年第 1 期。

文正邦、曹明德:《生态文明建设的法哲学思考——生态法治构建刍议》,《东方法学》2013 年第 6 期。

翁智雄、葛察忠、王金南:《环境保护督察:推动建立环保长效机制》,《环境保护》2016 年第 Z1 期。

乌兰:《环境行政管理中政府职能的变革》,《山东社会科学》2006 年第 8 期。

吴卫星:《环境权法律化实证研究》,《青海社会科学》2006 年第 3 期。

[美] 小约翰·柯布、李义天:《文明与生态文明》,《马克思主义与现实》2007 年第 6 期。

肖丽娜:《环境行政执法存在的问题及应对措施》,《中国环保监管干部学院学报》2006 年第 2 期。

熊缨、苏志刚:《对于我国环境教育立法的思考》,《环境保护与循环经济》2010 年第 8 期。

熊鹰、徐翔:《政府环保监管与企业污染治理的博弈分析及对策研究》,《云南社会科学》2007 年第 4 期。

徐本鑫:《中国环保监管措施的价值偏失与因应策略》,《创新》2013 年第 2 期。

徐祥民:《环境质量目标主义:关于环境法直接规制目标的思考》,《中国法学》2015 年第 6 期。

徐祥民:《极限与分配——再论环境法的本位》,《中国人口·资源与环境》2003 年第 4 期。

徐祥民:《论环境权——人权发展历史分期的视角》,《中国社会科学》2004 年第 4 期。

徐祥民、张红杰：《生态文明时代的法理》，《南京大学法律评论》2010年春季卷。

徐以祥：《环境权利理论、环境义务理论及其融合》，《甘肃政法学院学报》2015年第2期。

徐以祥、梁忠：《论环境罚款数额的确定》，《法学评论》2014年第6期。

徐寅杰：《我国政府环境保护部门垂直管理的探索》，硕士学位论文，北京林业大学，2011年。

徐忠麟：《生态文明与法治文明的融合：前提、基础和范式》，《法学评论》2013年第6期。

徐宗玲：《合作式环保监管模式的架构》，硕士学位论文，山东科技大学，2007年。

杨朝霞：《环境权的理论辨析》，《环境保护》2015年第24期。

杨朝霞、赵晓宁：《论我国政府环境问责的乱象及其应对——写在新〈环境保护法〉实施之初》，《吉首大学学报》（社会科学版）2015年第4期。

姚海明、吴绵超：《重新解读马克思公平观》，《内蒙古社会科学》（汉文版）2005年第4期。

叶文虎、韩凌：《对深入进行环境教育的再思考》，《环境科学学报》1998年第6期。

于飞：《基本权利与民事权利的区分及宪法对民法的影响》，《法学研究》2008年第1期。

俞可平：《全球治理引论》，《马克思主义与现实》2002年第1期。

张成福：《责任政府论》，《中国人民大学学报》2000年第2期。

张劲松：《资源约束下企业环境行为分析及对策研究》，《企业经济》2008年第7期。

张康之：《限制政府规模的理念》，《行政论坛》2000年第4期。

张磊、黄锡生：《生态文明视阈下我国环保监管能力建设的制约因素及消解思路》，《河北法学》2011年第7期。

张敏纯：《论行政管制标准在环境侵权民事责任中的类型化研究》，《政治与法律》2014年第10期。

张欣忻、杨帆：《美国、欧盟大气污染联防联控机制及启示》，《环境保护》2015 年第 13 期。

张云飞：《试论生态文明的历史方位》，《教学与研究》2009 年第 8 期。

张正堂、陶学禹：《企业环境污染行为的经济学研究》，《环境污染与防治》2002 年第 6 期。

张卓明：《中国的未列举基本权利》，《法学研究》2014 年第 1 期。

赵静、段志辉：《地方政府环保监管的失衡与平衡》，《行政与法》2011 年第 1 期。

赵美珍：《中国环保监管体系建设：模式构想与结构分析》，《常州大学学报》（社会科学版）2011 年第 2 期。

赵美珍、邓禾：《立体化环保监管模式的创建与运行》，《重庆大学学报》（社会科学版）2010 年第 1 期。

周珂：《生态文明建设与环境法制理念更新》，《环境与可持续发展》2014 年第 2 期。

周珂、汪小娟：《新常态下环境监察执法的难点和重点》，《环境保护》2015 年第 12 期。

周黎安：《中国地方官员的晋升锦标赛模式研究》，《经济研究》2007 年第 7 期。

周适：《环保监管的他国镜鉴与对策选择》，《改革》2015 年第 4 期。

诸大建、朱远：《生态效率与循环经济》，《复旦学报》（社会科学版）2005 年第 2 期。

三　外文类

Anthony G. Heyes, "Environmental Regulation by Private Contest", *Journal of Public Economics*, Vol. 63, No. 3, 1997.

Cary Becker, "Crime and Punishment: An Economic Approach", *Journal of Political Economy*, Vol. 76, No. 2, 1968.

Garrett Hardin, " Tragedy of the Commons ", *Sciences*, Vol. 162, No. 10, 1968.

Marshall S. Shapo, "Tort Law and Environmental Risk", *Pace Environmental Law Review*, Vol. 531, No. 14, 1997.

Roy Morrison, *Ecological Democracy*, Boston: South End Press, 1995.

Sax J. L. , "Legal Redress of Environmental Disruption in the United States: The Role of Courts", *Social Science Information*, Vol. 9, No. 5, 1970.

The Civil Code of Ukraine, Law, Code on Junuary 16, 2003№ 435-IV.

T. J. Considine, D. F. Larson, "The Environment as a Factor of Production", *Journal of Environmental Economics & Management*, Vol. 52, No. 3, 2006.

Yang G. B., "Environmental NGOs and Institutional Dynamics in China", *The China Quarterly*, Vol. 181, No. 3, 2005.

后　记

三十余载学术生涯，不知不觉年过半百。每一春夏秋冬的轮回，都留下了学海泛舟的波痕。岁月不居，人生易老，唯有“研究学术，造就人才，佑启乡邦，振导社会”之初心未改。滴水成石的学术精神鞭策和激励着我日日前行，亦是本书得以完成的精神食粮和动力。

随着中国经济的腾飞，我国环保事业蒸蒸日上，环境法治日益加强。从十六届五中全会提出“建设资源节约型、环境友好型的两型社会”到党的十七大要求“建设生态文明，使生态文明观念在全社会牢固树立”，学界以此为据关于生态文明的讨论如火如荼，相继开展。党的十八大要求“全面落实经济建设、政治建设、文化建设、社会建设、生态文明建设五位一体总体布局”，表明生态文明建设成为我国现阶段的重要政治议题，学界关于生态文明的研究热情也再次高涨。党的十九大进一步要求“加快生态文明体制改革，建设美丽中国”，将生态文明建设视为中华民族永续发展的千年大计，为全国学术研究提供了更明确的指引。重新审视我国环境监管制度与模式不仅十分必要，而且恰逢其时。2014 年我荣幸地获批司法部国家法治与法学理论重点研究项目——“生态环境保护法律机制研究”，本书就是该项目的主要研究成果之一，几经修改打磨后出版，以期能为我国生态文明建设添砖加瓦，尽点绵薄之力。

本书的内容，根植于时代变迁与社会的进化，并不断予以修正与创新。从环境监管新措施出台到新一轮国家机构改革，从环境行政内部监管到环境外部监管力量的加入等，折射出了生态文明建设视阈下我国环境监管制度的蜕变。但任何事物的发展并非一帆风顺，环境监管制度的新旧交替、环境监管理念的更新等触发了诸多的不合时宜性与不自恰性。换言之，环保监管制度设计及模式运行效果与生态文明建设的要求仍相去甚远。为此，思索生态文明建设的大背景，如何以环境善治为目标，大胆创新、勇于突破，着力构建科学合理的环保监管模式成为我锲而不舍地“学”与持之以恒地“悟”的学术研究核心主题之一。本研究重点在于对当前社会急需的、尚处草创阶段的环保监管制度和模式进行理论探索，具体针对“环境行政权需要扩张的小气候与整体行政权力收缩的大背景形成悖逆”“以行政区划为边界的监管体制与环境污染的流动性之间矛盾”“政府的分行业、分部门、分灾种的分散型治理机制与生态环境的系统性之间矛盾”“地方政府同时肩负着发展经济和保护环境的双重职能之间冲突”“民众自身环保行动的主动性与指望政府和企业担负起治理环境的依赖性之间冲突”五大悖论，提出“政府、企业和个人”多元共治的环境治理模式及“机构设置、职权配置、职权运行”三方进路的创新模式予以抒解。

本书的完成，并非一蹴而就。从本书的思路确定到最后定稿，除了个人的勤勉耕耘外，更离不开他人的帮助与支持。本书的部分观点或内容还曾以单篇文章的形式先后发表于《环境保护》《学术界》《法学评论》《河北法学》《学海》《郑州大学学报》等刊物上，并提交到以“生态文明的法制保障”为主题的全国环境资源法学研讨会、第九届中国软科学学术年会等学术会议上。在此，我要衷心感谢参与本课题研究辅助工作的博士生和硕士生们。特别感谢我的博士生蒲俊丞、王江、段小兵、峥嵘、徐本鑫、韩从容、关慧、曾彩琳、任洪涛、叶轶、韩卫平、落志筠、宋志琼等前期的课题资料收集与整理工作，使本课题的研究更为顺利和充盈；特别感谢薛艳华博士后、吴昂博士生、何江博士生等参与本书的修改校对工作，使本书更为完善与严谨。最后，我还有衷心感谢中国社会科学出版社编辑梁剑琴博士和其他编辑们的辛勤劳动与鼎立支持。

“路漫漫其修远，吾将上下而求索。”本书撰写至此，暂已落幕。由于视野及智慧之限，难免疏漏，敬请各位原谅和指正。

黄锡生

2019年6月28日